Inhalt

Um das zu erreichen, was du nicht weißt,
   Mußt du den Weg der Unwissenheit gehen,
Um das zu besitzen, was du nicht besitzest,
   Mußt du den Weg der Entäußerung gehen.
Um das zu werden, was du nicht bist,
Mußt du den Weg gehen, auf dem du nicht bist.
Was du nicht weißt, ist das einzige, was du weißt,
Was dir gehört, ist was dir nicht gehört,
Und wo du bist, ist wo du nicht bist.

T. S. Eliot: *Vier Quartette*
(aus: Gesammelte Gedichte 1909–1962,
Frankfurt a. M., 1972)

Vorwort zur deutschen Ausgabe

von Stanislav Grof

Es ist mir ein großes Vergnügen, Frances Vaughans Buch *Intuitiver leben* dem deutschen Leser vorzustellen. Seit vielen Jahren ist Frances eine meiner geschätztesten Kolleginnen und eine nahe und liebe persönliche Freundin. Sie gehört zu den wirklichen Wegbereitern der transpersonalen Psychologie, auf deren Theorie und Praxis sie von Anfang an großen Einfluß hatte.

Frances Vaughan hat an den ersten Treffen in Council Groce (Kansas) teilgenommen und wichtige Beiträge geleistet, wo der konzeptionelle Rahmen der neuen Bewegung sich herauskristallisierte und eine endgültigere Form annahm. Ebenso war sie an den internationalen transpersonalen Konferenzen beteiligt, von der ersten in Bifrost (Island) bis zur jüngsten in Kyoto (Japan). Ihre eigenen Arbeiten und *Psychologie in der Wende,* ein Handbuch, das sie zusammen mit Roger Walsh herausgegeben hat, gehören zu den wichtigsten Grundlagenwerken der transpersonalen Bereiche.

Die beruflichen Interessen von Frances Vaughan beinhalten nicht nur die transpersonale, sondern auch verschiedene Aspekte der humanistischen Psychologie, die ihr zeitlich vorausging. Sie ist in beiden Bewegungen aktiv gewesen und hat die seltene Ehre, Präsidentin der *Association for Transpersonal Psychology* sowie danach der *Association for Humanistic Psychology* gewesen zu sein.

Wichtiger als ihre beruflichen Verdienste und Leistungen sind jedoch ihre persönlichen Qualitäten. Sie hat es fertiggebracht, die transpersonalen Vorstellungen und Ideale nicht nur in ihre psychotherapeutische Praxis zu übertragen, sondern auch in ihr Privatleben. Diejenigen von uns, die sie als Freundin kennen, schätzen sie als hervorragende Theoretikerin und ebenso als ganz besonderen Menschen.

In *Intuitiver leben* erforscht Frances Vaughan auf ihre einzigartige Weise ein sehr interessantes Thema. Indem sie theoretische Untersuchung mit neuen Übungen zur Selbsterfahrung kombiniert, zeigt sie, daß Intuition nicht die seltene und exotische Fähigkeit einiger Ausgewählter ist. Sie ist vielmehr eine universelle Eigenschaft aller menschlichen Wesen, die durch den Gebrauch so einfacher Mittel wie Entspannung, gelenkte Aufmerksamkeit, Konzentration und Visualisierung gepflegt und entwickelt werden kann. Ganz besonders interessant ist Frances Behauptung, daß der Intuition ein wichtiger Aspekt innewohnt, der die traditionell erkannten und anerkannten Möglichkeiten übersteigt – wie etwa indirekte Inspiration in der Kunst, Erfindungen in der Wissenschaft, kreative Problemlösung und Zugang zu außersinnlichen Informationen im Alltag. In ihren tiefsten Bereichen ist die Intuition mit den mystischen und spirituellen Dimensionen der menschlichen Psyche und der Existenz verknüpft. Die Entwicklung unserer intuitiven Seite kann daher helfen, die tiefere Bedeutung des Lebens zu entdecken und zu Gefühlen des Einsseins mit und der Verehrung für alle empfindungsfähigen Wesen führen.

So betrachtet enthält dieses Buch eine Botschaft, die nicht leicht genommen werden sollte. In der westlichen Welt, wo die einseitige Pflege rationaler Fähigkeiten ein Gefühl persönlicher Entfremdung geschaffen und uns an den Rand einer globalen Katastrophe gebracht hat, könnte die Wiederentdeckung der Intuition weitreichende Konsequenzen für die Lebensqualität jedes einzelnen und für die Zukunft des Planeten haben.

November 1987
Mill Valley, Kalifornien   *Stanislav Grof*

Vorbemerkung

Ein Buch über die Intuition zu schreiben, scheint ein Widerspruch in sich zu sein. Andere, die klüger waren als ich, haben sich der unmöglichen Aufgabe versagt, intuitives Lernen in die rationale, lineare Sprache der Wörter zu übersetzen. Zwar ermöglichen uns Musiker, Künstler und andere, die sich nonverbaler Ausdrucksformen bedienen, einen unmittelbaren Zugang zu intuitiven Wissensweisen, aber viele von uns fühlen sich beständig gedrängt, ihre Erfahrungen verbal mitzuteilen. Da ich die Methoden, die mir geholfen haben, mich auf meine eigene Intuition zu verlassen und sie zu erweitern, in Workshops und Seminaren Hunderten von Menschen mitgeteilt habe, fühlte ich mich ermutigt, diesem Drang nachzugeben. Dieses Buch ist daraus entstanden.

Es ist mir schwergefallen, in der dritten Person zu schreiben. Ursprünglich habe ich so geschrieben, wie ich spreche, und von der ersten zur zweiten und dritten Person gewechselt. Um der Folgerichtigkeit und der Lesbarkeit willen habe ich dies geändert, wenn mir auch bei diesem unpersönlichen Stil nicht ganz wohl ist. Ich rede Sie, den Leser, so an, als wären Sie Teilnehmer eines Workshops oder Seminars. Das mag zwar zuweilen lehrhaft klingen, aber auf diese Weise kann ich mich anscheinend besonders klar mitteilen. Wo ich »man« schreibe, beziehe ich mich selber ein; nach meinem Gefühl wäre »ich« zu einschränkend – ich versuche ja, über Vorstellungen zu sprechen, die über diese persönliche Dimension des Erlebens hinausgehen.

Betrachten Sie beim Lesen dieses Buches die Übungen als Einladung, an sich selbst einige Prozesse zu erproben, die andere für lohnend befanden. Letzten Endes sind Sie verantwortlich für die Entscheidung, was Sie tun wollen und was nicht, da ich nicht wissen kann, was für Sie geeignet ist. Es steht Ihnen frei, nach eigenem Ermessen auszuwählen und das, was ich sage, anzunehmen oder abzulehnen; Sie werden selbst erkennen, was für Sie stimmt. Beim Erwecken der Intuition geht es in Wirklichkeit darum zu lernen, sich selber zu vertrauen. Ich möchte Ihnen einfach einiges von dem Gelernten mitteilen, das mir auf meinem Lebensweg bedeutsam geworden ist.

In den hier wiedergegebenen Beispielen und Erfahrungen aus meinen Workshops habe ich Namen von Orten und Menschen geändert, um die Persönlichkeit zu schützen. Ich bin Ihnen allen dankbar, die Sie Ihre intuitiven Erfahrungen einzeln oder in Gruppen mit mir geteilt haben.

Besonderen Dank schulde ich Dr. Robert Gerard, der mich als erster mit einigen der Übungen bekanntgemacht hat, die in diesem Buch angeboten werden. Er war es auch, der mich vor fünf Jahren ermutigt hat, ein Buch über Intuition zu schreiben. Ebenso möchte ich Jim Fadiman für seine Unterstützung bei der Verwirklichung dieses Buches danken, wie auch all den vielen Freunden, deren Liebe und Hilfe zu meiner Arbeit beigetragen haben. Ich will Euch nicht alle beim Namen nennen, aber Ihr wißt, wer gemeint ist. Auf besondere Weise haben meine Kinder, Robert und Leslie, zu meinem Leben beigetragen, ihnen widme ich dieses Buch.

Einleitung

Jeder kennt Intuition aus eigener Erfahrung, aber oft bleibt sie unterdrückt oder unentwickelt. Als psychische Funktion ist sie wie Empfinden, Fühlen und Denken eine Art des Wissens. Wenn wir etwas intuitiv wissen, hat es immer den echten Klang der Wahrheit, aber oft wissen wir nicht, *wie* wir es wissen.

Das verbreitete Interesse an der Entwicklung von geistigen Kräften hat viele Menschen veranlaßt, ihre latenten intuitiven Fähigkeiten stärker zu beachten. Obwohl jeder Mensch Intuition hat, ist sie bei manchen Menschen stärker entwickelt und besser zugänglich als bei anderen. Jeder kann jedoch seine Intuition wecken und sie im täglichen Leben nützlich und gewinnbringend einsetzen. Lernt man, seine Intuition zu gebrauchen, lernt man, sein eigener Lehrer zu sein und mit seinem eigenen inneren Guru in Fühlung zu kommen.

Die Rolle der Intuition in der Kreativität, bei der Lösung von Problemen und in zwischenmenschlichen Beziehungen ist höchst wichtig, aber jene Menschen, die sie nicht verstehen, schätzen sie oft nicht und mißtrauen ihr. Viele Leute haben Angst vor Erlebnissen, die anscheinend ungewöhnlich, unlogisch oder nicht wissenschaftlich erklärbar sind. Deshalb gebrauchen sie ihre Intuition nicht als Quelle kreativer Eingebung und verläßlicher Information über sich selbst und ihre Umwelt. Fast jeder Mensch kann sich jedoch seine intuitiven Fähigkeiten viel stärker zunutze machen, indem er sich ihre Funktionsweise vor Augen führt und sich mit den Problemen ihrer Validierung und Interpretation aufmerksam beschäftigt.

Außersinnliche Wahrnehmung, Hellsehen und Telepathie gehören zur Funktion der Intuition. Ebenso sind künstlerische Inspiration und mystisch-religiöses Erleben Formen der intuitiven Realitätswahrnehmung. Die aktuelle Gehirnforschung weist darauf hin, daß die linke Gehirnhälfte in ihren Funktionen vorwiegend rational, linear und verbal ist, während die rechte Hemisphäre überwiegend intuitiv, ganzheitlich und auf das Erkennen von Mustern ausgerichtet ist. In den letzten Jahren hat man neue Methoden zur Entfaltung und Einübung der vernachlässigten intuitiven Fähigkeiten entwickelt.

Die Entwicklung der eigenen intuitiven Fähigkeiten macht einen nicht nur offen für die eben erwähnten Erfahrungen; sie ermöglicht es einem auch, die in jeder Situation enthaltenen verschiedensten Möglichkeiten zu erkennen. Nur wenn man die Möglichkeiten sieht, kann man sich zwischen ihnen entscheiden. Wahlmöglichkeiten hat man immer, aber sie sind nur real, wenn man sich ihrer bewußt ist; wenn man im Leben seine Entscheidungen automatisch oder unbewußt vollzieht, erlebt man die Freiheit nicht. Das Erwekken der eigenen Intuition befähigt einen, die verfügbaren Entscheidungsmöglichkeiten zu sehen; es ist also ein befreiendes Erlebnis. Bevor man diese Befreiung erlebt, muß man sich aber zunächst prinzipiell der Intuition gegenüber entscheiden – nämlich, ob man ihrer Entwicklung Zeit und Aufmerksamkeit widmen will.

In diesem Buch werden Übungen vorgestellt, die zu einer ausgewogenen Integration der rationalen und der intuitiven Funktionen verhelfen sollen. Sie mögen Ihnen nützen oder auch nicht; nur Sie selbst können dies beurteilen. Betrachten Sie die Übungen als Einladung, Ihren Erfahrungsbereich zu erweitern, indem Sie ein klareres Bewußtsein dessen entwickeln, was sie schon wissen. Es gibt nichts, was Sie tun *müssen,* um Ihre Intuition zu wecken; aber wenn Sie sich für die Übungen entscheiden, erzielen Sie die größte Wirkung, wenn Sie Ihr kritisches Urteilsvermögen vorübergehend beiseiteschieben, um die Intuition aufsteigen zu lassen. Sie dürfen dieses »Ruhenlassen« aber nicht mit »Abschalten« verwechseln – Ihr rationales Unterscheidungs- und Urteilsvermögen ist zur Überprüfung der Gültigkeit intuitiver Wahrnehmungen und zur Bewertung des Vorgangs unentbehrlich.

In jedem beliebigen Augenblick ist man sich nur eines kleinen Teils seines Wissens bewußt. Über die Intuition erhalten Sie Zugang zum Riesenvorrat an unbewußtem Wissen, der nicht nur alles enthält, was man bewußt oder unterschwellig erfahren oder gelernt hat, sondern auch das unendliche Reservoir des kollektiven oder universalen Unbewußten, in dem die Vereinzelung des Individuums und die Ich-Grenzen überschritten werden. Dieses Buch bietet ein System für die Öffnung und Erkundung dieser Schatzkammer. Für viele wird es eine Initiation sein; für jene, die ihre Intuition anerkennen und anwenden, wird es ein Führer zur Integration, Bekräftigung und Validierung intuitiver Erfahrungen im täglichen Leben sein.

1 Wie man sich auf die Intuition einstimmt

Die Wahrheit, soweit sie sich überhaupt in Worte kleiden läßt, kann nur darin bestehen, daß man Anweisungen gibt, wie das nicht-duale Erkennen zu erwecken ist, worin die *Wirklichkeit* dann unmittelbar erfahren werden kann.

Ken Wilber
Das Spektrum des Bewußtseins

Jeder weiß etwas über Intuition. Für manche Menschen ist Intuition lebensnotwendig, vertraut und ohne weiteres verfügbar. Für andere ist sie eine unbestimmte, undifferenzierte Fähigkeit, die ein Leben lang latent bleiben kann. Wie die Musikalität oder das Vermögen, logisch zu denken, ist auch die Intuition natürlich bei einigen Menschen stärker entwickelt als bei anderen, aber potentiell steht sie jedem zur Verfügung. Manche Menschen wollen sie entwickeln, andere nicht.

Indem man der Intuition Aufmerksamkeit schenkt, kann man sich ihrer gewiß stärker bewußt werden. Zu lernen, wie man die Intuition weckt, ist jedoch ein paradoxer Vorgang, da intuitive Erfahrungen meist spontan auftreten und zuviel Anstrengung den Prozeß leicht stört. Man kann Intuition zwar nicht *machen,* aber man kann viel tun, um sie *geschehen zu lassen.* Angesichts dieses Paradoxons wollen wir untersuchen, wie man am besten vorgeht, um die Intuition zu wecken.

Zunächst ist es vorteilhaft, die eigenen Einstellungen und Überzeugungen zu diesem Thema zu überprüfen. Sind Sie bereit, Ihr rationales Herangehen an die Dinge, das Nachdenken aufzugeben, um eine andere Form des Erkennens zu erleben? Ken Wilber weist darauf hin, daß die Negation des Denkens nicht Nihilismus ist, sondern die Eröffnung nicht-dualer Einsicht oder der Weg der Intuition[1]. Der dritte chinesische Zen-Patriarch sagt: »Höre auf, darüber nachzudenken und zu sprechen, und es gibt nichts, was du nicht zu erkennen vermagst.«[2] Es ist jedoch nicht leicht, mit dem Denken aufzuhören; bei den meisten Menschen läuft automatisch fortwährend irgendeine Form des Denkens ab. Glauben Sie an die Möglichkeit, Ihren Geist zur Ruhe zu bringen, damit sich Ihre Realitätswahrnehmung erweitern kann? Bedenken Sie, daß es Ihnen, wenn Sie es für unmöglich halten, wahrscheinlich nicht gelingen wird, es sei denn, Sie könnten Ihre Zweifel vorübergehend aussetzen. Seien Sie ehrlich mit sich selbst. Wenn Sie sich über das, was Sie glauben, etwas vorlügen, funktioniert es nicht. Vielleicht können Sie andere täuschen, doch Sie selbst werden immer wissen, wenn Sie sich etwas vormachen. Wenn Sie unsicher oder verwirrt sind, erkennen Sie einfach an, daß dies im Augenblick Ihr Zustand ist.

Behandeln Sie sich selbst ruhig mit Güte und Mitgefühl. Das heißt nicht, daß Sie einfach faul sein, »ausrasten« oder einschlafen dürfen; für das Wecken der Intuition ist es wesentlich, mit wacher Aufmerksamkeit bei der Sache zu bleiben. Zuviel Anstrengung aber erzeugt Widerstand, und forcierte Versuche der Selbstentfaltung sind meist kurzlebig. Bereiten Sie sich auf eine Enttäuschung vor, wenn Sie glauben, die Entwicklung geistig-seelischer Kräfte werde Sie befähigen, alles zu bekommen, was Sie wollen, und so all Ihre Probleme zu lösen. Intuition zu erwecken, heißt nicht, »mehr zu bekommen«, sondern »mehr« der/diejenige zu »sein«, der/die Sie wirklich sind. Der erste Schritt also ist, zu lernen, sich selber sein zu lassen.

Wenn Sie dazu bereit sind, fangen Sie damit an, zu lernen, sich zu entspannen. Wenn Sie schon wissen, wie Sie sich entspannen können, oder wenn Sie meditieren, werden Sie vielleicht direkt zu den Konzentrationsübungen übergehen wollen, die auf Seite 25 beginnen. Die Praxis der Meditation ist eine der direktesten Methoden, sich auf die Intuition einzustimmen. Auch wenn es viele Methoden gibt, Meditation zu lehren und dabei keineswegs immer dieselben Bewußtseinszustände erreicht werden, haben doch alle Formen der Meditation ihren Brennpunkt im Geist und lenken die Aufmerksamkeit fort vom rationalen analytischen Denken; sie fördern also die Entwicklung der Intuition. Daniel Goleman nimmt an, daß zum Zeitpunkt der Erweckung wahrscheinlich alle Wege der Meditation zusammenfließen bzw. daß die Ähnlichkeiten der verschiedenen Systeme bei weitem größer sind als die Unterschiede. Goleman beschreibt die Auswirkungen dieser Erfahrung auf den Meditierenden und sagt: »Je mehr die durch die Meditation hervorgerufenen Zustände mit seiner Tätigkeit im Wachzustand verschmelzen, desto mehr reift der Zustand der Erwecktheit. Wenn er die volle Reife erlangt hat, verändert er das Bewußtsein des Meditierenden dauerhaft und verwandelt sein Erleben seiner selbst und seiner Welt.«[3] Wenn Sie durch Meditation solche Zustände erlebt haben, ist Ihre Intuition zweifellos schon geweckt. Nehmen wir jedoch an, Sie machen sich gerade erst mit den Möglichkeiten vertraut, Intuition zu wecken, oder Sie würden sich ihrer gern stärker bewußt werden, so ist dieses Kapitel dem vorher nötigen Schritt gewidmet, nämlich dem Erlernen von Entspannung, Konzentration und Aufmerksamkeit.

Entspannung

Die Übungen, die zur Entwicklung von Konzentration und damit zum Erwecken der Intuition nötig sind, erfüllen ihren Zweck am besten, wenn sie mit Entspannungstraining verknüpft werden. Letztendlich kann die Konzentration oder Sammlung des Geistes auf einen Punkt mühelos geschehen, aber es erfordert erhebliche Hingabe, zu einem solchen Zustand zu gelangen. Es ist, als wollte man eine neue Fertigkeit erwerben. Wenn man zum ersten Mal versucht, Fahrrad zu fahren, fällt es einem vielleicht sehr schwer, das Gleichgewicht zu bewahren. Mit zunehmender Übung wird es immer leichter, bis man schließlich ganz entspannt fahren kann und die Spannung, die man zunächst empfunden hat, ganz verschwindet. Seinen Geist zu konzentrieren ist am Anfang immer schwierig, und strengt man sich zu stark an, erzeugt dies meist eher Widerstand, als daß es den Lernprozeß beschleunigt. Bessere Ergebnisse sind zu erwarten, wenn Sie mit sich selbst wie mit einem Menschen umgehen, den Sie lieben. Wollten Sie jemandem, an dem Ihnen liegt, eine neue wichtige Fertigkeit beibringen, würden Sie den Betreffenden auch nicht jedesmal tadeln, wenn ihm etwas mißlänge, sondern würden seine Fortschritte fördern, indem Sie ihm Beistand leisteten und ihn lobten. Leisten Sie sich dasselbe und leisten Sie sich viel Zeit, um herauszufinden, was sich für Sie am besten auswirkt.

Jedes Lernen wird durch Spannung und Angst beeinträchtigt. Sie stören nicht nur die Konzentration, sondern blockieren auch auf allen Ebenen das Wahrnehmen der Intuition. Es ist daher wichtig, daß Sie eine Entspannungsmethode finden, die auf Ihre Bedürfnisse zugeschnitten ist und die Sie immer anwenden können, wenn Sie Ihren Geist zur Ruhe bringen wollen. Dies zu lernen, ist für das Wecken der Intuition unerläßlich und hat zugleich viele wohltätige Folgen. Es verbessert nicht nur Ihre Konzentrationsfähigkeit, es erlaubt Ihnen auch, sich in jeder Situation ruhiger und entspannter zu fühlen, und inmitten jeder Art von innerem oder äußerem Aufruhr zentriert zu bleiben. In der Hindu-Überlieferung wird der undisziplinierte Geist mit einem betrunkenen Affen verglichen; sicher ist das fortwährende Geschwätz, das fast immerzu im Geist abläuft, ganz sinnlos – es ist auch ein Haupthindernis für die Entwicklung intuitiven Gewahrseins. Auf jeden Fall können Sie, wenn Sie gelernt haben, Ihren Geist zu entspannen und zur Ruhe zu bringen, sich wohler fühlen, besser funktionieren und gesünder bleiben.

Bei der Entspannung, die man praktiziert, um seine Intuition zu entwickeln, wählt man zweckmäßigerweise eine Übung, die eine Haltung des aufmerksamen Gewahrseins und der Nichteinmischung bewirkt. Das Lernen kann durch positive Suggestionen beschleunigt werden, aber man hüte sich vor zuviel bewußter Programmierung. Denken Sie daran, auf das zu hören, was Sie schon wissen; daß Ihr Geist aber, damit Sie hören können, ruhig sein muß und nicht von all den Dingen erfüllt sein darf, von denen Sie glauben, Sie müßten sie lernen. Diesen Prozeß der Entspannung mit bewußtem, nicht eingreifendem Gewahrsein zu beginnen, wird möglich durch die Beachtung der eigenen Atmung. Versuchen Sie nicht, etwas zu ändern, achten Sie nur auf den Ablauf. Die Atmung ist eine physiologische Funktion, die ständig unbewußt abläuft, die man sich aber leicht bewußt machen kann, indem man einfach nur auf sie achtet. Es ist zwar leicht, die eigene Atmung wahrzunehmen; es mag aber schwierig sein, ihren natürlichen Rhythmus unangetastet zu lassen, wenn man erst einmal auf sie achtet. Können Sie Ihre Atmung beachten, ohne sie irgendwie zu verändern? Beobachten Sie, welche Teile Ihres Körpers sich bewegen, wo Sie festhalten oder irgendwie die natürliche Atembewegung stören. Versuchen Sie nicht, etwas zu ändern, nehmen Sie es einfach nur wahr.

Die Wahrnehmung des Atmens steht als Übung im Mittelpunkt verschiedener Meditationsverfahren. Wenn Sie längere Zeit mit geradem Rücken sitzen und einfach nur auf Ihre Atmung achten, werden Sie viel darüber erfahren, wie Ihr Geist funktioniert. Wenn Ihre Aufmerksamkeit abschweift und Sie feststellen, daß Sie gar nicht mehr auf die Atmung achten, kehren Sie einfach zu diesem Brennpunkt zurück, indem Sie Ihre Aufmerksamkeit immer wieder sanft und ruhig dahin zurücklenken. Was am Anfang Mühe erfordert, gelingt mit zunehmender Praxis mühelos.

Obwohl bei vielen Entspannungstechniken vorgeschlagen wird, man solle sich hinlegen, um das völlige Loslassen zu erleichtern, ist es für die Entwicklung der Intuition gewöhnlich am besten, mit geradem Rücken zu sitzen, wie bei der Meditation, um geistig wach zu bleiben. Wenn man sich hinlegt, schläft man leicht ein, und das wollen Sie ja nicht. Trotzdem können Sie sich ja hinlegen, wenn Ihnen das Loslassen schwerfällt und Sie feststellen, daß Sie sich im Sitzen nicht entspannen können. Überprüfen Sie Ihre Reaktionen und probieren Sie aus, was Ihnen am meisten nützt.

Eine im Yoga gelehrte Entspannungsübung ist hier besonders geeignet, da sie sowohl Aktivität als auch Passivität anregt; man kann sie im Sitzen oder im Liegen ausführen. Fangen Sie mit den Zehen an und sagen Sie zu sich: »Ich entspanne meine Zehen. Meine Zehen entspannen sich.« Fahren Sie fort, diese Wahrnehmung auf alle Teile Ihres Körpers zu richten:

Übung Ich entspanne meine Füße. Meine Füße entspannen sich. Ich entspanne meine Fußgelenke. Meine Fußgelenke entspannen sich. Ich entspanne meine Waden. Meine Waden entspannen sich. Ich entspanne meine Knie. Meine Knie entspannen sich. Ich entspanne meine Oberschenkel. Meine Oberschenkel entspannen sich. Ich entspanne mein Becken. Mein Becken entspannt sich. Ich entspanne mein Gesäß. Mein Gesäß entspannt sich. Ich entspanne meinen Rücken. Mein Rücken entspannt sich. Ich entspanne meinen Bauch. Mein Bauch entspannt sich. Ich entspanne meine Schultern. Meine Schultern entspannen sich. Ich entspanne meine Arme. Meine Arme entspannen sich. Ich entspanne meine Hände. Meine Hände entspannen sich. Ich entspanne meinen Hals. Mein Hals entspannt sich. Ich entspanne meinen Hinterkopf. Mein Hinterkopf entspannt sich. Ich entspanne meine Stirn. Meine Stirn entspannt sich. Ich entspanne meine Augen. Meine Augen entspannen sich. Ich entspanne meinen Mund. Mein Mund entspannt sich. Ich entspanne meinen Kiefer. Mein Kiefer entspannt sich. Ich gestatte mir, völlig entspannt zu sein, und ich bin ganz ruhig.

Diese Übung können Sie kürzen oder verlängern, je nachdem, wie Sie sich an einem bestimmten Tag fühlen. Manchmal mag es genügen, sich nur ein paar Minuten bewußt zu entspannen, während Sie vielleicht ein andermal, wenn Sie besonders verspannt sind, Ihren Körper innen und außen gründlicher durchgehen wollen; dabei geben Sie sich soviel Zeit und Raum, wie Sie brauchen, um eine körperliche Entspannung zu erreichen, die es Ihrem Geist erlaubt, ruhig und klar zu werden.

Da es zur Entwicklung der Intuition gehört, sich auf den Körper einzustimmen und auf physische Signale zu achten, kann man zur Unterstützung der Entspannung lernen, körperliche Empfindungen zu beachten, ohne dabei etwas ändern oder in irgendeiner Weise eingreifen zu wollen. Wie bei der Wahrnehmung des Atmens ist es manchmal auch schwierig, körperliche Empfindungen bewußt wahrzunehmen, ohne sie irgendwie zu verändern. Jede Körperempfindung, die zum Gegenstand ungeteilter Aufmerksamkeit wird, verändert sich. Um sich auf die Intuition einzustimmen, beachtet man aber seine körperlichen Empfindungen nicht, um sie zu manipulieren oder zu steuern, sondern einfach, um zu entdecken, wie sie sind.

Wahrnehmungsübung

Nehmen Sie sich ein paar Minuten Zeit, um sich ruhig hinzusetzen und sich auf alle körperlichen Empfindungen einzustimmen, die gerade vorhanden sind. Versuchen Sie nicht, sie zu ändern, nehmen Sie sie einfach nur bewußt wahr. Beobachten Sie, welche Teile Ihres Körpers sich angespannt und welche sich entspannt anfühlen. Welche Teile Ihres Körpers haben Sie überhaupt nicht bewußt wahrgenommen? Bleiben Sie mit Ihrer Aufmerksamkeit ein paar Minuten bei Ihren Körperempfindungen und achten Sie auf alles, was Ihnen zum Bewußtsein kommt und vorher nicht da war.

Oft sind Sie sich vielleicht Ihres Körpers gar nicht bewußt, wenn er nicht irgendwo wehtut. Ihr Körper kann Ihnen jedoch wichtige Informationen darüber geben, welche Bedürfnisse Sie haben, und was Sie tun können, um besser mit sich umzugehen.

Die Open-Focus-Übung

Eine der wirksamsten Methoden, Körper-Gewahrsein und Imagination zum Zweck der tiefen Entspannung und zur Förderung der intuitiven Fähigkeiten zu kombinieren, hat Lester Fehmi vom Princeton Medical Center entwickelt. Er nennt sie die *Open-Focus*-Übung. Sie besteht aus einer Reihe von Fragen über Ihre Fähigkeit, sich bestimmte Erlebnisse ohne Anstrengung vorzustellen. Die Fragen zielen darauf ab, ein »objektloses Bild« hervorzurufen, nämlich eher die Vorstellung von Entfernung und Raum als ein konkretes Objekt. Dr. Fehmi sagt darüber:

Richtet man seine Aufmerksamkeit auf den Raum, stellt sich einem die Aufgabe, seine Vorstellungen von Objekten zu entleeren oder zu befreien, die Wahrnehmung zu erweitern und sich – als löse man das Wahrgenommene auf oder lasse es los – in Richtung auf die Vorstellung zu bewegen, also auf das Nichts zu. Insbesondere die Vorstellung von der Entfernung zwischen Körperregionen oder -punkten veranlaßt einen, die Wahrnehmung gleichmäßig über die durch objektive Grenzen markierte Region zu verteilen. Diese Verteilung oder Streuung der Aufmerksamkeit über eine Region im Gegensatz zur Konzentration der Aufmerksamkeit auf einen Punkt läßt die Bewußtseins- und Daseinszustände entstehen, die mit der Verminderung von Angst, Konkurrenzdenken, Anspannung, Gehemmtheit, Verdrängung und aktivem zielgerichtetem Verhalten verbunden sind. Während das logische Extrem der begrenzten Aufmerksamkeit die Konzentration auf einen Punkt ist, ist das logische Extrem des *Open Focus* ein Zustand, in dem die Aufmerksamkeit bis dahin erweitert wird, daß man das Bewußtsein seiner selbst verliert und einem das Zeitgefühl gleichgültig wird. Ich spreche also von diesem extremen, aber leicht erreichbaren, gelösten und erweiterten Zustand als »Nicht-Zeit«. Es ist ein Ziel der Einübung von *Open Focus* und Biofeedback, zu lernen, geschmeidig zwischen »Nicht-Zeit«, weniger extremen Stufen von erweiterter und begrenzter Aufmerksamkeit und Konzentration der Aufmerksamkeit auf einen Punkt je nach den Erfordernissen der Umstände hin und her zu wechseln. Fast alle Personen, die bisher diese Übungen gelernt haben, haben jedoch großen Nutzen von einem Training gehabt, bei dem anfänglich viel Wert darauf gelegt wurde, lange in der »Nicht-Zeit« verharren zu können. Es hat sich herausgestellt, daß stundenlanges Verharren im Zustand der Zeitlosigkeit eng mit einem zunehmenden Gefühl des Wohlbefindens, der Verminderung von Angst, Anspannung und verwandten Verhaltensweisen zusammenhängt.

Zu Beginn der Übung gibt Dr. Fehmi folgende Hinweise:

. . . wenn ich frage: »Können Sie sich den Raum zwischen Ihren Augen vorstellen?«, würden Sie natürlicherweise Ihre Augen erleben und dann Ihre Vorstellung zu dem Bereich zwischen den Augen gehen lassen und sich den Raum zwischen ihnen vorstellen. Das Ziel dabei ist nicht, irgendeine Zahl oder eine andere Abstraktion zu äußern wie: »Zwischen meinen Augen ist ein Abstand von vier Zentimetern.« Das Ziel ist, sich den Raum zwischen den Augen sehr behutsam vorzustellen oder zu empfinden. Am Anfang werden Sie diesen Raum vielleicht als ein sehr kleines Gebiet oder ein unbestimmtes Gefühl empfinden oder sich vorstellen, und während Sie zwischen den Fragen weitermachen, vergrößert oder verändert sich der Raum vielleicht, und ich möchte, daß Sie während dieser Zeitspanne mit Ihrer Aufmerksamkeit beim Inhalt der letzten Frage bleiben. Wenn es Ihnen schwerfällt, irgendeine bestimmte Vorstellung oder Empfindung zu haben, lassen Sie sich davon nicht beunruhigen. Lassen Sie nur Ihre Vorstellung weiter auf den Gegenstand dieser Frage gerichtet sein und lassen Sie der Natur ihren Lauf. Wenn nichts Besonderes zu passieren scheint oder wenn Ihre Gedanken zu wandern anfangen, regen Sie sich nicht auf. Begeben Sie sich bei der nächsten Frage in die damit verknüpfte Bilderwelt. Schließlich brauchen Sie auf diese Fragen keinerlei offene Auskunft zu geben. Ihre Antwort ist jeweils das, was in Ihrer Vorstellung oder in Ihrem Erleben abläuft, nachdem die Frage gestellt worden ist.[4]

Können Sie sich vorstellen:

– den Raum zwischen Ihren Augen
– den Raum zwischen Ihren Ohren
– den Raum in Ihrer Kehle
– daß sich, wenn Sie einatmen, der Raum in Ihrer Kehle so ausdehnt, daß er Ihren ganzen Hals ausfüllt
– den Raum zwischen Ihren Schultern
– den Raum zwischen Ihren Hüften
– den Raum zwischen Daumen und Zeigefinger jeder Hand
– den Raum zwischen Zeige- und Mittelfinger jeder Hand
– den Raum zwischen Ringfinger und kleinem Finger jeder Hand
– daß der Bereich zwischen Ihren Fingerspitzen und Ihren Handgelenken mit Raum erfüllt ist
– daß der Bereich zwischen Ihren Handgelenken und den Ellenbogen mit Raum erfüllt ist
– daß der Bereich zwischen Ihren Ellenbogen und Schultern mit Raum erfüllt ist
– daß der Bereich zwischen Ihren Schultern mit Raum erfüllt ist
– daß der Raum in Ihrer Kehle denselben Umfang hat wie der Raum zwischen Ihren Schultern und in Ihren Schultern, Armen, Händen und Fingern
– daß die Bereiche in Ihren Schultern und die Bereiche zwischen Ihren Schultern und Ihren Fingerspitzen gleichzeitig mit Raum erfüllt sind
– daß Ihre Füße und Zehen mit Raum erfüllt sind
– daß der Bereich zwischen Ihren Fußgewölben und Ihren Fußknöcheln mit Raum erfüllt ist

– daß der Bereich zwischen Ihren Fußknöcheln und Ihren Knien mit Raum erfüllt ist

– daß der Bereich zwischen Ihren Knien und Ihren Hüften mit Raum erfüllt ist

– daß der Bereich zwischen Ihren Hüften mit Raum erfüllt ist

– daß Ihr Gesäß mit Raum erfüllt ist

– daß Ihr Gesäß und der Bereich zwischen Hüften und Beinen und Füßen und Zehen gleichzeitig mit Raum erfüllt sind

– daß Ihr Unterbauch mit Raum erfüllt ist

– daß Ihr Körper vom Zwerchfell abwärts mit Raum erfüllt ist, einschließlich des Zwerchfells, der Geschlechtsteile, des Afters und der Füße und Zehen

– daß der Bereich zwischen Ihrem Nabel und Ihrem Rückgrat mit Raum erfüllt ist

– daß Ihr Bauch mit Raum erfüllt ist

– daß der Bereich innerhalb Ihres Brustkorbs mit Raum erfüllt ist

– daß der Bereich zwischen Ihren Rippen mit Raum erfüllt ist

– den Raum im Inneren Ihrer Lunge, wenn Sie ein- und ausatmen

– den Raum im Inneren Ihrer Bronchien, während Sie ein- und ausatmen

– den Raum im Inneren Ihrer Kehle, während Sie ein- und ausatmen

– den Raum im Inneren Ihrer Nase, während Sie ein- und ausatmen

– die Entfernung zwischen dem Raum in Ihrer Kehle und Ihrem Scheitel

– die Entfernung zwischen dem Raum in Ihrer Kehle und dem Raum hinter Ihren Augen

– daß der Bereich zwischen Ihren Schläfen mit Raum erfüllt ist

– daß Ihre Stirn mit Raum erfüllt ist

– daß Ihr Gehirn mit Raum erfüllt ist

– daß Ihr Rückgrat mit Raum erfüllt ist

– daß Ihr ganzer Kopf gleichzeitig mit Raum erfüllt ist

– daß Ihr ganzer Kopf und Ihr Gesicht gleichzeitig mit Raum erfüllt sind

– daß Ihr ganzer Kopf, Ihr Gesicht, Ihr Hals und Ihr ganzer Körper einschließlich der Hände, der Geschlechtsteile und der Füße gleichzeitig mit Raum erfüllt sind

– daß sich Ihr ganzes Sein mit Luft füllt, wenn Sie einatmen und Ihr ganzes Sein mit Raum erfüllt bleibt, wenn Sie ausatmen
– Können Sie sich zur gleichen Zeit, in der Sie sich den Raum in Ihrem ganzen Körper vorstellen, den Raum um Ihren Körper herum vorstellen, den Raum zwischen Ihren Fingern und Zehen, hinter Ihrem Hals und Rücken, den Raum über Ihrem Kopf und unter Ihrem Stuhl und den Raum vor Ihnen und an Ihren Seiten?
Können Sie sich vorstellen
– daß sich die Grenzen zwischen Ihrem inneren Raum und dem Raum außen auflösen, daß sich die Räume vereinen und ineinander übergehen
– daß dieser vereinte Raum, der zugleich innen und außen besteht, sich in drei Dimensionen erstreckt, von vorn nach hinten, von rechts nach links und aufwärts und abwärts
– daß Sie es, während Sie sich diesen vereinten Raum vorstellen, gleichzeitig fertigbringen, auch noch alle Laute wahrzunehmen, die Ihnen zugänglich sind
– daß diese Laute aus dem vereinten Raum hervorgehen und von ihm durchzogen sind
– daß Sie, während Sie den Raum und die Laute beachten, gleichzeitig alle sonst noch vorhandenen Gefühle, Spannungen, Empfindungen oder Schmerzen wahrnehmen können
– daß diese Empfindungen und Wahrnehmungen von Raum durchdrungen sind
– daß Sie, während Sie des Raums, der Laute, der Gefühle und anderer Körperempfindungen gewahr sind, gleichzeitig alle Geschmacksempfindungen, Gerüche, Gedanken und Vorstellungsbilder registrieren können, die jeweils vorhanden sein mögen
– daß Sie nun auch noch alles Empfinden und jedes Erleben bewußt werden lassen können, das Sie bisher vielleicht weggelassen haben, so daß Sie sich jetzt gleichzeitig Ihres ganzen Daseins gewahr sind, alles dessen, was Sie sind
– daß Ihr ganzes Erleben von Raum durchzogen und durchdrungen ist
– daß Sie, je mehr Sie diese Übung der erweiterten Aufmerksamkeit praktizieren, Ihre Fähigkeit steigern werden, rascher und

vollständiger und müheloser den Zustand des *Open Focus*, der
nicht-fixierenden Aufmerksamkeit, erreichen werden
– daß Ihre Raumvorstellungen lebhafter und umfassender werden
– daß Ihre Fähigkeit, sich vorzustellen, wie all Ihr Erleben von
Raum durchdrungen ist, immer lebendiger und allgegenwärtiger
wird, wenn Sie mit dieser *Open-Focus*-Übung fortfahren?

Konzentration

Die Übung zur erweiterten Aufmerksamkeit läßt Sie den Raum
erfahren und ist daher eine ausgezeichnete Vorbereitung für spezifische Übungen zur begrenzten Aufmerksamkeit, bei denen Gegenstände oder Symbole verwendet werden, um die Entwicklung
der Konzentration zu unterstützen. Die Schwierigkeit, den Geist
längere Zeit auf einen Brennpunkt zu richten, kann man leicht
erleben, indem man ein Vorstellungsbild oder einen Gedanken ein
oder zwei Minuten lang still zu halten versucht. Wenden wir
unsere Aufmerksamkeit der Visualisierung bestimmter Bilder zu,
die zur Entwicklung der Konzentration und dadurch der Intuition
beitragen.
Die bildliche Vorstellung geometrischer Formen, wie sie in der
esoterischen Psychologie praktiziert wird[5], ist eine Art, die intuitiven, zur rechten Gehirnhälfte gehörigen Funktionen zu kräftigen.
Die folgende Übung, bei der einfache geometrische Formen als
Konzentrationsobjekte benützt werden, gibt Ihnen Gelegenheit,
Ihre eigene Konzentrationsfähigkeit zu prüfen, und macht Sie mit
der spontanen Bewegung von Vorstellungsbildern vor dem geistigen Auge bekannt.

Das Visualisieren geometrischer Formen

Schließen Sie die Augen und stellen Sie sich vor, Sie malten mit *Übung*
weißer Kreide einen Kreis auf eine Wandtafel. Setzen Sie in die
Mitte des Kreises einen weißen Punkt. Stellen Sie sich vor, dieses

Bild des weißen Kreises schwebe in Höhe Ihrer Augenbrauen etwa 30 cm vor Ihnen. Behalten Sie es drei Minuten lang vor Ihrem geistigen Auge. Halten Sie es völlig still. Wiederholen Sie die Übung mit einem gleicharmigen Kreuz bzw. Pluszeichen an Stelle des Kreises. Stellen Sie sich das Kreuz wieder weiß auf schwarzem Hintergrund vor. Gelingt es Ihnen zunächst nur schwer, stellen Sie sich wieder vor, Sie malten das Kreuz mit weißer Kreide auf eine Wandtafel. Halten Sie dieses Vorstellungsbild drei Minuten lang fest. Wiederholen Sie die Übung dieses Mal mit einem gleichseitigen Dreieck. Stellen Sie sich die Figur wieder weiß auf schwarzem Hintergrund vor, als hätten Sie sie auf eine Wandtafel gemalt, und halten Sie sie still.

Wenn Sie diese Übung zum ersten Mal versuchen, ohne vorher in irgendeiner Form meditiert zu haben, werden Sie wahrscheinlich überrascht feststellen, daß es schwer ist, die Vorstellungsbilder bewegungslos zu halten. Sie werden vielleicht den Anschein erwecken als hätten sie ein Eigenleben, werden ihre Farbe und Form ändern und sich von selbst bewegen.

Vielleicht ziehen Sie es vor, einfach zuzusehen, was in Ihrem Geist mit den Figuren passiert, anstatt sich die Mühe zu machen, sie klar und still zu halten. Dies kann eine interessante Einführung in die Selbstbeobachtung sein; eine Methode, inneren Bildern ohne bewußtes, absichtliches Eingreifen bei ihren Veränderungen und ihrer Entfaltung zuzusehen, aber es ist nicht dasselbe wie ein Trainieren des Geistes, bei dem man sich auf ein einzelnes Bild konzentriert und es vor dem geistigen Auge still hält. Sich auf ein bestimmtes Bild konzentrieren zu können, ist äußerst nützlich. Durch kontinuierliche Übung lernt man, daß man seine Gedanken tatsächlich steuern und so die Verantwortung für den eigenen Bewußtseinszustand übernehmen kann. Wenn Sie mit dieser Übung beginnen, denken Sie daran, daß Ausdauer sich bezahlt macht, während Ungeduld und zuviel Anstrengung die Konzentrationsfähigkeit nur stören.

Bei dieser Übung ist die Konzentration aktiv, nicht passiv wie bei der *Open-Focus*-Übung. Sie können ohne weiteres die verschiedenen Wirkungen der verschiedenen Methoden erleben. Wenn diese

Übungen durchgeführt werden, um die Hindernisse beiseitezuräumen, die der Intuition im Wege stehen, sind beide nützlich. Gestatten Sie sich, verschiedene Formen auszuprobieren, bis Sie die finden, die Ihnen entspricht.

Wort-Konzentration

Ein weiterer Ansatz zur Entwicklung der Intuition durch Konzentrationsübung ist, die Intuition selbst in den Mittelpunkt der Aufmerksamkeit zu stellen. Sie können einfach darüber nachdenken, was Intuition für Sie bedeutet und die folgende Übung ausprobieren.

Wenn Sie ruhig und entspannt dasitzen, behalten Sie einfach das Wort *Intuition* im Sinn. Sie können sich das Wort so vorstellen, als sähen Sie es geschrieben vor Augen. Sie können aber auch einfach das Wort im Geist wiederholen, als sei es ein Mantra. Am Anfang werden sich wahrscheinlich viele unwesentliche Gedanken und Gefühle hineindrängen. Bringen Sie einfach Ihre Aufmerksamkeit sanft zu dem Wort *Intuition* zurück, wenn Sie merken, daß Ihre Gedanken zu anderen Dingen gewandert sind. Während einer solchen Meditation können auch spontan viele Assoziationen und unerwartete Einsichten auftauchen, Sie werden vielleicht einige davon nach der Meditation aufschreiben wollen. Gewöhnlich ist es am besten, mit kurzen Konzentrationsperioden anzufangen (etwa fünf Minuten), um zu vermeiden, daß sich Widerstand aufbaut und Ermüdung eintritt. Auch hier ist wieder die Aufmerksamkeit der Schlüssel zur Erweiterung der Intuition.

Übung

Eine Teilnehmerin an einem meiner Workshops hat ihre Erfahrungen mit dem Meditieren über Intuition folgendermaßen geschildert:

Ich begann zum ersten Mal, mir selber zuzuhören. Mir wurde klar, daß mein Gewahrsein viele Schichten hat, und ich konnte mit viel tieferen Ebenen in mir in Fühlung kommen. Oberflächliche Konflikte wurden unwichtig, und es fiel mir leichter, Entscheidungen zu treffen. Es war, als hätte ich Kontakt zu einer Art innerem Führer bekommen, einem Gefühl des Wissens. Ich war nicht mehr unruhig und verwirrt; irgendwie hatte ich mehr Vertrauen zum Leben selbst als Prozeß. Der Gedanke, zuzulassen, daß mehr von meiner Erfahrung in mein Bewußtsein kommt, ohne daß ich etwas tun muß, um es zu verändern, hat mir geholfen, mich so anzunehmen wie ich bin.

Eine andere Art, mit dem Wort *Intuition* zu arbeiten, besteht darin, alle Assoziationen aufzuschreiben, die Ihnen zu dem Wort einfallen. Die Assoziationen sollten kurz sein. Es ist hier nicht nötig zu erklären oder auszuschmücken; ein oder zwei Worte genügen. Das Wort *Intuition* sollte immer zwischen den Assoziationen stehen, z. B.:

Intuition Wissen Intuition Sehen Intuition Fühlen
Intuition Verstehen Intuition Bewußtsein
Intuition Wachsen Intuition Raum Intuition zeitlos
Intuition Ausdehnung Intuition Wurzeln Intuition Fließen
Intuition universal Intuition jenseits Intuition Transzendenz Intuition spirituell Intuition erdgebunden
Intuition Wiedergeburt Intuition Kreis Intuition natürlich
Intuition Farben Intuition Licht Intuition klar
Intuition Sterne Intuition tiefer Intuition Zentrierung
Intuition Loslassen Intuition Vertrauen Intuition Liebe
Intuition Sein lassen Intuition
Akzeptieren Intuition Energie
Intuition Geben Intuition Empfangen Intuition Zulassen
Intuition Bewegung Intuition Erschaffen Intuition Erwartung
Intuition Leben Intuition Sein Intuition . . .

Wenn Sie immer weitermachen und sich erlauben, Wörter auch zu wiederholen, wenn sie Ihnen einfallen, und auch wortlos zu bleiben oder *wortlos* zu schreiben, wenn Ihnen nichts einfällt, können Sie über die oberflächlichen Assoziationen hinweg- und dem näherkommen, was das Wort wirklich für Sie bedeutet. Machen Sie sich keine Sorgen, wenn Ihre Assoziationen unlogisch scheinen. Es kommt auf das *freie* Assoziieren an; das bedeutet, alles hochkommen lassen, ohne es zu beurteilen. Wenn Sie einige der tieferen Bedeutungen aufdecken, die das Wort für Sie hat, können Sie eine Menge vorgefaßter Meinungen wegräumen und Ihren eigenen Denkprozeß besser verstehen.

Die gleiche Art von Übung kann man auch mündlich mit einem Partner durchführen. Wenn Sie mit jemandem zusammenarbeiten, fordern Sie ihn auf, das Wort *Intuition* einfach immer wieder zu wiederholen und Ihnen dazwischen Zeit zu geben, Ihre Assoziationen auszusprechen. Wenn Sie ein Weilchen nichts sagen, sollte Ihr Partner einfach das Wort wiederholen und zwischen den Wiederholungen genügend lange Pausen einlegen, um Ihnen die Zeit zu geben, die Sie brauchen, um Ihre Assoziation auszusprechen. Nach fünf oder zehn Minuten, je nachdem, wie lange Sie arbeiten wollen, tauschen Sie die Rollen; nun wiederholen Sie das Wort für Ihren Partner. Die Reaktionen verschiedener Menschen auf dieses Wort unterscheiden sich stark, obwohl jeder es kennt. Vielleicht stellen Sie fest, daß Sie und Ihr Partner sich sehr unterscheiden, vielleicht haben Sie viele Assoziationen gemeinsam. Derjenige, der zuerst assoziiert, hat einen gewissen Vorteil, da er mit einem »reinen Tisch« anfängt. Der andere muß all die Worte, die er gerade gehört hat, berücksichtigen, er wird aber zweifellos frische Assoziationen hinzufügen können.

Wenn Sie erst einmal eine Zeitlang mit verbalen Assoziationen gearbeitet haben (Sie werden intuitiv wissen, wie lange für Sie genug ist), werden Sie vielleicht daran arbeiten wollen, bildhafte Assoziationen hervorzurufen. Anweisungen zum Hervorlocken bildhafter Vorstellungen werden in anderen Kapiteln gegeben, aber zum Zweck der weiteren Erforschung Ihrer Assoziationen können Sie einfach die Augen schließen und sich etwas vorstellen, das für Sie ein Symbol für Intuition ist. Einmal hat jemand einen Kelch gesehen, jemand anders eine Kristallkugel, ein Dritter ein Dreieck aus Licht. Vielleicht kommt Ihnen blitzartig ein Bild, vielleicht auch nicht. Wenn Ihnen etwas erscheint, werden Sie es vielleicht zeichnen oder aufschreiben wollen. Wenn kein Bild auftaucht, lassen Sie sich nicht entmutigen. Im 4. Kapitel werden Sie weitere Anweisungen finden, wie Sie die bewußte Wahrnehmung Ihrer inneren Bilderwelt entwickeln können.

Empfänglichkeit

Neben Entspannung und Konzentration erfordert das Erwecken der Intuition Empfänglichkeit für alle Formen des subjektiven Erlebens. Ein waches Gewahrsein, das sich nicht einmischt und inmitten der Welt innerer Eindrücke, Gefühle und Vorstellungen erhalten bleibt, ist der Schlüssel zur Erweiterung der Intuition. Am Ende verwischt intuitives Wissen Unterscheidungen zwischen Subjekt und Objekt, zwischen dem Wissenden und dem Gewußten. Das Erwecken dieses ungespaltenen Gewahrseins erfordert jedoch, daß man sich von der Identifikation mit inneren Zuständen löst und sie beobachtet. Diese Ablösung des Beobachters vom Körper, von Gefühlen und Vorstellungen wird auch als das Erwecken des inneren Zeugen bezeichnet. Roberto Assagioli nennt diese Disidentifizierung das Mittel, mit dessen Hilfe der Mensch lernt, zwischen dem Inhalt des Bewußtseins und dem Zentrum des Bewußtseins zu unterscheiden. Das Zentrum des reinen Gewahrseins oder das »Ich« definiert er als ein Zentrum des Willens, das in der Lage ist, alle physischen und psychischen Prozesse zu beherrschen, zu steuern und zu benutzen.[6] Selbstbeobachtung oder Selbstgewahrsein erlauben also die Beherrschung des Selbst und die willentliche Steuerung innerer Zustände. Aktive Versuche, einfach Herrschaft auszuüben, erbringen jedoch nicht die gewünschten Ergebnisse. Zuerst muß man lernen, mit Distanz, aus einer Haltung des Seinlassens heraus, zu beobachten und alles, was vor sich geht, zu akzeptieren, ohne es beurteilen oder ändern zu wollen.

Empfänglichkeit für Gefühle

Das Gewahrsein sowohl des Bewußtseinsinhalts als auch der eigenen Person als eines Zusammenhangs, in dem er sich bildet, unterstützt den Prozeß der Disidentifizierung. Die Identifikation mit einem bestimmten Gemütszustand z. B. ist oft mit Angst und der Furcht verbunden, überwältigt zu werden. Sobald man sich aus der Identifikation gelöst hat, ist man frei, Gefühle nach Belieben auszudrücken. Das Auflösen der Bindung an bestimmte Gefühle läßt es zu, mehr im Augenblick gegenwärtig zu sein und einen

Menschen, ein Problem oder eine Lage so zu betrachten, wie sie sich selbst darstellen.

Gefühle zu beachten, ohne sie zu verändern, ist noch schwieriger als das Beachten der Atmung. Oft werden Gefühle, wenn Sie sie ganz bewußt erleben wollen, begleitet von negativen Gemütsbewegungen wie Wut oder Angst, und Sie mögen in Versuchung geraten, sie abzustellen oder sie irgendwie zu verändern, anstatt sie einfach da sein zu lassen. Hält man Wut oder Angst unterhalb der Bewußtseinsschwelle, indem man sie unterdrückt oder verdrängt, verschwinden sie jedoch dadurch nicht. Außerdem braucht Verdrängung Energie, die sonst für die gestellte Aufgabe zur Verfügung stünde, sei dies das Engagement im zwischenmenschlichen Kontakt oder Konzentration jeder Art. Wenn man sich konzentriert, scheinen Gefühle sich oft einzudrängen. Indem man sich ihnen gegenüber empfänglich verhält, ihnen erlaubt, da zu sein, verschwendet man seine Energie und seine Aufmerksamkeit nicht darauf, sie zu verdrängen.

Gefühle sind oft mit etwas verknüpft, das in der Vergangenheit geschehen ist oder das in Zukunft vielleicht geschehen wird oder auch nicht. Schuldgefühle z. B. ergeben sich immer im Zusammenhang dessen, was man in der Vergangenheit getan oder unterlassen hat. Um ganz im Augenblick präsent zu sein, frei, dem, was Sie gerade tun, Ihre volle Aufmerksamkeit zuzuwenden, müssen Sie sich von früheren Erlebnissen losmachen. Wenn Sie unter Schuldgefühlen leiden, können Sie nicht deutlich erkennen, was gerade jetzt geschieht. Die Bereitschaft, das Schuldgefühl voll zu erleben und in Kontakt zu kommen mit anderen Gefühlen wie Groll, Wut und Angst, die damit verbunden sein mögen, kann eine große Erleichterung sein.

Die Bindung an positive Gefühle kann ebenso ablenken wie das Vermeiden negativer Gefühle. Ein intensives Lusterlebnis, das Sie gern verlängern oder wiederholen würden, beeinträchtigt sicherlich Ihre Fähigkeit, ganz an dem Anteil zu nehmen, was gerade in der Gegenwart geschieht. Stellen Sie sich Ihre Aufmerksamkeit als einen Lichtstrahl vor. Wenn er ganz konzentriert ist, ist er dicht und kraftvoll wie ein Laserstrahl. Wenn ihn Gefühlsaufruhr, Bindung an die Vergangenheit oder Angst vor der Zukunft zerstreuen, verliert er seine kraftvolle Intensität. Sich dessen bewußt zu werden, was Sie in jedem beliebigen Augenblick intuitiv wissen, hängt von Ihrer Fähigkeit zu konzentrierter Beachtung dessen ab, was Sie im Moment wahrnehmen.

Die direkte Art zu lernen, seine Aufmerksamkeit auf ein Ziel zu richten und seine Konzentration zu verbessern, besteht also nicht in dem Versuch, die Gefühlsbindungen loszulassen, die den Prozeß stören, sondern einfach darin, auf sie zu achten. Ihre Gefühle können Ihnen wichtige Hinweise auf das geben, was für Ihre weitere Entwicklung geeignet ist. Versuchen Sie nicht, sie auszuschalten. Beachten Sie sie, erkennen Sie sie an, erleben Sie sie, wie sie eben sind. Auch sie können der Weg sein, auf dem sich intuitives Wissen ausdrückt. Intuition kann auf der emotionalen Ebene nur voll funktionieren, wenn Sie sich Ihrer Gefühle bewußt sind, ohne sie als gut oder schlecht zu beurteilen, und ohne sich durch sie zum Handeln veranlaßt zu fühlen. Es ist nicht nötig, ein Gefühl zu rationalisieren oder zu rechtfertigen.

Manchmal empfinden Sie vielleicht im Hinblick auf irgend etwas ein Gefühl, das Sie nicht verstehen. Vorahnungen einer Gefahr können z. B. selbst im Rückblick unerklärlich sein. Ein männlicher Workshop-Teilnehmer, der ein erfahrener Skiläufer war, erzählte, er habe bei einer Skitour auf Grund von scheinbar irrationalen Angstgefühlen, nach denen er sich gerichtet habe, vermeiden können, unter einer Lawine begraben zu werden. Ein anderer Teilnehmer berichtete von einem Vorfall, bei dem er jemand anders aus einer schlimmen Lage befreien konnte, indem er sich nach Gefühlen richtete, die er selber für absurd hielt. Er sagte, er habe auf einer Baustelle gearbeitet, und eines Abends, als er schon auf dem Heimweg war, habe er einen völlig unerklärlichen Drang verspürt, zur Baustelle zurückzukehren. Er tat es und stellte fest, daß einer der Mitarbeiter, der über die Zeit allein dortgeblieben war, gestürzt war und sich verletzt hatte. Er konnte die nötige Hilfe herbeischaffen und hat damit dem Mann wahrscheinlich das Leben gerettet.

Die Einstimmung auf Gefühle hat nicht unbedingt mit Vorahnungen zu tun, obwohl das Handeln nach Gefühlen dazugehört, will man lernen, nicht-rationalen Formen der Wahrnehmung zu vertrauen. Die Entscheidung, ob man auf Grund eines Gefühls handeln soll oder nicht, ist jedoch ein sekundärer Schritt, an dem Vernunft und Urteilsvermögen beteiligt sind. Der erste Schritt, die Empfänglichkeit für Gefühle zuzulassen, trägt am meisten zur Erweiterung der Wahrnehmung und zur Entwicklung der Intuition bei. Außerdem müssen Sie, um sich mit dem Herzen für einen Weg zu entscheiden oder um das Leben von ganzem Herzen zu leben, wissen, wie und was Sie empfinden. Wenn Sie keinen Kontakt zu Ihren Gefühlen haben, können Sie sich unmöglich echt in Ihre Arbeit hineinbegeben oder für Intimität offen sein. Gefühle werden oft unterdrückt, weil sie wehtun. Wenn Sie aber schmerzhafte Gefühle unterdrücken, unterdrücken Sie unweigerlich auch andere Gefühle, setzen Ihre Erlebnisfähigkeit herab und verschließen wesentliche Teile Ihrer selbst.

Das Gewahrsein für die eigenen Gefühle zu erschließen, ist nicht zu verwechseln damit, daß man sich von ihnen überwältigen oder sie über sein Leben bestimmen läßt. Es ist eines zu merken, daß man sich beim Ausprobieren einer neuen Erfahrung furchtsam fühlt; etwas anderes ist es, vor Furcht zu erstarren. Ebenso ist es eine Sache, zuzugeben, daß man über etwas wütend ist, und sich überlegen zu können, ob man die Wut äußert oder nicht; etwas anderes ist es, einen unbeherrschten Wutausbruch zuzulassen, wenn einen etwas aus dem Gleichgewicht bringt. Sobald Sie ein Gefühl *erleben*, können Sie anfangen, es mit einem gewissen Abstand zu beobachten, und aufhören, sich mit ihm zu identifizieren. Assagioli hat das psychologische Grundprinzip folgendermaßen formuliert: »Wir werden beherrscht von allem, womit sich unser Selbst identifiziert. Wir können alles beherrschen und kontrollieren, von dem wir uns disidentifizieren.«[7] Sie können also z. B. als Teil Ihres Bewußtseinsinhalts erkennen, daß Sie Angst *haben*, ohne sich mit ihm zu identifizieren oder sich von ihm beherrschen zu lassen. Im Gegensatz zu verdrängten Gefühlen, die die Wahrnehmung verzerren, zu chronischer Spannung beitragen und die Aufmerksamkeit von der Gegenwart abziehen, kommen und gehen Gefühle, die mit Abstand beobachtet werden, und verändern sich auf natürliche Weise.

Je mehr Sie die Fähigkeit zu einem erweiterten Gewahrsein Ihrer

Gefühle entwickeln, indem Sie weder versuchen, positive Gefühle festzuhalten, noch negative loswerden möchten, desto besser werden Sie erkennen, daß alle Gemütsbewegungen vergänglich sind. Selbst eine tiefe Depression, die manchmal endlos erscheint, kann sich verändern und tut es auch. Auch ein Hoch dauert nicht ewig. Beide gehören jedoch eindeutig zum menschlichen Erleben, und im gleichen Maß, in dem Sie bereit sind, Ihre Erlebnisfähigkeit zu erweitern, wird sich auch Ihr Vermögen steigern, mehr zu empfinden, zu verstehen und zu erkennen. Beim Erwecken der Intuition stören nicht die Gefühle selbst, sondern das Festhalten an Gefühlszuständen.

Empfänglichkeit für Bilder

Eine weitere Ebene, das Gewahrsein für innere Befindlichkeiten zu erweitern, ist das Erkennen und Beobachten innerer Bilder. Über die Verwendung von Vorstellungsbildern zur Förderung der Intuitionsentwicklung wird in späteren Kapiteln gesprochen; hier richten wir unser Augenmerk auf die Entwicklung stärkeren Gewahrseins der Visionen, Tagträume, Träume und der flüchtigen hypnagogischen Eindrücke, die spontan vor unserem inneren Auge erscheinen. Jeder Mensch denkt in Bildern, bevor er lernt, in Worten zu denken, und neue Einsichten und Ideen tauchen oft in Form von Bildern auf. Die innere Bilderwelt färbt auch die Wahrnehmung auf eine Weise, die vielleicht nicht unmittelbar zutage tritt. Notwendig für die Entwicklung eines Selbstgewahrseins, von dem eine klare Intuition abhängt, ist, sich die Bilder und Phantasien bewußt zu machen, durch die unsere Wahrnehmungen gefiltert werden.

Erinnerungen machen offenkundig, wie Vorstellungsbilder die Wahrnehmung beeinflussen. Gegenwärtige Eindrücke werden oft durch Erinnerungsbilder gefärbt, die auftauchen können, wenn man sie am wenigsten erwartet. Es ist Ihnen wahrscheinlich schon einmal passiert, daß Sie einem Menschen begegnet sind, der Sie an jemanden erinnert, den Sie zu anderer Zeit an anderem Ort gekannt haben. Manchmal ist das Erinnerungsbild so stark, daß alte Gefühle, die mit dem früheren Bekannten verknüpft waren, zu allerlei grundlosen Annahmen über den neuen Bekannten führen. Wenn

Sie dessen gewahrwerden, wie persönliche Erinnerungen und Assoziationen Ihre Wahrnehmungen verzerren und beeinflussen, wird Ihnen der Unterschied zwischen Ihrem gegenwärtigen Erleben und dem klarer, was Sie hinzufügen oder hinzuphantasieren.

Die innere Bilderwelt spiegelt die äußere Erlebniswelt wider, wenn auch oft verzerrt. Ebenso spiegelt die äußere Welt die innere wider. So können zwei Menschen, die dieselben Ereignisse beobachten, sehr verschiedener Auffassung darüber sein, was geschieht. Eine gut entwickelte Intuition ist eine klare und genaue Wahrnehmung der inneren und der äußeren Realität. Die Intuition ermöglicht einem einen Einblick in die Natur der Dinge, nicht durch das Wissen *über* sie, sondern durch eine solche Identifikation mit ihnen, daß sich die Grenzen zwischen Subjekt und Objekt auflösen. Hier ist Selbstgewahrsein der Schlüssel. Es ist keine leichte Aufgabe, mit sich eins zu sein, richtig wahrzunehmen, was die Wahrheit über einen selbst ist. Aber diese Art von Selbstgewahrsein ist wesentlich für die Befreiung von persönlichen Phantasien und Projektionen.

Projektion ist der unbewußte Prozeß, durch den man auf einen anderen Menschen etwas überträgt, was man bei sich nicht zugeben oder akzeptieren will. Projektionen können entweder positiv oder negativ sein. Oft projiziert man, wenn man jemanden bewundert, sein eigenes unentwickeltes Potential auf diesen anderen, so daß es scheint, als habe er all die Vorzüge und Vorteile, die einem selbst fehlen. Wenn Sie z. B. ein strebsamer Buddhismus-Jünger sind, werden Sie wahrscheinlich Ihre eigene Buddhanatur auf Ihren Lehrer projizieren. Umgekehrt hat jemand, den Sie nicht mögen, höchstwahrscheinlich Eigenschaften, die Sie bei sich selbst verdrängt oder verleugnet haben. Eine sehr durchsetzungsfähige Frau haßt vielleicht liebenswürdige, unterwürfige Frauen, und umgekehrt. Manchmal sind Projektionen noch allgemeiner und umfassender – wie bei einem Wütenden, dem die ganze Welt wütend und feindselig erscheint, und der vielleicht sogar leugnet, daß er wütend ist. Je weniger man bereit ist, die Verantwortung für seine eigene Geistesverfassung zu übernehmen, desto mehr wird die eigene Wahrnehmung durch Projektion entstellt.

Der Mechanismus der Projektion ist hier von Belang, weil sie ironischerweise eng mit der Intuition verwandt ist und oft mit ihr verwechselt wird. Wie die Intuition wirkt die Projektion durch Identifizierung mit etwas oder jemand, anstatt durch Information über es oder ihn. Projektion ist jedoch eine falsche Wahrnehmung, während Intuition echte Einsicht vermittelt.

Sich zu seinen Projektionen zu bekennen, um sie der Intuition aus dem Weg zu schaffen, ist ebenso wie das Eingestehen der eigenen Gefühle eine Frage der Disidentifizierung und des Erweckens des vorurteilsfreien inneren Zeugen. Dieses bedeutet nicht, daß man sich in einen Handelnden und einen Beobachter aufspaltet, zwischen denen eine Art Dialog oder Konflikt abläuft. Der innere Zeuge ist vielmehr ein erweitertes Bewußtsein des Erlebnis*kontexts*.

Erst muß man bereit sein, den intuitiven Prozeß ohne Wertung oder Eingriff zu erleben, dann wird man dazu fähig. Um das Ich in der Schwebe zu halten, um es beiseite stehen zu lassen, damit man mit einer tieferen Erfahrungsebene in Fühlung kommen kann, braucht man Übung, sich zu konzentrieren und seinen Willen subtil und geschickt einzusetzen. Das Paradoxe dabei ist, daß eine Willensanstrengung nötig ist, um den Geist zu konzentrieren und sich auf intuitive Botschaften einzustimmen, daß es aber eigentlich um eine Unterwerfung unter das Erleben geht, und nicht um den Versuch, das Erleben zu formen oder zu steuern. Es ist ein Prozeß des Lernens, wie man etwas geschehen läßt, statt ein Geschehen herbeiführen zu wollen. Man kann dieses Paradoxon, wie man die Beherrschung aufgibt, um sie zu erlangen, nur verstehen, indem man es subjektiv erlebt. Man kann sich einen ersten Eindruck davon verschaffen, indem man etwas darüber liest oder sich mit Menschen unterhält, die diese Erfahrung gemacht haben. Aber um diese Erfahrung zu *kennen,* muß man die Vorgänge im eigenen Inneren beobachten.

Wenn Sie anfangen, Ihre innere Bilderwelt zu beobachten und Ihrer Subjektivität zu vertrauen, können Sie leicht zwischen den Bildern unterscheiden, die Ihnen spontan in den Sinn kommen, und solchen, die Sie sich absichtlich vorstellen. Menschen, denen es schwerfällt, sich etwas bildlich vorzustellen, in Bildern oder

Metaphern zu denken, müssen lernen, ihre Tendenz, das innere Erleben zu steuern, aufzugeben. Andererseits müssen jene, die ohne Schwierigkeiten den Fluß der Bilderwelt zulassen können, lernen, ihre Aufmerksamkeit zu konzentrieren, um die Verantwortung für dieses Erleben zu übernehmen und sich nicht von ihm überwältigen zu lassen. Die Entwicklung der Intuition hängt davon ab, daß man lernt, sowohl seinen Geist zu steuern, als auch seinen egoistischen Willen aufzugeben.

Der Wunsch, sein subjektives Erleben im Griff zu behalten, rührt oft von der Furcht oder Angst her, die einen bei der Aussicht auf Unterwerfung überfällt. Das Einüben der Selbstbeobachtung und das Wecken des distanzierten inneren Zeugen können nützlich sein, um den Widerstand gegen die Erforschung der tieferen Bereiche intuitiven Wissens zu überwinden. Wie Meher Baba sagte: »Wer vom Strand aus über den Ozean spekuliert, muß bereit sein, sich hineinzustürzen.«[8] Wenn man wirklich in die Tiefen des eigenen Wesens hinabtaucht und sich unmittelbar als ein Zentrum reinen Bewußtseins erlebt, unterschieden von den durch Empfindungen, Gefühle oder Gedanken definierten Inhalten, überschreitet man die Dualität. Im reinen Gewahrsein gibt es keinen Unterschied mehr zwischen Subjekt und Objekt, Beobachter und Gegenstand der Beobachtung. Dies ist also die Grundlage der Intuition als einer nichtdualen Weise des Wissens.

Ken Wilber stellt dieses Paradoxon dar, wie es in der chinesischen Philosophie des Taoismus erscheint.

. . . Die Billigung aller inneren Regungen, ohne jede Einmischung, führt zum Nichtdenken . . . Wei Wu Wei rät uns daher (. . .), uns aus allen *ausschließenden* Identifikationen mit irgendwelchen bestimmten Wahrnehmungsobjekten zu lösen, um unsere ursprüngliche Identität, unsere zeitlose Einheit mit dem *All* wiederzuentdecken.[9]

Wilber weist weiter darauf hin, daß diese Disidentifikation kein besonderes Handeln bedeutet, sondern davon abhängt, ob man begreift, daß alles, was man wissen, sehen, fühlen oder denken kann, nicht das Selbst ist, da all solche Wahrnehmungen Objekte und damit unweigerlich vom Selbst als Subjekt getrennt sind.

Diese Spaltung zwischen Subjekt und Objekt nennt Wilber »primären Dualismus«, und genau diese Dualität verschwindet in der intuitiven Weise des Wissens.

Die Entwicklung dieses Gewahrseins wird am stärksten behindert durch das Verlangen nach Ich-Befriedigung. Wenn die Motivation vor allem auf den persönlichen Gewinn ausgerichtet ist, werden intuitive Einsichten leicht verwechselt mit Wunschdenken oder neurotischer Angst. Ein gewisses Maß an Angst ist natürlich beim Erforschen des Unbekannten normal und realistisch, aber wenn die Angst eine weitere Entwicklung und Erforschung behindert, muß sie aufgelöst und überwunden werden.

Wenn Sie mit der Selbstbeobachtung anfangen, sollten Sie daher Ihre Motivationen sichten und prüfen, wieviel Angst Sie bei verschiedenen Übungen empfinden. Denken Sie daran, daß Selbsttäuschung ein schreckliches Hindernis ist; seien Sie also ehrlich mit sich, wenn Sie Ihre Motive betrachten. Beobachten Sie auch hier wieder, ohne zu werten. Sie können nur von dem Punkt ausgehen, an dem Sie stehen, und da Sie dies nur für sich selbst und niemand anders tun, werden Sie um so schneller lernen, die schöpferischen Kräfte Ihrer Intuition zu genießen, je ehrlicher Sie mit dem, was Sie erleben, umgehen.

Eine grundlegende Übung zur Entwicklung des Selbstgewahrseins läßt sich in sehr kurzen Abständen überall und jederzeit durchführen – immer dann, wenn Sie nicht etwas anderes *tun*. Wählen Sie für den Beginn der Übung eine Situation, in der Sie ein paar Minuten lang die Augen schließen und Ihre Aufmerksamkeit von der äußeren Umgebung abziehen können. Dies wird Ihnen den Abstand geben, den Sie brauchen, um sich auf das einzustellen, was in Ihrem Inneren vor sich geht. Die meisten Menschen neigen dazu, bei ihren täglichen Verrichtungen und Interaktionen dem Geschehen außerhalb ihrer selbst den Vorrang zu geben und sich um ihren Körper und ihre Gefühle nur dann zu kümmern, wenn sie wehtun.

Übung im Selbstgewahrsein

Beginnen Sie diese Übung, indem Sie sich ruhig hinsetzen und die *Übung* Augen schließen. Nehmen Sie alle Körperempfindungen bewußt wahr. Achten Sie darauf, welche Teile Ihres Körpers sich verspannt anfühlen und welche Ihnen entspannt vorkommen. Prüfen Sie sich von Kopf bis Fuß und nehmen Sie die Teile Ihres Körpers wahr, mit denen Sie am Anfang dieser Kontrolle keinen Kontakt hatten. Achten Sie auf die Teile Ihres Körpers, die sich bewegen, wenn Sie atmen. Beachten Sie, wo Sie festhalten. Achten Sie auf Ihre Atmung, ohne den Versuch, sie zu verändern. Spielt sich in ihrem Körper darüber hinaus irgendeine Arbeit ab, die Sie im Moment nicht brauchen? Lassen Sie sie jetzt los oder lassen Sie sie sein. Machen Sie eine Pause. Beachten Sie alle Gefühle, die Sie jetzt empfinden. Achten Sie auf alle Gefühle, die mit Geschehnissen in der Vergangenheit verbunden sind, und auf alle, die auf etwas hinweisen, das in der Zukunft vielleicht geschehen oder nicht geschehen könnte. Sie brauchen im Augenblick nichts an diesen Gefühlen zu tun. Bemerken Sie sie nur und lassen Sie sie sein, wie sie sind. Machen Sie eine Pause. Beachten Sie alle Gedanken, die Ihnen jetzt im Kopf herumgehen, ohne sie festhalten oder wegschieben zu wollen. Registrieren Sie sie nur und lassen Sie sie, wie sie sind. Halten Sie inne. Machen Sie sich bewußt, ob Sie vor Ihrem geistigen Auge irgendwelche Bilder sehen. Versuchen Sie nicht, sie zu verändern oder festzuhalten, lassen Sie sie einfach sein. Seien Sie der vorhandenen Empfindungen, Gefühle, Gedanken und Bilder gewahr und prüfen Sie, wie es sich in diesem Moment anfühlt, Sie selber zu sein. Machen Sie eine Pause. Bleiben Sie so lange Sie wollen bei Ihrem inneren Gewahrsein. Zunächst sind nur ein paar Minuten nötig. Später werden Sie die Übung vielleicht verlängern wollen.

Wenn Sie erst einmal gelernt haben, sich auf Ihr inneres Gewahrsein der physischen, emotionalen und geistigen Ebenen Ihres Erlebens einzustimmen, geht es leicht und schnell. Das heißt nicht, daß Übung und Anstrengung nun überflüssig wären. Tatsächlich werden Sie, wenn Ihnen klar wird, daß diese Übung Sie befähigt, in allem, was Sie tun, bewußter zu sein, vielleicht Ihre Übungen so erweitern wollen, daß sie formelle, disziplinierte Methoden der »Einsicht-Meditation« einschließen. Joseph Goldstein, ein Lehrer der Vipassana-Meditation, schreibt:

Intuition kommt aus dem stillen Geist; Einbildungen sind Vorstellungen. Das ist der große Unterschied. Das ist auch der Grund, warum die Entwicklung der Einsicht nicht aus dem Nachdenken über Dinge entsteht; sie kommt durch die Entwicklung der Geistesstille, in welcher ein klares Schauen, ein klares Sehen möglich ist. Der ganze Vorgang der Einsicht, die ganze Entwicklung des Verständnisses, kommt zu Zeiten der Geistesstille.[10]

Zusammenfassung

Insgesamt umfaßt das geistige Training für eine optimale Entwicklung der Intuition drei Grundschritte. Der erste ist die Beruhigung des Geistes. Jede Form meditativer Disziplin trägt zu Ihrer Fähigkeit bei, Geistesstille zu erlangen. Körperliche Entspannung geht Hand in Hand mit einem ruhigen Geist; Entspannungstraining ist also zentral bei diesem Teil der Arbeit. Der zweite Schritt ist, die Aufmerksamkeit auf einen Brennpunkt zu konzentrieren oder sich auf den Aspekt der Realität zu konzentrieren, mit dem man zu einem bestimmten Zeitpunkt Kontakt aufnehmen möchte. Die Pflege einer aufnahmebereiten, nicht wertenden Einstellung, die es der Intuition ermöglicht, ungestört bewußt zu werden, folgt in einem dritten Schritt. Sie können Intuition nicht *herbeiführen*, aber wenn Sie die oben skizzierten Schritte tun, werden Sie bereit, die Intuition zu empfangen und anzuerkennen, wenn sie sich einstellt.

Die individuellen Reaktionen auf ein solches Training sind sehr unterschiedlich, aber die Entwicklung eines nicht wertenden Selbstgewahrseins und seine Wirkung auf die Intuition ist oft verbunden mit einer gesteigerten Selbstachtung und dem Bewußtsein einer inneren Richtung. Wenn man bereit ist, durch Versuch und Irrtum zu lernen, scheint es innerlich befriedigend zu sein, der

Intuition vertrauen zu lernen. Erfahrungen mit der Intuition sind typischerweise mit gesteigertem oder neuem Gewahrsein verbunden. Oft sind diese Erfahrungen intensiv und umfassend, so daß sie das ganze eigene Sein einbeziehen. Menschen, die von solchen Erfahrungen berichten, empfinden von etwas anderem als dem Verstand geleitet oder geführt worden zu sein. Solche Erfahrungen sind oft unerwartet; sie sind aber fast immer von klarer Sicht und dem Gefühl gekennzeichnet, daß die Erfahrung gerade zu diesem Zeitpunkt »richtig« oder »passend« war. Spontane Intuitionserfahrungen können eintreten, wenn ein Mensch gerade körperlich oder geistig aktiv ist, aber wenn man sich trainieren will, für diese intuitiven Einsichten aufnahmefähig zu werden, ist der oben beschriebene rezeptive Prozeß für den Anfang der beste.

Überblick-Übung

Nehmen Sie sich nun ein paar Minuten Zeit, um Ihren Geist still *Übung* werden zu lassen, entspannen Sie sich, stimmen Sie sich ein auf Ihr gegenwärtiges Gewahrsein Ihrer Empfindungen, Gefühle und Gedanken. Dann denken Sie fünf oder zehn Minuten über Ihr Leben und Ihre eigenen Erfahrungen mit der Intuition nach. Wie wirkt sich Intuition in Ihrem Leben aus? Welche Erfahrungen haben Sie gemacht, die Sie als intuitiv ansehen würden? Welche Art der Intuition ist Ihnen am leichtesten zugänglich? Welche Art der Intuition würden Sie besonders gern weiterentwickeln? Denken Sie darüber nach, wie Sie bis zu diesem Zeitpunkt in Ihrem Leben mit Ihren intuitiven Fähigkeiten umgegangen sind. Wie wichtig ist Intuition nach Ihrer Meinung bisher für Sie gewesen? Denken Sie daran, ein nicht wertendes, bewußtes Gewahrsein all dessen zu behalten, was Ihnen auf diese Fragen einfällt.
Ohne Zweifel ist Intuition in Ihrem Leben schon wirksam. Vielleicht nicht so sehr, wie Sie möchten, aber Sie müssen von dem Zustand ausgehen, in dem Sie sind, nicht von einem, den Sie gern hätten. Um herauszufinden, wo Sie stehen, schreiben Sie Antworten auf einige der oben gestellten Fragen auf. Betrachten Sie die

Intuitionserfahrungen, die Ihnen bei dieser Übung einfallen. Ihre Erfahrungen sind natürlich einzigartig. Während Sie sie überprüfen, wird Ihre Intuition selbst klarer in Ihrem Bewußtsein erscheinen.

Wenn Sie sich auf Ihre Intuition einstimmen, entdecken Sie auch, was Sie für Ihr eigenes Wachstum und Ihre Entwicklung brauchen. Es gibt kein Muster, das für jeden paßt. Manche Menschen müssen an der Entwicklung ihrer Konzentrationsfähigkeit arbeiten; andere müssen lernen, loszulassen. Manche Menschen müssen mit ihren Gefühlen in Kontakt kommen und sie sich eingestehen; andere müssen sich aus der Identifikation mit ihren Gefühlen lösen. Sie wissen selber, besser als jeder andere, was in Ihnen vor sich geht, aber wenn Sie keinen Kontakt zu Ihrer Subjektivität haben, werden Sie wahrscheinlich verwirrt und ängstlich sein, wenn Sie Ihr Leben betreffend Entscheidungen zu fällen haben. Je unsicherer Sie sich fühlen, desto mehr müssen Sie Ihre Anschauungen rechtfertigen, rationalisieren und erklären. Je mehr Sie sich andererseits bewußt sind, wie Intuition funktioniert und wie Ihre Ansichten Ihre Realität formen, desto leichter können Sie die Verantwortung für Ihr Leben übernehmen und Entscheidungen treffen, die Ihnen innere Befriedigung verschaffen.

Fangen Sie jetzt an. Wie fühlt es sich in diesem Augenblick an, Sie selbst zu sein? Was ist für Sie gerade jetzt wahr?

2 Wählen Sie Ihren eigenen Weg

> Es gibt drei Grade des Wissens – Meinung, Wissenschaft und Erleuchtung. Das Mittel oder Instrument des ersten ist der Verstand, des zweiten Dialektik, des dritten Intuition. Dieses Letzte ist absolutes Wissen, gegründet auf die Identität von wissendem Geist und gewußtem Objekt.
>
> Plotin

Mittlerweile haben Sie Ihre Entscheidung über dieses Buch wahrscheinlich getroffen. Wenn Sie bis hierher gelesen haben, haben Sie entweder beschlossen, sich die Zeit zu nehmen, um beim Lesen an der Erweckung der Intuition zu arbeiten, oder es nicht zu tun. Wie dem auch sei, es ist nützlich, sich dessen bewußt zu sein, wie Ihre Entscheidungen Ihr Erleben formen.

Bedenken Sie den Entscheidungsfaktor im Alltagsleben. Jeder trifft jeden Tag Hunderte von Entscheidungen, bewußt und unbewußt. Eine Entscheidung muß jedoch bewußt sein, wenn man sie wirklich treffen will. Sie wird real, wenn man an sie glaubt, wenn man sie erkennt und sie trifft. Dasselbe gilt für die Intuition. Sie wird real und wirkt sich für Sie aus, wenn Sie sich ihrer bewußt sind. Wenn sie unbewußt bleibt, funktioniert sie auf der Triebebene. Wenn Sie bewußter werden, können Sie sich auf die Intuition einstimmen und nach ihr handeln, und wenn Sie sich im Handeln nach ihr richten, wird sie zum wirksamen Faktor in Ihrem Leben. Sie haben in Ihren Entscheidungen keine Wahl, wenn Sie nicht sehen, daß Sie sie haben. Nur wenn Sie sehen, daß Sie in jeder Situation über viele Möglichkeiten und viele mögliche Reaktionen verfügen, können Sie bewußt wählen, was Sie wirklich wollen. Wenn Sie auf Situationen nach Ihrer Gewohnheit oder Konditionierung automatisch reagieren, erleben Sie sich selber nicht als frei.

Wie die Entscheidung wird auch Freiheit nur real, wenn Sie an sie glauben, wenn Sie wissen, daß Sie sie haben. Sehr wenige Menschen sind physisch eingeschränkt, und dennoch fühlen sie sich vielleicht manchmal nicht frei; sie sehen dann Einschränkungen statt Möglichkeiten. Intuition befähigt Sie, Möglichkeiten zu sehen und zu spüren, die in einer Situation liegen, aber noch nicht erkannt worden sind. Die Intuition öffnet also den Weg zur inneren Freiheit, die sich dann in persönlichen Entscheidungen und entschiedenem Handeln ausdrücken kann.

Es gibt viele Ebenen der Entscheidung und viele Arten der Auswahl, sowohl auf materiellem als auch auf emotionalem Gebiet. Sie können Dinge wählen, die Sie möchten, eine Wohnung, einen Beruf, Beziehungen, Freunde und Freizeitbeschäftigungen. Es ist zwar einfach zu erkennen, daß man die Wahl bei der Gestaltung seiner Freizeit hat, aber manchmal vergißt man, daß die Verpflichtung auf die Aktivität, die wir Arbeit nennen, auch eine Entscheidung war. Manche Wahl, wie die eines Berufs oder eines Ehepartners, kann auf Lebenszeit getroffen sein.

Man sucht sich auch seine Ebene des Gewahrseins aus. Wenn Sie entscheiden, in einem bestimmten Punkt Ihre Einstellung zu ändern, wird sich Ihr Erleben verändern, selbst wenn sich die Umstände nicht verändert haben. Wenn Sie sich dafür entscheiden, an Ihre eigene Freiheit zu glauben, können Sie diese Freiheit gebrauchen. Wenn Sie sich dafür entscheiden, eine Schachfigur des Schicksals, das Opfer der Umstände oder das Produkt früher Konditionierung zu sein, wird Ihr Erleben diese Ansicht bestätigen. Der Glaube, für den Sie sich entscheiden, formt Ihre Realität, und seinen Glauben, seine Ansichten wählt man ausnahmslos intuitiv. Rationale Entscheidungen in Glaubensfragen sind selten; im allgemeinen werden rationale Fähigkeiten benützt, um Überzeugungen zu rationalisieren.

Wenn Sie bereit sind, sich Ihrer eigenen Überzeugungen stärker bewußt zu werden, und auch der Alternativen, derer Sie intuitiv gewahr sind, werden Sie allmählich erkennen, daß Ihr Leben, wie es gerade ist, in hohem Maß das Ergebnis von Entscheidungen ist, die Sie in der Vergangenheit getroffen haben, und daß Ihre Zukunft sich gemäß den Entscheidungen gestalten wird, die Sie heute treffen. Sie erschaffen jeden Tag Ihre eigene subjektive Realität. Jeder Tag bietet viele Wahlmöglichkeiten. Sie können sich entscheiden, offen oder verschwiegen zu sein, Verantwortung zu scheuen oder zu übernehmen, Wut zu empfinden und sie abklingen zu lassen oder sie festzuhalten und Groll zu hegen, Ihre Gewohnheiten zu behalten oder zu ändern, eine neue Erfahrung zu riskieren oder beim Vertrauten zu bleiben, auf jemanden zuzugehen oder sich von ihm zu entfernen, Nähe zu wagen oder sich von anderen zu distanzieren. Es kann zur Gewohnheit werden, sich für sein eigenes Wachstum zu entscheiden, seiner Intuition zu vertrauen. Jedesmal, wenn Sie sich dafür entscheiden, eine neue Gelegenheit zu nützen und dabei Ihrem intuitiven Empfinden für das zu trauen, was für Sie am besten ist, stärken Sie diese Gewohnheit, und Ihre Entscheidungen werden leichter und klarer. Je selbstbestimmter und klarer Ihre Entscheidungen werden, desto größer wird die Freiheit, an die Sie glauben wollen.

Die Aufgabe ist jetzt, sich der Entscheidungen bewußter zu werden, die Sie heute treffen, denn sie bestimmen Ihre Zukunft. Im Moment z. B. können Sie wählen, ob Sie der Entwicklung Ihrer Intuition Ihre Kraft und Aufmerksamkeit widmen wollen. Sie können die Einstellung wählen, mit der Sie dieses Buch lesen. Sie können wählen, ob Sie sich die Zeit für die Übungen nehmen wollen. Sie können wählen, ob Sie mit sich selber und Ihren Wünschen ehrlich sein wollen. Im Moment können Sie wählen, ob Sie die folgende Übung machen wollen oder nicht. Überlegen Sie es nicht, treffen Sie vielmehr, bevor Sie die Anweisungen lesen, eine intuitive Entscheidung. Fragen Sie sich: »Lohnt es sich?« »Bin ich bereit, jetzt gleich der persönlichen Problemlösung einige Zeit zu widmen?« Wenn die Antwort »ja« ist . . .

. . . schließen Sie die Augen und lassen Sie Ihren Körper sich *Übung* entspannen. Gehen Sie die letzten vierundzwanzig Stunden Ihres Lebens noch einmal im einzelnen durch und achten Sie dabei besonders auf die Entscheidungen, die Sie während dieser Zeit getroffen haben. Fällt Ihnen irgend etwas auf, das Sie gern anders gemacht hätten? Sind Sie mit den Ergebnissen Ihrer Entscheidungen zufrieden? Haben Sie bei diesen Entscheidungen Ihre Intuition beachtet? Anstatt Ihre Entscheidungen nach »richtig« und »falsch« zu beurteilen, erwägen Sie, ob Ihnen die Folgen gefallen haben.

Waren Sie zufrieden mit den Entscheidungen, die Sie getroffen haben, und mit der Art, wie Sie es getan haben? Welche Alternativen hätten Sie gehabt?

Die folgende Übung sollte ebenfalls das Bewußtsein Ihrer Wahlmöglichkeiten schärfen:

Übung Machen Sie eine Liste aller »ich sollte«, die Ihnen einfallen. Jeder kann sich von ein paar Überzeugungen über Dinge, die er »sollte« nicht lösen, auch wenn er bewußt versucht hat, sie als etwas zu erkennen, das in seine freie Wahl gestellt ist. Graben Sie ein bißchen nach, um herauszubekommen, welche Formen von »ich sollte« Ihr Leben lenken. Etwa: »Ich sollte ehrlicher sein«, »Ich sollte liebevoller sein«, »Ich sollte an meinem neuen Plan arbeiten«, »Ich sollte aufhören zu rauchen«. Schreiben Sie sie alle auf oder berichten Sie jemandem darüber. Machen Sie die Liste so lang wie möglich. Wenn Sie fertig sind, fangen Sie am Anfang wieder an und schreiben Sie sie neu oder zählen Sie von neuem auf, verändern Sie aber die Formulierung, so daß jedesmal daraus wird: »Ich könnte . . . aber ich kann mich auch anders entscheiden.« Zum Beispiel: »Ich sollte ehrlicher sein« würde dann lauten: »Ich könnte ehrlicher sein, aber ich kann mich auch anders entscheiden.« »Ich sollte liebevoller sein« würde lauten: »Ich könnte liebevoller sein, aber ich kann mich auch anders entscheiden.« Überprüfen Sie Ihre Liste sorgfältig, betrachten Sie jeden Punkt und die Veränderung Ihrer Gefühle, wenn Sie von dem Gedanken »ich sollte« zu dem Gedanken »ich könnte« übergehen und bedenken, daß Sie die Wahl haben.

Diese Übung gibt Ihnen besonders viel, wenn Sie sich mit irgendeiner großen Entscheidung oder einem großen Problem herumschlagen, bei dem in Ihnen mehrere »ich sollte« einander widersprechen. Zum Beispiel: »Ich sollte mehr Zeit mit meinen Kindern verbringen« kann im Widerstreit stehen mit: »Ich sollte arbeiten und mehr Geld verdienen.« Ein anderes Beispiel fiel mir vor kurzem auf, als eine unverheiratete Freundin mit fünfunddreißig schwanger wurde. Sie stand vor der Wahl, abzutreiben oder das

Kind zu bekommen und allein großzuziehen. Ihr wurde klar, daß sie sich viele Jahre lang nach einem Kind gesehnt hatte und unbewußt hatte schwanger werden wollen. Sie konnte ihre Wahl nicht danach treffen, was sie tun »sollte«. Unter dem einen Blickwinkel hätte sie das Kind bekommen sollen, unter dem anderen nicht. Ungeachtet der Beurteilungen, die vielleicht andere leiten würden, hatte sie das deutliche Gefühl, für ihre Entscheidung sei nur sie allein verantwortlich, und sie habe die Freiheit, sich so oder so zu entscheiden. Sie konnte ebenso viele Gründe gegen wie für eine Abtreibung finden. Wofür sie sich entschied, ist hier nicht wichtig. Da sie die volle Verantwortung für ihre freie Wahl übernahm, anstatt sich zu der einen oder der anderen Möglichkeit gezwungen zu fühlen, war sie später zufrieden in dem Gefühl, die beste Entscheidung gefällt zu haben.

Wenn man sich die Zeit nimmt, sich auf seine Intuition und auf die grundlegendste Ebene der Entscheidungen des täglichen Lebens einzustimmen, lernt man, die Intuition als zuverlässigen Wegweiser bei wichtigen Entscheidungen zu benützen. Alternativen sind immer vorhanden, auch wenn Sie sie nicht deutlich sehen. Die Intuition kann neue Möglichkeiten eröffnen; manchmal, indem sie Ihnen erlaubt, Alternativen zu erkennen, die Sie übersehen haben, manchmal, indem sie für eine Situation, die festgefahren ist, eine frische, kreative Lösung anbietet. Da die Intuition eine nicht-lineare Art des Wissens ist, kann sie oft den Weg aus einem anscheinend unlösbaren Dilemma zeigen. Sich die Freiheit zu nehmen, spielerisch Alternativen als reale Möglichkeiten zu erwägen, die trotz rationaler Einwände vielleicht gangbar sein könnten, ist eine Form von Brainstorming. Das Einlassen aller möglichen und unmöglichen Alternativen ins Bewußtsein kann den kreativen Prozeß anregen, der so leicht erstickt wird, wenn das Bewußtsein auf ein schmales Feld von Alternativen beschränkt ist, eingegrenzt von Vorurteilen, die unbefriedigende Verhaltensmuster verewigen. Mit Gegensätzen spielen zu lernen, ist der erste Schritt, um sie miteinander zu versöhnen und über sie hinauszugelangen. Intuition ist also ein Schlüssel für die Erschließung Ihres kreativen Potentials im täglichen Leben.

Das Spiel spielen

Viele der in den folgenden Kapiteln dargestellten Übungen werden Ihnen am meisten nützen, wenn Sie bei der Überlegung, was sie für Sie bewirken können, eine spielerische Einstellung behalten. Wenn man sich selbst und seine Probleme zu ernst nimmt, beschränkt man seine Aufnahmebereitschaft für neue kreative Möglichkeiten. Die Arbeit mit Vorstellungsbildern als der Sprache der Intuition kann z. B. ein unterhaltsamer Zeitvertreib sein, aber auch ein wirksames Mittel zu Einsicht und Selbsterkenntnis, das viele Formen annehmen kann.

Versuchen Sie jetzt einmal, ein Spiel mit mir zu spielen. Könnten Sie mir sagen, wie Sie sind, indem Sie eine Metapher verwenden? Was für ein Buch wären Sie zum Beispiel? Eine meiner Freundinnen sieht sich als einen verstaubten, ledergebundenen viktorianischen Roman. Jemand anderer sieht sich in seiner Phantasie als ein feuriges Taschenbuch. Ich fühle mich manchmal wie ein Band zeitgenössischer Lyrik. Wenn Sie lernen, sich mit Hilfe von Metaphern zu beschreiben, können Sie erkennen, wie beredt die Bildersprache sein kann. Als dieses Spiel in einer Gruppe gespielt wurde, und jeder die anderen im Bild des Autors zu charakterisieren hatte, war eine Teilnehmerin überwältigt von einer Beschreibung, die ein zwölfjähriges Mädchen von ihr gab, das sie gerade erst kennengelernt hatte:

Ich sehe Sie als erdbraune Mercedes-Limousine mit vier Türen, vielleicht ein paar Beulen, bestimmt nicht neu. Wissen Sie, das Auto sieht nicht so gut aus, aber es hat einen fabelhaften Motor!

Manchmal ist es interessant, die Art, wie man sich selber wahrnimmt, mit der Art zu vergleichen, wie andere einen sehen. Ein junger Mann, der ein schnittiger weißer Jaguar sein wollte, entdeckte, daß andere ihn als Landrover sahen. Meine Tochter, die sich manchmal wie ein Porsche fühlt, sagte neulich, sie komme sich vor wie ein ramponierter VW-Käfer. Die Sprache der Bilder kann oft Gefühl und Einsicht viel unmittelbarer vermitteln, als verbale Erklärungen es können. Ausgezeichnet eignet sie sich daher als Werkzeug zur Vermittlung intuitiver Einsichten, die sich mit Worten vielleicht schwer mitteilen lassen.

Jeder kann dieses Spiel spielen, und Sie können es natürlich, wenn es Ihnen lieber ist, allein oder mit jedem Mitspieler Ihrer Wahl spielen. Das Spielenlernen bedeutet einfach, daß Sie sich Gelegenheit geben, auf diese Art mehr über Ihre Intuition zu erfahren. Spielen Sie jedoch nur gelegentlich, werden Sie vielleicht feststellen, daß Ihr Interesse an der Intuition relativ oberflächlich bleibt. Es kann Spaß machen, aber Sie werden vielleicht auch eingehender untersuchen wollen, auf welch vielfältige Weise die Intuition Ihr Leben erweitern kann. Man kann dieses Spiel auf vielen Ebenen spielen, aber um es gut zu spielen, muß man die Regeln und Grundannahmen kennen, aus denen sich die verschiedenen Formen des Spiels entwickeln können. Man muß z. B. vor allem wissen, was Intuition ist. Wenden wir uns einigen Definitionen von »Intuition« zu, und untersuchen wir einige gängige Annahmen über ihre Wirkungsweise.

Was ist Intuition?

Intuition ist als wahr definiert. Wenn sich eine scheinbar intuitive Einsicht als falsch herausstellt, ist sie nicht durch Intuition, sondern durch Selbsttäuschung oder Wunschdenken zustande gekommen. Laut Wörterbuch wird Intuition definiert als: »Das Vermögen zu wissen oder Wissen, das ohne Zuhilfenahme von Folgerungen oder Nachdenken erlangt worden ist; angeborenes oder instinktives Wissen; umgangssprachlich: ein rasches oder gewandtes Auffassungsvermögen.« Psychologen haben immer wieder den Versuch unternommen, intuitives Wissen als Ergebnis unterschwelliger Wahrnehmung zu erklären, wobei sie vermittelten, Intuition sei einfach das Gewahrsein von Dingen, die unterhalb der Schwelle bewußter Wahrnehmung erfaßt worden seien.[1] Eric Berne z. B. hat Intuition als ein Wissen definiert, das auf Erfahrung beruht und durch sensorischen Kontakt mit dem Subjekt erworben worden ist.[2] Wenn dies so wäre, ließe sich alles, was intuitivem Wissen zugeschrieben wird, erklären, wenn wir ein besseres Gedächtnis oder eine vollständigere Erinnerung an Daten hätten, die auf gewöhnlichem sensorischen Weg aufgenommen worden sind. Bei dieser Erklärung geht man davon aus, daß das Bewußtsein des Einzelmenschen als leeres Blatt auf die Welt kommt und alles durch Erfahrungen mit der Umwelt lernt. Man geht ferner davon aus, daß man nichts wissen kann, was nicht auf dem Weg über die fünf Sinne: Sehen, Hören, Fühlen, Schmecken und Riechen ins Bewußtsein dringt.

Diese Theorie erklärt zwar viele Erscheinungsweisen der Intuition, definiert als Wissen, von dem wir nicht erklären können, wie wir dazu gekommen sind, aber sie erklärt nicht alle. Viele Menschen berichten von psychischen Erfahrungen und Wahrträumen, in denen sie Ereignisse sehen oder hören können, die an anderem Ort oder zu anderer Zeit stattfinden. Die Literatur über die Erforschung des Außersinnlichen ist voll von Anekdoten über Fälle von Hellsehen und Vorauswissen, die sich nicht durch unterschwellige Wahrnehmung erklären lassen. Es bleibt eine Tatsache, daß es offenbar möglich ist, auf anderem Wege als durch die Sinnesorgane Informationen und intuitives Wissen zu erlangen. Zahlreiche Theorien versuchen die Phänomene der Telepathie, des Hellsehens und des Vorauswissens zu erklären, aber keine hat bisher eine für den skeptischen Rationalisten befriedigende Erklärung geliefert. Die aktuelle parapsychologische Forschung konzentriert sich mehr auf die Frage, wie solche Phänomene eintreten, da sie akzeptiert hat, daß immer mehr Menschen außersinnliche Fähigkeiten entwikkeln. Tatsächlich glauben viele, jeder habe die Fähigkeit zu außersinnlichen Wahrnehmungen, und diese Erlebnisse stellten einen Typus des intuitiven Wissens dar, der sich durch die gewöhnliche sinnliche Informationsaufnahme nicht erklären lasse.

In gewissem Maße entzieht sich die Intuition als Art des Wissens immer noch der rationalen Erklärung, auch wenn Forscher weiter nach Hinweisen suchen, wie sie funktioniert. Trotzdem wissen wir einiges darüber, wie man Intuition entwickeln und trainieren kann. In diesem Kapitel soll Intuition vor allem definiert werden. Wir wollen Ihnen auch einen Ausblick darauf geben, was beim Erwekken der Intuition herauskommen kann.

Malcolm Westcott gibt einen Überblick über die Versuche, im Laboratorium individuelle Unterschiede im intuitiven Denken zu messen. In einer Laboratoriumssituation brauchten die Versuchspersonen unterschiedliche Mengen ausdrücklicher Information, bevor sie Problemlösungen zu finden versuchten, ebenso unterschied sich der Grad ihres Erfolges. Diese beiden Merkmale waren voneinander unabhängig (d. h. der Erfolg hing nicht ab von der Menge der Information). Probanden, die mit weniger Information als gewöhnlich für eine richtige Lösung erforderlich ist, sehr gute Erfolge aufwiesen, wurden als intuitive Problemlöser bezeichnet, während man jene, die mit wenig Information und schlechten Ergebnissen hantierten, als »wilde Rater« bezeichnete. Zwei andere Kategorien von Probanden wurden »vorsichtige, sorgfältige Problemlöser« genannt (jene, die eine Menge Informationen verlangten und sie mit Erfolg gebrauchten) und »vorsichtige, sorgfältige Versager« genannt (jene, die übermäßig viel Information verlangten und sie im typischen Fall nicht angemessen verwendeten). Westcott stellte fest, daß die erfolgreichen intuitiven Denker meist etwas bessere mathematische Fähigkeiten hatten als die anderen Gruppen; der Unterschied war jedoch gering. Ihre verbalen Fähigkeiten und ihre akademische Ausbildung waren nicht kennzeichnend. Sie unterschieden sich aber von den anderen Probanden durch bestimmte charakteristische Einstellungen. Westcott sagt dazu:

Sie neigen dazu, unkonventionell zu sein und sich dabei wohlzufühlen. Sie haben Selbstvertrauen, sind selbstgenügsam und beziehen ihre Identität nicht aus der Zugehörigkeit zu gesellschaftlichen Gruppen. ... Sie scheinen sich vor allem für abstrakte Fragen zu interessieren ... (und) sie erforschen Ungewißheiten und zweifeln viel mehr als die anderen Gruppen, sie leben ohne Angst mit diesen Ungewißheiten und Zweifeln. Sie sind risikofreudig und bereit, sich Kritik und Herausforderung zu stellen. ... Sie bezeichnen sich selbst als unabhängig, vorausschauend, zuversichtlich und spontan.[3]

C. G. Jung hat die Intuition als eine von vier psychischen Grundfunktionen bezeichnet; die anderen drei sind Denken, Fühlen und Empfinden. Er kennzeichnet Intuition als die Funktion, die das

Unbekannte erforscht und Möglichkeiten und Zusammenhänge spürt, die nicht offen auf der Hand liegen.[4] Intuition nimmt das Verborgene wahr und befähigt einen daher, versteckte Bedeutungen in symbolischen Bildern oder unbewußte Motive bei sich selbst und anderen zu erkennen. Intuition ist auch mit Einsicht oder mit der Fähigkeit verknüpft, die Dynamik einer Persönlichkeit oder einer Situation zu verstehen. Jung unterschied zwischen dem introvertierten Intuitiven, dessen Intuition vor allem auf die innere Welt der Psyche gerichtet ist, und dem extravertierten Intuitiven, dessen Wahrnehmung der Außenwelt folgerichtig an Grenzen der Forschung führt. Viele erfolgreiche Unternehmer, die ein unheimliches Gespür für das haben, was sich demnächst in ihrem Geschäft ereignen wird, gehören zu diesem zweiten Typus.

Intuition ist auch die psychische Funktion, mit deren Hilfe wissenschaftliche Erfindungen oder Entdeckungen zustande kommen. Mathematiker z. B. erkennen bereitwillig den Wert der Intuition für die Formulierung neuer Hypothesen an und wenden Probe und Verifikation als sekundäre Prozesse an. Ebenso gibt in der Physik und in anderen Naturwissenschaften die Intuition den Forschern neue Möglichkeiten an die Hand, die sie mit dem Rüstzeug ihrer Fächer verfolgen können. Die Wissenschaftsgeschichte zeigt deutlich, daß große Durchbrüche in der menschlichen Erkenntnis die Folge intuitiver Vorstellungen waren, die erst später getestet und verifiziert wurden.[5]

Jeder kreative Mensch weiß, daß die Phantasie, läßt man ihr freien Lauf, höchstwahrscheinlich eine Menge wertlosen Materials hervorbringt, daneben aber auch einiges, was der einzelne und/oder die Gesellschaft sehr hochschätzt. Das typisch Intuitive an diesem Vorgang ist der Faktor der Inspiration. Künstler wissen, daß man die Muse umwerben muß. Schöpferische Inspiration läßt sich nicht befehlen, aber wenn sie kommt, bringt sie die ungeheure Gewalt und Kraft mit sich, die den Künstler befähigen kann, ein wahrhaft großes Werk zu vollbringen. Sie bringt auch die Überzeugung und Gewißheit mit sich, die für die intuitive Einsicht kennzeichnend ist. Der Künstler kann vielleicht nicht erklären, warum er den Drang verspürt, ein bestimmtes

Werk hervorzubringen, aber er weiß, es muß vollbracht werden. Die Intuition führt den Künstler zu neuen Ausdrucksformen, und sie dient, um welches Medium es sich auch handeln mag, als Bindeglied zwischen dem Individuum und dem universellen Erleben, das in einem Kunstwerk zum Ausdruck kommt. Die Quelle wahrer Kunst ist also immer eine intuitive Erkenntnis der Realität.

Philosophen, die sich mit universaler Wahrheit und Erkenntnislehre befaßten, sahen in der Intuition eine Erkenntnisweise, mit der die Trennung von Subjekt und Objekt überschritten wird. Der Erkennende wird eins mit dem Erkannten, er erkennt von innen her, durch Identifizierung mit dem Erkannten, nicht durch Informationen über es. Das Wort *Intuition* kommt vom Lateinischen *intuire,* das mit »sehen, schauen oder wissen von innen« übersetzt werden kann. Als Erkenntnisweise ist es auf Erfahrung gegründet und ganzheitlich. Wenn man etwas intuitiv weiß, weiß man es gewiß, obschon man das Gefühl der Gewißheit vielleicht nicht erklären kann. Intuition ist auf dieselbe Weise wahr wie Empfindung: sie ist Ihre Erfahrung, und Sie kennen sie als solche. In diesem Sinn ist Intuition viel mehr als eine Ahnung oder ein unbestimmtes Gefühl. Manchmal ist man ihrer nur am Rande gewahr, und sie mag vage erscheinen, aber wenn man sie beachtet, kann sie immer klarer und nützlicher werden.

In der abendländischen Philosophie hat man die Intuition traditionell mit der direkten Wahrnehmung absoluter Wahrheit in Verbindung gebracht. Für Bergson ist Intuition vor allem ein Ereignis des Erlebens. Durch Intuition kann man direkten Kontakt mit der ursprünglichen Realität aufnehmen. Spinoza sieht in der Intuition eine überlegene Möglichkeit, die Wesenheit der Dinge zu erkennen ohne Verwendung von Vorwissen oder Vernunft, obwohl eine irgendwie bedeutsame intuitive Erkenntnis wahrscheinlich erst eintritt, nachdem die Möglichkeiten der Vernunft voll ausgeschöpft worden sind. Intuition und rationales Erkennen werden als ganz verschiedene Vorgänge angesehen, die verschiedene Arten des Wissens erbringen. Nur die Intuition ist immer wahr, und nur Intuition hat ein Erkennen der höchsten Realität zur Folge.[6]

In der östlichen Philosophie gilt die Intuition als geistige Fähigkeit, die sich im Lauf der spirituellen Entwicklung ausbildet. Sri Aurobindo beschreibt intuitive Erkenntnis als:

> ... einen Blitz, der aus dem Schweigen hervorschießt, und schon ist alles da, nicht wirklich höher oder tiefer, sondern einfach da, vor unserer Nase, es wartet nur darauf, daß wir in uns ein wenig Klarheit herstellen – es geht nicht so sehr darum, daß man sich höher erhebt, als daß man sich von seinen Behinderungen befreit.[7]

Man kann erwarten, daß die Menschheit im Verlauf der Evolution das gegenwärtige geistige Niveau überschreitet und immer stärker intuitiv wird.

In der Tradition des tibetischen Buddhismus definiert Lama Govinda den intuitiven Geist als zugleich eins mit universalem Geist und mit differenziertem Wissen. Durch Intuition kann das Wesen des Lebens begriffen werden.[8] Der Tibeter Chögyam Trungpa, lehrt, im intuitiven Geist fänden wir, daß alles in uns sei.[9]

Der Buddhismus betrachtet die Vernunft als begrenzt und die aus ihr bezogene Erkenntnis als vergänglich und unzuverlässig. Vernunft gilt daher nicht als vertrauenswürdige Quelle für ein Wissen um die absolute Realität, die dem Wandel unterworfen ist. Buddha hat gelehrt, Intuition und nicht Vernunft sei die Quelle höchster Wahrheit und Weisheit. In der Zen-Meditation wird der unterscheidende bewußte Geist zum Schweigen gebracht, und der intuitive Geist wird befreit. Im Erlebnis der Erleuchtung kehrt das Individuum zum wahren Selbst oder der ursprünglichen Natur zurück, die leer sind, aber alles enthalten. Der Schüler wird im Buddhismus angewiesen, in seinen eigenen Geist zu schauen, um herauszufinden, was wahr ist. Die allem Lebendigen innewohnende ursprüngliche Buddha-Natur ist auch die wahre Natur des Selbst; deshalb ist die Entdeckung der eigenen wahren Natur der Weg zur Erleuchtung oder Befreiung.[10] Da die wahre Natur des Selbst Nichts (no-thing) ist, gehen Selbstentdeckung und Selbst-Transzendierung ineinander über.

Der philosophische Aspekt der Intuition wird heute in der transpersonalen Psychologie untersucht. Die neuere psychologische und physiologische Forschung hat signifikante Unterschiede in den Funktionen der rechten und der linken Gehirnhälfte aufgezeigt.

Die linke Gehirnhälfte ist für das rationale, logische, lineare Denken zuständig und durch Verbalität gekennzeichnet, während die rechte Gehirnhälfte mit der intuitiven, ganzheitlichen Wahrnehmung von Mustern zu tun hat und durch Non-Verbalität gekennzeichnet ist. Die Denkart, die der rechten Hemisphäre zugeschrieben wird, nennt man auch metaphorisches Denken: es wird oft in Bildern und verschiedenen Formen künstlerischen Ausdrucks vermittelt. Infolge dieser Entdeckungen interessieren sich Pädagogen zunehmend dafür, wie man die intuitiven Funktionen fördern kann, die in der herkömmlichen Erziehung allzu lange vernachlässigt worden sind. Es wird heute weithin anerkannt, daß man gut daran tut, beide Seiten des Gehirns auszubilden, die intuitive *und* die rationale. Diejenigen, denen ihre formelle Schulausbildung keine Gelegenheit geboten hat, ihre Intuition zu kultivieren, finden Möglichkeiten, ihre intuitiven Fähigkeiten in anderem Rahmen zu entwickeln.

Der Neuropsychologe Robert Ornstein, Professor am Medical Center der University of California in San Francisco, behauptet, die westliche Gedankenwelt sei von der linken Gehirnhälfte beherrscht und auf rationales, verbales, lineares Denken ausgerichtet, während die Gedankenwelt des Ostens in erster Linie von der intuitiven, nicht-linearen Denkweise beeinflußt sei, die der rechten Gehirnhälfte zugeschrieben wird. Er weist auch darauf hin, daß diese beiden Erkenntnisweisen einander ergänzen und daß keine sich auf die andere zurückführen läßt.[11]

In der abendländischen Psychologie wurde die rationale, lineare Anschauung der Realität zur Norm, die die Welt als eine Vielheit getrennter Objekte und Organismen begreift und das Leben als eine zeitliche Abfolge von Ereignissen. Diese Realitätssicht postuliert eine Dualität von Subjekt und Objekt und eine Spaltung zwischen Geist und Materie. Sie beruht auf einem mechanistischen Newtonschen Physikmodell, das heute überholt ist. Die zeitgenössische subatomare Physik andererseits verweist auf ein Bild von der Realität, das der östlichen mystischen Realitätssicht viel nähersteht; die Realität wird hier als eine interdependente, innerlich zusammenhängende Einheit gesehen, in der alles in einem fortwährenden Zustand der Veränderung und Transformation ist.

Fritjof Capra, Physiker an der University of California in Berkeley, sagt uns, daß das Universum des modernen Physikers wie das des östlichen Mystikers ein System dynamischer, interagierender, ständig in Bewegung begriffener Komponenten ist, zu denen der Beobachter als integraler Bestandteil gehört. Er schreibt:

Diese grundsätzliche Einheit des Universums ist auch eine der bedeutendsten Offenbarungen der modernen Physik. Sie tritt im atomaren Bereich zutage und manifestiert sich immer deutlicher, wenn man tiefer in die Materie, hinunter in das Reich der subatomaren Teilchen eindringt.[12]

Lawrence LeShan, Psychologe und Forscher in New York, hat ebenfalls die Ähnlichkeit der Weltsicht von Mystikern und Physikern festgestellt, und er weist darauf hin, daß Hellseher diese Weltsicht teilen. Nach vielen Jahren gründlicher Untersuchung paranormaler Erscheinungen sagt er:

Hinter allem Paranormalen und Mystischen liegt das Wissen von der essentiellen Einheit des Menschen mit seinesgleichen und mit dem übrigen Kosmos. Diese grundlegende Einheit spiegelt sich – hinter dem Schutzschild der Mathematik – wiederum in der Einsteinschen Physik.[13]

Capra sagt, was wir brauchen, ist keine Synthese, sondern ein dynamisches Wechselspiel zwischen mystischer Intuition und wissenschaftlicher Analyse. LeShan betrachtet diese beiden Arten der Realitätsauffassung als geeignet für verschiedene Dinge. Er sagt:

Das höchste Ziel ist, beide in unser Leben zu integrieren, so daß jeder Blickwinkel durch die Kenntnis des anderen erhöht und verdeutlicht wird.[14]

Diese beiden Erkenntnisweisen können auch als zwei verschiedene Bewußtseinsebenen bezeichnet werden, nämlich als personale und transpersonale. Transpersonal bedeutet über das Persönliche hinausgehend. In der westlichen Psychologie sah man früher den gewöhnlichen Wachzustand des Bewußtseins, in dem das personale Bewußtsein vorherrscht, als normal an. Auf dieser Ebene wird die Welt als eine Vielzahl von Objekten und Ereignissen aufgefaßt, die in Zeit und Raum getrennt voneinander existieren. Das transpersonale Bewußtsein, in dem man der fundamentalen Einheit des Universums gewahr wird, und das die gewöhnlichen Grenzen von Raum und Zeit im Erleben überschreitet, ist allgemein als wahnhaftes oder halluzinatorisches Erleben abgetan worden. In der östlichen Mystik andererseits wird behauptet, die wahre Realität sei im Grunde eins, also nicht-dualistisch, und alle Unterscheidungen und Trennungen seien illusorisch. Man hat also im Osten das personale Bewußtsein als Illusion abgelehnt, und im Westen ebenso das transpersonale Bewußtsein. Tatsächlich gehören beide Bewußtseinsebenen zum Bereich der menschlichen Erfahrung, und beide sind zur Erfüllung des menschlichen Potentials nötig. Verschiedene Kulturen und verschiedene Formen des geistigen Trainings begünstigen das eine oder das andere. Der Mensch hat die Fähigkeit, beide Aspekte der Realität unmittelbar zu erleben. Die Vernunft, die mit Differenzierung und Unterscheidung arbeitet, ist die der personalen Ebene angemessene Erkenntnisweise. Die transpersonale Ebene, jenseits der Dualität, kann man nur intuitiv begreifen. Die unmittelbare Erfahrung der transpersonalen Ebene bestätigt die intuitive Erkenntnisweise und ruft sie hervor. Es geht nicht darum, eine dieser Anschauungen zugunsten der anderen abzulehnen, sondern unser Verständnis und unser bewußtes Erleben so zu erweitern, daß sie beide umfassen.

Welche Überzeugung vom Wesen der Realität Sie sich auch aussuchen mögen, machen Sie sich klar, daß Sie die Wahl haben, und daß diese Entscheidung unweigerlich Ihr Erleben beeinflußt. Überzeugungen und Wertvorstellungen haben, hat man sie sich zu eigen gemacht, einen mächtigen Einfluß auf das subjektive Erleben und Verhalten. Roger Sperry, ein bekannter Gehirnforscher am California Institute of Technology, schreibt:

Wir schließen heute auf ein substantiell verändertes Bild des kausalen Determinismus im Verhalten, bei dem man anerkennt, daß alle subjektiven mentalen Phänomene einschließlich subjektiver Wertvorstellungen im Entscheidungsprozeß eine kausale Rolle spielen und nicht nur Korrelate oder Aspekte einer selbstgenügsamen Gehirnphysiologie sind. Bei jeder Entscheidung zum Handeln gewinnen die bewußten mentalen Phänomene die Oberhand und überlagern die mitbeteiligten physiologischen und biochemischen

Determinanten. Selbst subjektive Gefühle in bezug auf Ergebnisse, von denen man annimmt, daß sie in 25 oder 100 Jahren Folgen einer bestimmten, heute zu treffenden Entscheidung sein werden, können im voraus als kausale Determinanten in die Aktivitäten des Gehirns eingehen, die zu einer bestimmten Entscheidung führen.[15]

Die Folgen von Überzeugungen gehen weit über die persönliche Erfahrung hinaus. Prioritäten in der Zielsetzung werden auf allen Ebenen menschlicher Bestrebungen bestimmt von Ansichten über das Wesen der Realität und darüber, was für den Menschen möglich und wünschenswert ist. Auf der persönlichen Ebene beeinflussen Ihre Entscheidungen, welcher Art sie auch sein mögen, unweigerlich das Leben anderer. Wenn Sie sich z. B. entscheiden, am Prozeß der Erweckung der Intuition teilzunehmen, erleichtern Sie es anderen, dasselbe zu tun.

3 Verschiedene Arten intuitiven Erlebens

> Dieser Begriff (Intuition) kennzeichnet nicht et-
> was im Gegensatz zur Vernunft, sondern etwas,
> das außerhalb des Bereichs der Vernunft liegt.
> C. G. Jung
> *Psychologische Typen*

Wir haben die Intuition als eine Weise des Erkennens und als
psychische Funktion definiert, die potentiell jedermann zu Gebote
steht; nun wollen wir unsere Aufmerksamkeit der Vielfalt menschlicher Erfahrungen zuwenden, die man allgemein »intuitiv« nennt.
Zu den intuitiven Erfahrungen gehören mystische Einsichten über
das Wesen der Realität; sie sind aber keineswegs auf diese beschränkt. Erlebnisse, die gemeinhin intuitiv genannt werden,
umfassen auch Entdeckungen und Erfindungen in den Naturwissenschaften, Inspiration in der Kunst, kreative Problemlösung, das
Erkennen von Mustern und Möglichkeiten, außersinnliche Wahrnehmung, Hellsehen, Telepathie, Vorauswissen, Retrokognition,
Gefühle der Anziehung und Abneigung, das Spüren von »Vibrationen«, das Wissen oder Erkennen durch den Körper anstatt durch
den Verstand, Vorgefühle und Vorahnungen.
Intuition wird oft gleichgesetzt mit Vorahnungen oder dem starken
Gefühl, man wisse, was geschehen werde. Oft sind diese Vorahnungen vage, und da sie selten aufgezeichnet werden, sind sie
selten verifizierbar. In meinen Workshops und Seminaren über
Intuition habe ich die Teilnehmer oft aufgefordert, über ihre
intuitiven Erfahrungen aller Art zu sprechen, bevor ich den Begriff
definiert oder erklärt habe. Gewöhnlich erzählen die Leute dann,
daß sie erlebt haben, wie sich Vorgefühle oder Vorahnungen
bewahrheitet haben. Erinnern Sie sich selber daran, daß Sie einmal
das Gefühl hatten, es werde etwas geschehen, obwohl Sie es nicht
wissen konnten, und daß es dann auch geschah? Zum Beispiel
sagen viele Leute, daß sie manchmal wissen, wer anruft, bevor sie
den Hörer abgenommen haben, obwohl sich logischerweise vorher
nicht feststellen läßt, wer es ist.

Ein Beispiel für die unerklärliche Vorahnung, die sich als richtig erwies, ist die Geschichte einer jungen Frau, die vor einigen Jahren eine Hochzeitsreise nach Tahiti geplant hatte. Kurz vor dem festgesetzten Hochzeitstag träumte sie von einem Flugzeugabsturz. Sie hatte ein so starkes Vorgefühl, das Flugzeug, mit dem sie fliegen wollte, würde abstürzen, daß sie die Buchung streichen ließ und andere Pläne machte. Tatsächlich stürzte das Flugzeug, mit dem sie hatte fliegen wollen, ab, und alle, die an Bord waren, kamen ums Leben. Eine andere Frau in einer meiner Gruppen erzählte, sie habe jahrelang eine irrationale Angst gehabt, ihre jüngste Tochter könnte überfahren werden. Sie hatte noch zwei ältere Kinder, bei denen sie diese Sorge nie gehabt hatte. Eines Tages, als ihre Tochter dreizehn Jahre alt war, wurde sie von einem Auto angefahren und mit Kopfverletzungen ins Krankenhaus eingeliefert. Das Mädchen war nicht schwer verletzt und erholte sich rasch. Die Mutter sagte, sie habe eine ungeheure Erleichterung verspürt; seit dem Unfall wurde sie nicht mehr von ihrer Angst heimgesucht. Sie hatte das Gefühl, dieses Ereignis erwartet und gefürchtet zu haben, aber nun brauche sie sich darüber keine Sorgen mehr zu machen.

Ermöglicht einem eine starke Vorahnung oder ein starkes Vorgefühl, etwas zu tun, um den Lauf der Dinge zu ändern? Die Antwort scheint positiv zu sein, wie an dem oben geschilderten Fall der jungen Frau zu sehen ist, wenn auch nicht immer klar ist, was man tun kann. Manche Menschen fürchten ihre Vorahnungen und würden sie lieber nicht zur Kenntnis nehmen. Leider beseitigt Verdrängung die Angst nicht. Wenn Sie ein Mensch sind, der von irrationalen Ängsten geplagt wird und dazu neigt, pessimistische Vorgefühle zu hegen, die sich selten als richtig erweisen, wäre es ratsam, Ihre Ängste zu untersuchen. Psychotherapie kann zur Überwindung solcher Ängste beitragen, und da sie die Selbsterkenntnis fördert, kann sie Ihnen auch helfen zu lernen, ängstliche Vorgefühle von Intuition zu unterscheiden.

Manchmal erscheinen einem Vorahnungen negativ, z. B. das Gefühl, man werde etwas vergessen, wenn man eine Reise antritt. Ein andermal können sie positiv sein, wie z. B. die Überzeugung, man werde trotz erheblicher Konkurrenz eine Stellung bekommen, um die man sich beworben hat, oder das Vorgefühl, man werde trotz unzureichender Vorbereitung gut durch eine Prüfung kommen. Am Anfang muß man, gleichgültig, ob das Vorgefühl positiv, negativ oder neutral ist, unterscheiden lernen zwischen echten intuitiven Ahnungen und anderen, die einfach auf Angst oder Wunschdenken beruhen.

Dazu schreiben Sie Ihre Vorahnungen am besten in einem Tagebuch auf. Auf diese Weise können Sie sich selber überprüfen und feststellen, wie oft sich Ihre Vorahnungen als richtig erweisen. Und allmählich werden Sie merken, wie sich intuitive Vorahnungen von reiner Einbildung unterscheiden. Sie können dies nur durch Versuch und Irrtum lernen. Wenn Sie anfangen, Ihre Vorahnungen aufzuschreiben, werden Sie zunächst wahrscheinlich einen hohen Prozentsatz an Irrtümern feststellen. Hat sich Ihre Sensibilität für innere und äußere nonverbale Hinweise verfeinert, wird sich Ihre Treffer-Quote vielleicht verbessern. Lassen Sie sich von Irrtümern nicht entmutigen. Jedesmal, wenn Sie sich irren, haben Sie Gelegenheit, etwas über sich selbst zu erfahren. Wenn Sie bereit sind zuzugeben, daß die Ursache Ihres Fehlers in Ihnen liegt – d. h. wenn Sie die Verantwortung für ihn übernehmen, anstatt äußeren Umständen die Schuld zu geben –, werden Sie rasch zu erkennen vermögen, wie Ihre persönlichen Interessen Ihre Wahrnehmung verzerren, und wo sich der Weg der klaren Intuition zeigt.

Das Bewußtsein oder das Ich stört oft die intuitive Wahrnehmung. Je mehr Sie wollen, daß etwas geschieht, desto weniger können Sie spüren, ob es geschehen wird oder nicht. Wenn Sie z. B. möchten, daß Sie jemand anruft, den Sie lieben, werden Sie vielleicht jedesmal, wenn das Telefon klingelt, glauben, er sei es, nur um jedesmal enttäuscht zu sein. Andererseits fällt Ihnen vielleicht irgend jemand, den Sie kaum kennen oder an den Sie wochenlang nicht gedacht haben, auf unerklärliche Weise plötzlich ein, und ein paar Minuten später ruft derjenige an. Befürchtungen wie Wünsche stören die intuitive Wahrnehmung. Wenn Sie ängstlich, wütend oder gefühlsmäßig durcheinander sind, sind Sie wahrscheinlich nicht empfänglich für die subtilen Botschaften, die Ihnen die Intuition vermitteln kann.

Starke Gefühlsbindungen zwischen Menschen scheinen ebenfalls oft eine telepathische Kommunikation zu erleichtern. In der überwiegenden Mehrzahl der Fälle von spontaner Traum-Telepathie, die die englische »Gesellschaft für extrasensorische Forschung« registriert hat, waren Sender und Empfänger (d. h. Träumer) miteinander verwandt oder befreundet. Die häufigsten Themen waren Not, Tod und Gefahr. Eine Mutter träumte z. B. von ihrem Sohn, er riefe nach ihr, als er in Übersee starb, und es wurde ihr später berichtet, daß es wirklich so gewesen war.[1] Während des Vietnamkrieges in den späten Sechzigerjahren habe ich, als ich im Zusammenhang mit meiner psychotherapeutischen Arbeit Traumgruppen leitete, persönlich von mehreren Fällen gehört, in denen Mütter geträumt hatten, ihr Sohn sei im Kampf verwundet oder getötet worden, entweder zur gleichen Zeit, als es geschah, oder bevor sie die Nachricht bekamen. Ein junges Mädchen in einer meiner Gruppen erzählte einen lebhaften und beunruhigenden Traum vom Tod ihres Vaters bei einem Autounfall, den sie in der Nacht hatte, als der Unfall sich zutrug, obwohl er in einem anderen Staat war und sie über sein Leben zu dieser Zeit nichts wußte.

Die experimentelle Forschung von Montague Ullman und Stanley Krippner am Traumlaboratorium des Maimonides Medical Center in New York liefert überzeugende Beweise von Telepathie, Hellsehen und Vorauswissen in Träumen. Dr. Ullman und Dr. Krippner berichten, die große Mehrzahl der Probanden habe, unabhängig von Beruf und Lebensstellung, unabhängig von außersinnlichen Fähigkeiten im Wachzustand oder vom Wissen über vorherige außersinnliche Wahrnehmungen, Entsprechungen beschrieben, die »auf Telepathie hindeuteten«. Die Autoren führen den besseren Erfolg bei ihren Versuchen mit Traum-Telepathie im Vergleich zu Telepathie im Wachzustand auf den Gebrauch zwingender, lebhafter, emotional eindrucksvoller Bilder zurück, zu denen sowohl Sender als auch Empfänger eine Beziehung herstellen könnten. Sie weisen auch auf den Zusammenhang von erfolgreicher Aktivierung außersinnlicher Wahrnehmung und einem entspannten, passiven Geisteszustand hin.[2]

Telepathische Botschaften teilen sich nicht immer in Träumen mit. Eine Frau in einem meiner Intuitions-Workshops berichtete, eines

Nachmittags beim Kaffeetrinken mit einer Freundin habe sie eine Woge starker Gemütsbewegung gespürt. Ihr intensives Gefühl der Besorgnis sei eine Mischung aus Angst und Trauer im Zusammenhang mit ihrer Mutter gewesen. Nach kurzer Zeit, als das Gefühl nicht nachließ, rief sie ihre Mutter an, die in einer anderen Stadt lebte. Sie erfuhr, daß ihre Mutter in dem Augenblick einen Herzanfall gehabt hatte, als die Workshop-Teilnehmerin sich der Gefühle bewußt geworden war, und daß sie sich in einem kritischen Zustand befand. Ihre Besorgnis war so groß gewesen, daß sie weniger erschüttert als erleichtert war, als sie hörte, was geschehen war.

Charles Tart, Psychologieprofessor an der University of California in Davis, der auf dem Gebiet der außersinnlichen Wahrnehmung ausgedehnt geforscht hat, versichert, die außersinnliche Wahrnehmung sei einer der komplexesten psychischen Prozesse. Die Informationen fließen dem Unbewußten anscheinend in unbekannter Menge zu und sind je nach Ansichten, psychischen Bedürfnissen und der unbewußten Dynamik des Empfängers allerlei Veränderungen und Entstellungen unterworfen. Dr. Tart wandte folgende Methode an, um die Wirkung von Überzeugungen auf die Leistungen der außersinnlichen Wahrnehmung zu bestimmen: Er teilte die Versuchspersonen in »Gläubige« und »Ungläubige« ein und analysierte ihre Trefferquoten getrennt. Zu diesem Zweck wurden die Probanden vor Testbeginn aufgefordert, anzugeben, wie stark ihre Überzeugung war, in der Testsituation außersinnliche Wahrnehmungen zu haben. Dr. Tart berichtet, daß die Testergebnisse bei den »Gläubigen« beständig über der Zufallserwartung zu liegen pflegen, während sie bei den »Ungläubigen« signifikant darunterliegen.[3]

Der Umstand, daß die Intuition in unserer Gesamtkultur nicht akzeptiert wird, trägt sicher dazu bei, daß Menschen, die nicht »anders« sein wollen, sie bei sich unterdrücken. Viele Erwachsene in meinen Gruppen glaubten, als Kinder intuitiver gewesen zu sein und gelernt zu haben, ihre intuitiven Wahrnehmungen für sich zu behalten, nachdem sie bei Erwachsenen auf Skepsis oder Spott gestoßen seien. Eine Frau, die an einem Intuitions-Workshop teilnahm, erinnerte sich an ein Erlebnis, das sie im Alter von etwa fünf Jahren gehabt hatte. Eines Freitags verkündete sie ihrer Mutter, die Großmutter werde am Sonntag nicht zum Essen kommen, weil sie sich den Fuß verletzt habe. Die Mutter achtete nicht weiter auf ihre Bemerkung, da sie annahm, das Kind hätte sich etwas ausgedacht. Zu ihrer Verblüffung rief die Großmutter am nächsten Tag an und sagte, sie werde morgen nicht zum Essen kommen, weil sie sich am Nachmittag des vergangenen Tages den Knöchel verstaucht habe.

Solche Vorkommnisse mögen Erwachsene erschrecken, die sie nicht verstehen oder sie als abnorm ansehen. Eltern, die sich vor dem anscheinend Unbegreiflichen fürchten, reagieren auf intuitive Bemerkungen ihrer Kinder häufig verärgert. Sie versuchen vielleicht, sie wegzuerklären oder die Erfahrung des Kindes zu leugnen. Sie sagen dann etwa: »Das kannst du doch gar nicht wissen. Lüg' mich nicht an.« Bestenfalls werden die Bemerkungen des Kindes nicht beachtet.

Frances Wickes schreibt, ein sehr intuitives Kind sei für die Eltern oft im Umgang schwierig. Sie beschreibt das typische intuitive Kind als ein Kind, dessen rationale Denkprozesse weitgehend unbewußt sind.

Der Intuitive scheint eine bestimmte Situation »wie durch Magie« zu erfassen und ist imstande, die erwünschte Antwort zu geben, ohne daß er selber weiß, wie er dazu gekommen ist. Er »weiß« einfach, daß es so ist und nicht anders. Weil er keine Erklärung dafür geben kann, wird er gern beschuldigt, aufs Geratewohl zu antworten, um ein Wissen vorzuschützen, das er nicht besitzt. Aber damit tut man ihm ebenso unrecht wie wenn man seine Antworten als Beweise seines logischen Denkvermögens nimmt.[4]

Kleine Kinder lernen sehr rasch, daß es bestimmte Dinge gibt, über die sie nicht reden sollen. Bei vielen Menschen bleibt diese Zurückhaltung bis ins Erwachsenenalter bestehen. Menschen, die an Intuitions-Workshops teilnehmen, äußern oft, daß sie es zu schätzen wissen, Gelegenheit zu haben, über Erfahrungen zu sprechen, die sie normalerweise nicht erwähnen würden, aus Angst, für »seltsam« oder »verrückt« gehalten zu werden. Kinder reden mit Erwachsenen selten über ihre innere Welt der Phantasie und ihre intuitiven Wahrnehmungen, weil einfühlsame, verständnisvolle Erwachsene selten sind. Die Gesellschaft akzeptiert zwar, daß Kinder im Vorschulalter sich Phantasiespielen hingeben, aber wenn ein Kind in die Schule kommt, wird es mit äußeren Reizen bombardiert, die ihm beibringen sollen, in der Realität der Außenwelt zu leben. Obwohl Kinder und Jugendliche oft eine sehr aktive Intuition haben, da sie von anderen Funktionen nicht behindert wird[5], wird sie nur selten zum Gegenstand der Pädagogik. In der Schule wird die innere Welt, die die Intuition nährt, gewöhnlich verschlossen. Ein Kind, dessen natürliche intuitive Fähigkeiten so stark sind, daß sie die gesellschaftliche Kritik überleben, kann sich zu einem außerordentlich kreativen Menschen entwickeln, aber was ist mit all denen, deren Talente einfach verdrängt oder unentwickelt bleiben?

Die meisten Menschen gehören dieser zweiten Kategorie an. Sie werden in der Schule dazu ausgebildet, ihre rationalen und intellektuellen Fähigkeiten zu gebrauchen, so gut sie können. Ein auf das Individuum eingestellter Unterricht versucht, jedem Kind das Lernen in seinem eigenen Tempo zu ermöglichen, aber selbst dieses Lernen ist vor allem auf den Erwerb von Informationen aus äußeren Quellen ausgerichtet. Die innere Welt wird wenig beachtet. Selbst die Einführung der »Gefühlserziehung«, bei der neben der kognitiven Entwicklung des Kindes auch seine emotionale Entfaltung berücksichtigt wird, umfaßt keine Entwicklung und Einübung der Intuition. Daher empfinden viele Menschen als Erwachsene das Bedürfnis, das Gleichgewicht wieder herzustellen, und lernen, den Eingebungen ihrer eigenen Psyche zu folgen.

Im allgemeinen gedeiht die Intuition nur, wenn sie geschätzt wird, und natürlich wird sie durch bestimmte Lebensstile und Erfahrungen gefördert und genährt. Inspiration braucht Spielraum und Beachtung, wenn sie in kreativem Bestreben Gestalt annehmen soll. Beachtung wirkt als psychische Energie und steigert den Prozeß, dem sie Wert verleiht. Der in seiner Realitätswahrnehmung höchst intuitive Künstler weiß, daß Inspiration immer von allein zu kommen scheint. Zum Schöpfungsprozeß gehört immer Anstrengung, aber die Inspiration überkommt den Menschen meist spontan. Der Wunsch nach Inspiration erfordert ein empfängliches

Bewußtsein; er ist vergleichbar mit dem Versuch, sich an etwas zu erinnern, das man weiß, aber vergessen hat. Tarthang Tulku, ein tibetischer Lama, schreibt:

Wollen wir zum Beispiel eine Erinnerung oder Einsicht, die zwar »vorhanden«, uns momentan aber entfallen ist, zurückholen, so ist es zumeist am wirksamsten, sich jedes bemühten Greifenwollens, jeder verkrampften Leistungsorientierung zu enthalten und sich passiver Empfänglichkeit zu überlassen. Indem wir den Geist zwanglos öffnen, erlauben wir dem verborgenen Element, seine Anwesenheit von selbst zu offenbaren. Aus diesem Grund überantworten sich Künstler auf der Suche nach Inspiration, dem Schlaf, in der Hoffnung, eine Muse werde sie aufsuchen und zu ihnen sprechen und dann in ihrer Kunst durch sie. Menschen, die das Eingreifen einer göttlichen Macht einladen wollen, wissen von jeher, daß sie sich den göttlichen Absichten und Botschaften öffnen müssen, wie es im Gebet und bei Orakelbefragungen geschieht. Alle diese verschiedenen Orientierungen betonen übereinstimmend die Wichtigkeit der Preisgabe des Selbst.[6]

In gewissem Sinn ist jeder ein Künstler mit dem Auftrag, sein Leben zu entwerfen. Welchen Wert hat eigentlich ein uninspiriertes Leben? Ganz gewiß würden viele, wenn nicht die meisten Menschen in unserer Gesellschaft ihr Leben als nicht besonders inspiriert betrachten. Aber *jeder* hat die Möglichkeit, die Quelle kreativer Inspiration anzuzapfen, die aus einer gut entwickelten Intuition fließt.

Die Art intuitiver Erfahrung, die am unmittelbarsten zu einem Gefühl des Wohlbefindens und des Einklangs mit sich und der Welt führt, ist die mystische oder transpersonale Erfahrung. Die mystische Erfahrung wird typischerweise als ein Erleben beschrieben, in dem das Individuum die Subjekt-Objekt-Spaltung überschreitet und sich mit allem eins fühlt. Bei diesem Erleben gibt es keine Trennung zwischen innen und außen, Erkennendem und Erkanntem. Es wird manchmal als das Erleben des reinen Bewußtseins bezeichnet, eines Bewußtseins ohne spezifischen Inhalt. Sowohl in der östlichen als auch in der westlichen Überlieferung werden verschiedene Ebenen mystischer Erfahrung beschrieben. Stanislav Grof hat transpersonale Erfahrungen definiert als diejenigen, »bei denen eine Ausdehnung oder Erweiterung des Bewußtseins über die gewöhnlichen Ichgrenzen und über die Grenzen von Zeit und Raum hinaus erfolgt«.[7] Was diesen Erfahrungen gemeinsam ist, und was uns hier angeht, ist die universelle Bestätigung der Fähigkeit des Menschen, Ich-Grenzen und die Schranken des rationalen Verstandes zu überschreiten, und die Tatsache, daß die wesentliche Wahrheit der Realität nur intuitiv erfaßt werden kann. Dieses direkte Erfassen der Wahrheit kennzeichnet die reine spirituelle Intuition.

Diese Art der intuitiven Erfahrung ist oft flüchtig, aber sie kann auf das Leben eines Menschen eine tiefgreifende Wirkung ausüben, denn eine Erfahrung des kosmischen Bewußtseins zerstreut alle Zweifel und gibt Antwort auf alle Fragen; an ihre Stelle treten Gefühle der Seligkeit, der Ehrfurcht, des Staunens und der Freude.[8] Der Mensch, der für diese Art intuitiver Erkenntnis offen ist, erfährt ein Gefühl des Einsseins mit allen Dingen und ein Gefühl der Erleuchtung. Was verborgen war, wird klar, aber nicht unbedingt ein für allemal. Eine solche Erleuchtungserfahrung kann sich im Lauf des Lebens weiter vertiefen und erweitern, sie kann aber auch verleugnet und verdrängt werden.

Eines der Ziele des Yoga ist es, im Gegensatz zu den plötzlichen, spontanen Eingebungen der reinen Intuition, die ohne besondere Vorbereitung geschehen, die Intuition systematisch zu entwickeln. Im Yoga wird die echte Intuition als eine stabile, zuverlässige Funktion der höheren Bewußtseinsebenen betrachtet, durch die eine Vielfalt von Informationen zugänglich wird. Meditationstechniken stellen die Mittel dar, mit deren Hilfe man diese Art des Gewahrseins entdecken und entwickeln kann.[9]

Denken Sie daran, daß die Intuition spiritueller Wahrheit etwas ist, das Sie schon in sich tragen. Während Sie entdecken, wer Sie sind, und vertrauter werden mit den transpersonalen Dimensionen Ihres Erlebens, werden Sie sich ihrer immer mehr bewußt werden. Diese Art der Wahrheit wird erkannt, nicht gelernt. Die meisten Menschen müssen, um nach innen schauen zu lernen, um ihre Wahrheit zu finden, einige Zeit damit zubringen, das Durcheinander zu beseitigen, das ein deutliches Gewahrsein verstellt. Aber während dies gelernt wird, kann der Betreffende schon aus den dazu nötigen

Schritten persönlichen Nutzen ziehen. Der Weg ist auch das Ziel, da jeder Schritt seinen Wert in sich hat und Befriedigung gibt.

Ebenen intuitiven Gewahrseins

Das breite Spektrum intuitiver Erfahrungen des Menschen konzentriert sich auf vier deutlich abgehobene Ebenen des Gewahrseins: die körperliche, die emotionale, die mentale und die spirituelle.[10] Zwar kann jede einzelne Erfahrung Elemente mehrerer Ebenen in sich tragen, aber sie läßt sich gewöhnlich leicht nach der Ebene zuordnen, auf der sie bewußt wahrgenommen wird. Mystische Erlebnisse sind z. B. intuitive Erfahrungen auf der spirituellen Ebene: Ihre Gültigkeit ist daher nicht von sensorischen, emotionalen oder verstandesmäßigen Hinweisen abhängig. Intuition auf der physischen Ebene ist mit Körperempfindungen, auf der emotionalen Ebene mit Gefühlen, auf der mentalen Ebene mit Bildern und Ideen verbunden.

Die physische Ebene

Intuitive Erlebnisse, die als Eingebungen oder als außersinnlich definiert werden, hängen oft von physischen und emotionalen Auslösern ab, die sie dem Betroffenen zu Bewußtsein bringen. Auf der physischen Ebene erlebt man vielleicht eine starke körperliche Reaktion in einer Situation, die keinen Anlaß für die Annahme gibt, es gehe irgend etwas Ungewöhnliches vor sich. Die Art von »Dschungel-Gespür«, die Angehörige primitiver Völker befähigt, Gefahr zu spüren, auch wenn es keine sensorischen Hinweise auf ihr Vorhandensein gibt, ist eine hochentwickelte Form von Intuition auf der physischen Ebene. Sie unterscheidet sich insofern vom Instinkt, als dieser unbewußt bleibt, während die Intuition völlig bewußt wird – wenn auch der Betreffende vielleicht nach ihr handelt, ohne es vorher zu rechtfertigen oder zu rationalisieren.

Er weiß einfach etwas, was er wissen muß, ohne zu wissen, woher er es weiß.

Für Menschen, die in städtischer Umgebung leben, ist diese Art des Gewahrseins nicht weniger nützlich. Wenn sich auch vielleicht nicht immer besonders dramatische Situationen ergeben, kann es doch um Leben oder Tod gehen. In einer für Sie unbehaglichen Lage stellen sich vielleicht körperliche Symptome wie Verspannung, Kopfschmerzen oder Magenschmerzen ein. Wenn Sie innehalten, um diese Hinweise zu beachten, stellen Sie vielleicht fest, daß Sie tatsächlich in einer Situation sind, die ungesund ist und Ihren Organismus ungebührlich belastet. Bereiten Ihnen z. B. Mitarbeiterkonferenzen am Arbeitsplatz immer Magenschmerzen, sollten Sie wahrscheinlich überlegen, was an der Situation geändert werden müßte, um den Streß zu vermindern, selbst wenn dies einen Wechsel der Stellung bedeutete. Wenn Sie auf körperliche Symptome achten, die oberflächlich betrachtet unerklärlich scheinen, werden Sie wohl eine Menge darüber herausfinden, welche Bedürfnisse Sie haben. Die Hinweise der Intuition auf der körperlichen Ebene sind jedoch nicht immer leicht zu bemerken. Leider kümmert man sich um Botschaften des Körpers oft erst dann, wenn sie schmerzhaft werden. Wenn Sie auf Ihren Körper hören, werden Sie feststellen, daß er – auch ohne Kopfweh oder Magenschmerzen – auf verschiedene Menschen und verschiedene Situationen unterschiedlich reagiert. Manchmal fühlen Sie sich vielleicht offen, warm und reaktionsbereit, ein andermal würden Sie sich vielleicht lieber verschließen und zurückziehen. Ihren körperlichen Reaktionen vertrauen zu lernen, ist Teil des Prozesses, Ihrer Intuition vertrauen zu lernen.

Körperreaktionen geben Ihnen Aufschluß über sich selbst und über Ihre Umgebung. Ann Dreyfuss, eine reichianische Therapeutin in San Francisco und Psychologieprofessorin am California State College in Sonoma, erinnert uns daran, daß der Körper unser Zugang zur Welt ist.

Es ist möglich, keinen Kontakt zu sich selbst zu haben, seines eigenen Körpers nicht gewahr zu sein und mit seinen körperlichen Vorgängen im Streit zu liegen. Eine solche Disharmonie verzerrt die Sicht der Welt, die Wahrnehmungen und das Auffassungsvermögen. Von Grund auf eine persönliche Vervollkommnung anzustreben, bringt eine wachsende Übereinstimmung zwischen Körper und Gewahrsein mit sich. ... Welche Dimension der Außenwelt man auch betrachten mag, man erfährt sie durch den Körper, und durch den Körper verzerrt man sie, um sie verständlich zu machen.[11]

Die Beachtung physischer Streßsymptome hilft Ihnen, für Ihre körperlichen und emotionalen Bedürfnisse zu sorgen, bevor sie Schmerzen oder Zerstörung verursachen. Intuitives Erfassen der eigenen Bedürfnisse kann nicht nur ernsthaften Störungen vorbeugen; es kann Ihnen auch augenblickliche Bedürfnisse direkt anzeigen. Der Wunsch, sich zu verschließen und sich zurückzuziehen, kann z. B. ein Zeichen sein, daß die Situation nicht geeignet ist, um sich in ihr zu öffnen, oder er zeigt vielleicht ein inneres Bedürfnis nach Stille und Einsamkeit an. Er kann aber auch, wenn er eine gewohnheitsmäßige Reaktion ist, mit irgendeiner verborgenen Angst zusammenhängen, die Sie daran hindert, Ihr Leben zu erweitern und neue Möglichkeiten zu erkunden. Wenn dies der Fall ist, werden Sie Ihr Verhaltensmuster vielleicht ändern wollen; der erste Schritt ist dann, sich bewußt zu machen, was mit Ihnen geschieht. Wenn Sie Ihrer Körperreaktionen gewahr werden, können Sie wählen, ob Sie diesen Reaktionen entsprechend handeln wollen oder nicht. Manchmal werden Sie sich in einer bestimmten Situation vielleicht angespannt fühlen und sich entscheiden, wegzugehen. Ein andermal mögen Sie Anspannung empfinden, sich zum Bleiben entschließen und sich der Schwierigkeit stellen. Wie dem auch sei, ein wesentlicher Teil des ganzheitlichen intuitiven Gewahrseins Ihrer selbst in Ihrer Beziehung zu Ihrer Umwelt ist es, sich Ihrer Körperreaktionen bewußt zu sein.
Die Forschung hat gezeigt, daß man auch dann physiologisch auf Vorgänge in der Umgebung reagiert, wenn solche Reaktionen unterhalb der Bewußtseinsschwelle bleiben. Bei einem Versuch, den Charles Tart an der University of California durchgeführt hat, wurde ein Proband, der in einer schalldichten Dunkelkammer saß, aufgefordert, jedesmal eine Telegraphentaste zu drücken, wenn er meinte, einen »unterschwelligen Reiz« zu empfangen. Es wurden

zwar keine Reize gesetzt, aber in einem anderen schalldichten Raum in einiger Entfernung erhielt ein »Sender« in unregelmäßigen Abständen einen elektrischen Schlag. Der Sender versuchte, dem ersten Probanden jedesmal, wenn er einen Schlag bekam, eine telepathische Botschaft zu schicken, worauf er reagieren und die Taste drücken sollte. Dieser Versuch schlug fehl; das Drücken der Taste hatte keinen Bezug zu den Botschaften des Senders. Es gab jedoch körperliche Reaktionen, die tatsächlich einen Bezug *hatten*. Messungen der Gehirnwellen und des Pulses zeigten, daß der Proband physiologisch auf die telepathischen Reize reagierte, wenn er sich dessen auch nicht bewußt war.[12]

Wie dieses Beispiel zeigt, *kann* man von außersinnlichen Reizen beeinflußt werden, auch wenn man es nicht merkt. Die Aufgabe, die Intuition auf physischer Ebene zu wecken, ist also untrennbar verbunden mit der Steigerung des Gewahrseins dessen, was der Körper schon »weiß«.

Die emotionale Ebene

Auf der emotionalen Ebene ist das Erwecken der Intuition ebenso wie auf der physischen von der Entwicklung des Selbstgewahrseins abhängig. Auf dieser Ebene kommt einem die Intuition durch Gefühle zum Bewußtsein. Durch Empfindlichkeit für die »Vibrationen« oder »Energieströme« anderer Menschen, Fälle von unmittelbarer Sympathie oder Antipathie ohne augenscheinlichen Grund oder ein vages, unerklärliches Gefühl, man solle dies oder das tun, kann sich Intuition auf dieser Ebene zeigen.

Wenn Sie lernen, sich auf Ihre Gefühle einzustimmen, erhalten Sie ebenso deutlich wie durch Körperempfindungen Informationen über eine bestimmte Situation, ob es sich um einen Wechsel des Arbeitsplatzes, die Partnersuche oder auch nur darum handelt, was Sie mit einem freien Wochenende anfangen sollen. Welche Gefühle Sie in bezug auf sich selbst, Ihre Beziehungen und alles, was Sie tun, haben, hängt damit zusammen, in welchem Maß Sie bereit sind, bei Ihren Entscheidungen intuitive Hinweise auf der Gefühlsebene zu berücksichtigen. Je besser Sie sich kennen, desto mehr können Sie Ihrer Intuition vertrauen, z. B. wenn Sie sich intuitiv von jemandem angezogen fühlen, den Sie gern näher kennenlernen möchten, oder wenn Ihre Intuition Sie warnt, sich mit jemandem nicht einzulassen. Die »Liebe auf den ersten Blick« kann man zwar als Projektion wegerklären, aber sie kann auch stark intuitiv sein. Eine Frau in einem meiner Seminare beschrieb, wie sie vor fünf Jahren in einer Gruppe ihren Mann kennengelernt hatte. Sie sagte, in demselben Augenblick, in dem sie ihn sah, habe sie gewußt, er sei der Richtige für sie, obwohl er »nicht nach viel aussah« und sie sich zunächst körperlich nicht stark von ihm angezogen fühlte. Weniger romantische, aber nichtsdestoweniger bedeutungsvolle Fälle von intuitivem »Wissen« auf der Gefühlsebene ereignen sich alle Tage.

Was man allgemein »weibliche Intuition« nennt, ist Intuition auf der emotionalen Ebene. Es gibt keine Beweise für eine angeborene Verschiedenheit der intuitiven Fähigkeiten von Männern und Frauen. Die landläufige Meinung, Frauen seien intuitiver als Männer, hängt vielmehr mit der Tatsache zusammen, daß in unserer Gesellschaft den Frauen in geringerem Maß beigebracht wird, ihre Gefühle zu unterdrücken, als den Männern. Kleine Jungen lehrt man früh, nicht zu weinen und keine Gefühle zu zeigen. Kleinen Mädchen bleibt vielleicht ein Teil der rigorosen rational-intellektuellen Ausbildung erspart, auf die bei Jungen Wert gelegt wird, die in einer Konkurrenzgesellschaft Erfolg haben wollen. In bezug auf die Entwicklung der intuitiven Funktionen der rechten Gehirnhälfte sind Jungen jedoch ebenso fähig wie Mädchen.

Judith Hall, außerordentliche Professorin der Psychologie an der Johns-Hopkins-Universität in Baltimore, berichtet, die Forschung im Bereich der Aufnahmefähigkeit für nonverbale Kommunikation zeige, daß Frauen meist aufmerksamer auf optische Hinweise wie Gesichtsausdruck und Körpergesten, auf den Tonfall und auf die Art achten, wie Menschen einander ansehen oder berühren. Bei Tests, mit denen die Richtigkeit der Deutung nonverbaler Kommunikation gemessen werden soll, erzielen weibliche Probanden bessere Ergebnisse als männliche. Die Meinung, diese Unterschiede seien angeboren, wird aber durch kein Datenmaterial gestützt. Im Gegenteil, eine von Dr. Hall zitierte Untersuchung zeigte, daß konservativere Männer beim Beurteilen nonverbalen Ausdrucks schlechter abschnitten als liberalere, und daß konservativere Frauen bessere Ergebnisse aufwiesen als liberalere. Die von Dr. Hall angeführten Unterschiede sind nicht groß, und sie vermutet, auf Grund dieser Ergebnisse könne man annehmen, die Beseitigung stark geschlechtsbestimmter Rollen werde wohl die Testergebnisse bei Männern und Frauen einander annähern.[13]

Diese Art des bewußten Wahrnehmens trägt zwar zum Verstehen anderer Menschen bei, aber man sollte sie nicht mit der Entwicklung des Gewahrseins der eigenen inneren Gefühlszustände verwechseln. Intuition läßt sich nicht auf das Beobachten von Verhaltensweisen, Körpersprache und anderen optischen Hinweise reduzieren. Sie ist ein ganzheitliches Gewahrsein, zu dem sowohl innere als auch äußere Sensibilität gehört, und das manchmal über den sensorischen Input weit hinausgeht.

Auf der emotionalen Ebene sind die Frauen und Männer, die sich ihrer Gefühle bewußt sind und ihnen folgen, meist mit ihrem diffusen intuitiven Erkennen zufrieden, außer wenn sie aufgefordert werden, für Handlungen, die auf intuitiven Gefühlen beruhen, eine logische, rationale Rechtfertigung zu geben. Selbst oder von anderen gestellte Forderungen nach Erklärung werden gewöhnlich mit unzulänglichen Rationalisierungen beantwortet, die niemanden befriedigen. Selten ist jemand bereit, einfach zu sagen, er habe etwas nur getan, weil er das Gefühl hatte, es sei richtig. Trotzdem handeln Menschen aller Berufe und Lebensstile tatsächlich auf Grund intuitiver Gefühle und glauben, ihre Entscheidungen seien um so besser.

Die Erweiterung des Gewahrseins der emotionalen Intuitionsebene ist oft verbunden mit einer Zunahme außersinnlicher Erfahrungen, die zeitgleich mit der anderer geschieht. Zum Beispiel können Sie den Wunsch spüren, jemand anzurufen, mit dem Sie aus keinem besonderen Grund seit einiger Zeit nicht gesprochen haben. Wenn Sie diesem Gefühl entsprechend handeln, werden Sie vielleicht entdecken, daß der Angerufene schon versucht hatte, sich mit Ihnen in Verbindung zu setzen, oder daß es gerade der richtige Zeitpunkt für Sie war, anzurufen. Nicht immer entdecken Sie später einen Grund für Ihr intuitives Gefühl. Je mehr Sie jedoch in Ihren Handlungen Ihren Gefühlen folgen und riskieren, die Gültigkeit Ihrer Intuition zu überprüfen, desto zuverlässiger kann sie werden.

Manchmal wird Ihnen die Intuition auf dieser Ebene etwas über Ihre zwischenmenschlichen Beziehungen sagen, das Sie lieber nicht wissen möchten, und in diesen Fällen mag es leichter scheinen, die Intuition zu verdrängen, als nach ihr zu handeln. Sie könnten z. B. jemand begegnen, mit dem Sie Freundschaft schließen möchten, obwohl Sie das Gefühl haben, es werde nicht geschehen. Während meines weiterführenden Studiums erzählte mir ein Freund, wie gern er einen unserer Professoren kennenlernen wollte, den er sehr bewunderte. Eines Nachts träumte er, er spreche mit ihm, aber der Professor sagte nicht viel und weigerte sich, den Mantel auszuziehen. Als mein Freund darüber nachdachte, was der Traum ihm sagen wollte, begriff er, daß er intuitiv erkannt hatte: Dieser Mann hatte von Anfang an in der Distanz bleiben wollen. Wiederholte Versuche, ihn näher kennenzulernen, waren vergeblich. Später bedauerte er, Zeit und Mühe dafür aufgewendet zu haben, denn er hatte die ganze Zeit »gewußt«, es würde fruchtlos bleiben.

Zu erkennen und zu beachten, was für Sie auf der Gefühlsebene wahr ist, hat nicht immer mit anderen Menschen zu tun. Ein Umschwung der Stimmung, ein Wechsel des Blickwinkels können auch als Erwachen der Intuition erlebt werden. Elizabeth Herron, eine zeitgenössische Dichterin, schreibt über ihre Erfahrung mit dieser Art des Erwachens und die Schwierigkeiten, diese subjektiv bedeutungsvolle Erfahrung zu verbalisieren:

Ich war niedergeschlagen. Die Welt erschien mir flach und farblos. Ich hatte mich zurückgezogen. Ich war ein winziger Kern in meinem Körper, Notwendigkeiten und Verpflichtungen hilflos preisgegeben, bedrückt von meiner Isoliertheit, abgeschnitten vom Urquell meiner Seele. Ich ging zum Teich, zog mich aus und stürzte mich ins Wasser – ein plötzlicher Schock, kalt auf der Haut. Als ich wieder an die Oberfläche kam, hörte ich über die Wiese her einen Vogel rufen. Plötzlich war es absolut still in mir. Der

Vogelruf war meine Stimme. Wir waren getrennt und doch eins. Ich war dort draußen und hier drinnen. . . . Alles traf sich in mir und strahlte von mir aus. »Das Zentrum des Kreises ist überall, die Peripherie nirgends.« Ich erkannte dies und wußte, es war schon immer so gewesen, wenn ich es auch nicht hatte erleben können, weil ich davon abgeschnitten war. Mein Kopf füllte sich mit poetischen Bildern. Die Dimension des Unendlichen war überall.

Dies war eine Wiederholung ähnlicher Erfahrungen. Es ist ein paradoxes Gewahrsein. In diesen Augenblicken *weiß* ich. Aber mein Wissen ist nicht genug. Ich muß mich bemühen, zu begreifen, was ich weiß. Ich muß mein intuitives Wissen ausdrücken, damit ich es mitteilen kann. Ich kann meine Erfahrung nicht mit Ihnen teilen, indem ich Ihnen nur davon erzähle. Als Dichterin suche ich Worte für mein Erlebnis, aber Worte allein sind nicht genug. Es gibt Wirklichkeiten – Schattierungen des Gefühls und der Bedeutung, für die Worte unzureichend sind.[14]

Künstlerisches Bestreben in all seinen Formen findet oft eine Ausdrucksmöglichkeit für diese Art intuitiven Gewahrseins. Aber man braucht kein Künstler zu sein, um sich die bewußte Sensibilität für Gefühle zunutze zu machen. Gefühlszustände färben immer die Wahrnehmung der Realität, sie geben aber auch Aufschluß über unsere Beziehungen zu anderen und zur Umwelt. Die Welt durch das Medium der Gefühle wahrzunehmen, ist wie das Tragen einer getönten Brille, das die Sehschärfe verbessern kann, aber alles in einem bestimmten Farbton erscheinen läßt. Man muß erkennen, daß man eine getönte Brille trägt (d. h. zugeben, daß die Wahrnehmung durch Gefühlszustände verzerrt wird), wenn man Intuition von persönlichen Gefühlsreaktionen unterscheiden lernen will.

Die mentale Ebene

Intuition auf der mentalen Ebene kommt einem oft durch Bilder oder durch die sogenannte »innere Schau« zum Bewußtsein. Man nimmt vielleicht Ordnungsmuster wahr, wo alles zunächst chaotisch aussah, oder man erfaßt Veränderungsmuster intuitiv, lange bevor die Verifikation durch sorgfältige Beobachtung beendet ist. Im Abendland werden die Eingebungen der Intuition, die auf die erschöpfende Anwendung von Logik und Verstand folgen, meist höher geschätzt als andere Arten der Intuition, da sie zusammenhängen mit Entdeckung und Erfindung, die den Fortschritt der Technik fördern.

Intuition auf der mentalen Ebene wird wirksam bei der Formulierung neuer Theorien und Hypothesen in allen Bereichen, denn diese Art der Intuition beinhaltet die Fähigkeit, auf der Grundlage begrenzter Information zu richtigen Folgerungen zu gelangen. Alle Formen der Intuition sind zwar in dem Sinn mental, daß sie eine Funktion des Geistes sind, aber hier sind mit Intuition auf der mentalen Ebene besonders jene Aspekte der Intuition gemeint, die mit dem Denken zu tun haben. Intuition auf dieser Ebene geht also oft mit Problemlösung, Mathematik und wissenschaftlicher Erkundung einher.

Malcolm Westcott hat die Schriften von Mathematikern durchgesehen, besonderen Bezug nimmt er auf Poincaré. Dieser schreibt über die Bedeutung der Intuition bei seiner eigenen Arbeit und erklärt, sowohl Intuition als auch analytisches Denken seien unerläßlich für den Fortschritt der Mathematik wie auch der empirischen Wissenschaften.[15] Jacques Hadamard bestätigt diese Ansichten und fügt die Beobachtungen anderer Mathematiker hinzu. Hadamard zitiert Einstein folgendermaßen:

Die Worte oder die Sprache, wie sie geschrieben oder gesprochen werden, scheinen in meinem Denkmechanismus keine Rolle zu spielen. Die psychischen Entitäten, die im Denken als Elemente zu dienen scheinen, sind bestimmte Zeichen und mehr oder weniger klare Bilder, die sich »willentlich« reproduzieren und kombinieren lassen.[16]

Einstein glaubte, man könne die objektive physikalische Realität nur durch einen intuitiven Sprung begreifen, nicht direkt empirisch oder logisch.[17] Er behauptet ferner, daß die axiomatische Basis der theoretischen Physik nicht aus der Erfahrung abgeleitet sein kann, sondern eine freie Erfindung des menschlichen Geistes ist.[18] In seiner Abhandlung über »Die Struktur der Kreativität in der

Physik« bestätigt Siegfried Müller-Markus diese Behauptung und schließt:

Eine Idee wie Plancks Wirkungsquantum war nicht die logische Folge von Experimenten, noch ließ sie sich aus früheren Theorien ableiten. Planck hat sie aus sich selbst erdacht.[19]

Auch Menschen, die im Managementbereich arbeiten, haben erkannt, welche Rolle die Intuition in der Kreativität und bei der Problemlösung spielt. Erfolgreiche Geschäftsleute sind typischerweise auf der mentalen Ebene intuitiv. Forschungsergebnisse zeigen, daß erfolgreiche leitende Angestellte bei Tests zur außersinnlichen Wahrnehmung meist weit überdurchschnittliche Trefferquoten erzielen.[20] Die Fähigkeit, intuitiv zu wissen, was in irgendeiner Art von Geschäft zum Erfolg führen wird, trägt gewiß zu dem Ergebnis bei, das oft dem »Glück« zugeschrieben wird. Henry Mintzberg weist darauf hin, daß die Prozesse der rechten Gehirnhälfte bei Managern gut entwickelt sein sollten. Es ist wichtig für Manager, »das Gesamtbild zu sehen«, sagt Mintzberg, und dies bewirkt einen auf Relationen abgestellten, ganzheitlichen Gebrauch von Informationen (d. h. eher eine Synthese als eine Analyse von Daten). Er bemängelt auch, wie wenig Literatur über dieses Thema vorhanden ist:

... trotz einer ausgedehnten Literatur über den analytischen Entscheidungsprozeß wird praktisch nichts über das Fällen von Entscheidungen unter Druck geschrieben. Diese Tätigkeiten bleiben außerhalb des Bereichs der Wissenschaft vom Management, innerhalb des Bereichs von Intuition und Erfahrung.

Mintzberg vertritt die Hypothese, daß die wichtigen Vorgänge auf der Ebene der Geschäftspolitik, die für die Leitung eines Unternehmens erforderlich sind, in erheblichem Maß auf den Fähigkeiten aufbauen, die mit der rechten Gehirnhälfte identifiziert werden. Die Manager, die die Geschäftspolitik bestimmen, würden ihre Strategie ganzheitlich anlegen, während der Rest der bürokratischen Hierarchie die Politik in linearer Abfolge in die Praxis umsetzt. Mintzberg erklärt, alles intuitive Denken müsse in eine lineare Ordnung umgesetzt werden, damit es artikuliert und nutzbar gemacht werden kann. Wirklich hervorragende Manager seien jene, die effektive Prozesse der rechten Gehirnhälfte mit effektiven Prozessen der linken in sich vereinen.[21]

Die Spezialisierung der Funktionen der beiden Gehirnhälften wird zwar möglicherweise überbetont[22], aber die Grundthese, daß intuitives Denken bei Entscheidungsprozessen eine ausschlaggebende Rolle spielt, wird von anderen Autoren auf diesem Gebiet unterstützt. Ostrander, Schroeder, Dean und Mihalasky behaupten, Menschen mit einer hochentwickelten Intuition seien erfolgreicher. Außersinnliche Wahrnehmung scheint bei Entscheidungsfragen, bei wirtschaftlichen Vorhersagen und bei der Einstellung von Personal besonders zu nützen.[23]

Intuition im Geschäftsleben wird oft als »Gefühl im Bauch« bezeichnet, aber ein Mensch, dessen Intuition auf der mentalen Ebene gut entwickelt ist, hat nicht unbedingt auf der Gefühlsebene eine ebenso gut entwickelte Intuition. Carson Jeffries, ein Physiker, der an einem meiner Seminare an der University of California in Berkeley teilgenommen hat, sagte mir, er wisse seine Intuition zu schätzen und benütze sie bei seinen Forschungen, aber in zwischenmenschlichen Beziehungen habe er keinen Kontakt zu ihr. Für ihn funktionierte die Intuition auf der mentalen Ebene, aber nicht auf der emotionalen. Nachdem ihm dies bewußt geworden war, konnte er die Reichweite seiner intuitiven Fähigkeiten so ausdehnen, daß sie einen größeren Teil seines Erlebens umfaßte.

Man braucht kein Wissenschaftler oder Firmenmanager zu sein, um den Wert der Intuition auf mentaler Ebene zu schätzen. Jeder kann diese Art der Intuition erfahren: indem er plötzlich Muster in seinem Leben erkennt – durch ein »Aha-Erlebnis« in der Psychotherapie, wenn unbewußte Vorgänge plötzlich klar werden, oder beim »Heureka!« einer neuen Entdeckung. Solche Einsichten sind oft von Vorstellungsbildern begleitet, aber nicht notwendigerweise. Muster erkennt man nicht immer visuell. Bei einem Musiker kann die Erkenntnis akustischer Art sein, oder sie ist einfach ein blitzartiges Verstehen, bei dem Ereignisse oder Gedanken sich ordnen.

Melvin Calvin, Nobelpreisträger für Chemie 1961, beschreibt z. B. den aufregendsten Moment seiner Forschungen so:

Eines Tages wartete ich im Auto, während meine Frau eine Besorgung machte. Ich hatte seit Monaten grundlegende Informationen aus dem Laboratorium, die unvereinbar waren mit allem, was ich bis dahin über die Photosynthese wußte. Ich wartete, saß am Steuer, wahrscheinlich im Parkverbot stehend, als mir die fehlende Verbindung einfiel. Es kam einfach so – ganz plötzlich – und plötzlich, ebenfalls in Sekunden, wurde mir der zyklische Charakter des Wegs des Kohlenstoffs deutlich, nicht so detailliert, wie er dann schließlich erhellt wurde, aber das ursprüngliche Erkennen der Phosphoglycerinsäure und der Art, wie sie dorthin kam, und wie der Akzeptor sich vielleicht regenerierte – alles passierte in etwa 30 Sekunden.[24]

Vielleicht haben Sie einmal die Erfahrung gemacht, sich mit einem Problem oder einer Entscheidung herumzuschlagen, bis Sie es satt hatten, und beschlossen hatten, es eine Zeitlang zu vergessen. Sehr oft kommt einem dann plötzlich die Lösung in den Sinn, wenn man es am wenigsten erwartet. Der Ausdruck »darüber schlafen« bezieht sich darauf, daß man diesem intuitiven Vorgang erlaubt, sich im Schlaf zu vollenden. Viele Menschen berichten, sie hätten im Traum oder Tagtraum die Lösung für ein anscheinend unlösbares Dilemma gefunden. Wenn Sie aufhören, etwas herbeizwingen zu wollen, kann die Intuition funktionieren.

Bei ihrer Biofeedback-Forschung an der Menninger Foundation in Kansas haben Elmer und Alyce Green mit dem Ausdruck *passives Wollen* das distanzierte, anstrengungslose Wollen bezeichnet, das für die willkürliche Steuerung physiologischer Funktionen erforderlich ist, die normalerweise durch das autonome Nervensystem reguliert werden.[25] Während eine aktive Willensanstrengung für die Steuerung des vegetativen Nervensystems nötig ist, ist passives Wollen notwendig für die Steuerung des vegetativen Nervensystems, das physiologische Funktionen wie Herzfrequenz, Blutkreislauf und Muskelspannung reguliert. Probanden, die z. B. trainiert werden, die Durchblutung ihrer Hände willkürlich zu steigern oder zu vermindern, lernen dies durch bildhafte Vorstellungen. Wenn die Probanden sich der subtilen physiologischen Veränderungen bewußt werden, die ablaufen, lernen sie, sie geschehen zu lassen. Die Greens sagen: »Wenige Menschen machen sich jedoch klar, daß [das] Gefühl oder die Intuition der

Freiheit in bezug auf das autonome Nervensystem eine ungewöhnliche Bedeutung hat.«[26] Anders ausgedrückt, zu wissen, daß man einen Vorgang, von dem man angenommen hat, er sei nicht willkürlich zu steuern, beeinflussen kann, macht es leichter, zu lernen, wie man das macht.

Die Intuition wird auf allen Ebenen oft als etwas spontan Aufsteigendes erlebt, und jeder Versuch, sie willentlich zu kontrollieren, mag zunächst vergeblich erscheinen. Sobald man aber erkennt, daß man etwas dazu tun kann, damit sie aufsteigt, läßt sie sich willentlich ausdehnen, und das Tempo der Ausdehnung läßt sich beschleunigen.

Die spirituelle Ebene

Spirituelle Intuition ist mit mystischer Erfahrung verbunden, und auf dieser Ebene ist die Intuition »rein«. Reine spirituelle Intuition unterscheidet sich von anderen Formen durch ihre Unabhängigkeit von Empfindungen, Gefühlen und Gedanken. In einer Erörterung der Intuition in der spirituellen Psychosynthese betrachtet Assagioli die Intuition als eine selbständige psychische Funktion, die insofern »synthetisch« ist, als sie eine gegebene Situation oder psychische Realität in ihrer Totalität begreift. Assagioli sagt: »Nur durch Intuition kommt man zu einem wahren Verstehen der eigenen Person und anderer.«[27] In ihrer reinsten Erscheinung, erklärt Assagioli, ist Intuition frei von Gefühl, und als normale Funktion der menschlichen Psyche kann sie nur aktiviert werden, indem man die verschiedenen Hindernisse beseitigt, die sich ihrer Entfaltung entgegenstellen. Auf dieser Ebene ist die Intuition nicht vom Spüren, Fühlen oder Denken abhängig. Sie ist nicht mit dem Körper, den Gefühlen oder der Wahrnehmung von Mustern verknüpft, die auf spezifische Probleme oder Situationen bezogen ist. Paradoxerweise gelten die Auslöser, von denen die Intuition auf anderen Ebenen abhängig ist, auf dieser als störend. Ein Wissen darum, wie Intuition auf anderen Ebenen funktioniert, verhilft zur Aufklärung des Mißverständnisses, bei Intuition als einer Art des

Wissens handle es sich um ein »Alles-oder-nichts«-Phänomen. Der Grad intuitiven Gewahrseins kann durchaus von Faktoren wie Zeit, Ort, Stimmung, Einstellung, Bewußtseinszustand und vielen anderen Variablen beeinflußt werden.

Nach Spinoza ist spirituelle Intuition Gotteserkenntnis. James Bugenthal setzt diese Erkenntnis mit der Erfahrung des Menschen von seinem eigenen Sein gleich und sagt: »Der Mensch erkennt Gott in seinen tiefsten Eingebungen über seine eigene Natur.«[28] Dr. Bugenthal bezeichnet die innere Schau, durch die der Mensch seine Natur entdeckt, als einen kreativen Vorgang, der über eine Beobachtung des schon Vorhandenen hinaus neue Möglichkeiten entstehen läßt.

Dazu gehört das Potential, über die Dualität und das persönliche Abgetrenntsein hinauszugelangen. Abraham Maslow hat in den sechziger Jahren in seiner Untersuchung von Menschen, die sich selbst verwirklichen, festgestellt:

Dieses Überschreiten der Dichotomie ist zwar bei Menschen, die sich selbst verwirklichen, eine übliche Erscheinung, aber sie ist auch bei den meisten übrigen in den Augenblicken zu beobachten, in denen im Selbst und zwischen dem Selbst und der Welt die höchste Integration stattfindet. In der höchsten Liebe zwischen Mann und Frau oder Eltern und Kind, wo der Mensch den Gipfel von Kraft, Selbstachtung oder Individualität erreicht, verschmilzt er gleichzeitig mit dem anderen, verliert das Bewußtsein seiner selbst und überschreitet mehr oder weniger sein Selbst und seine Selbstsucht. Dasselbe kann im schöpferischen Augenblick geschehen, in der tiefen ästhetischen Erfahrung, im Erleben der Einsicht ... und anderen, die ich allgemein als Gipfelerlebnisse (peak experiences) bezeichnet habe.[29]

Spirituelle Intuition als ganzheitliche Wahrnehmung der Realität übersteigt rationale, dualistische Arten des Erkennens und gewährt dem Menschen ein unmittelbares transpersonales Erlebnis der grundlegenden Einheit des Lebens. Bei der Beschreibung des Unterschieds zwischen dualen (rationalen, begrifflichen) und nicht-dualen (intuitiven, ganzheitlichen) Erkenntnisweisen schreibt Ken Wilber:

Wenn wir die Wirklichkeit in ihrer Fülle und Ganzheit erkennen wollen, wenn wir aufhören wollen, uns selbst zu verfehlen bei dem Versuch, uns selbst zu finden, wenn wir in die konkrete Tatsächlichkeit des Territoriums eintreten wollen, anstatt uns von Landkarten irreleiten zu lassen, die doch nur ihre Besitzer besitzen, dann werden wir über die dualistisch-symbolische Weise des Erkennens, die das Gewebe der Wirklichkeit zerreißt bei dem Versuch, es zu erfassen, hinausgehen müssen. Wir werden aus dem Halbdunkel der [dualistischen] Abenderkenntnis ins helle Licht der [intuitiven] Morgenerkenntnis eintreten müssen: Um die Wirklichkeit zu erfassen, müssen wir uns der zweiten Weise des Erkennens zuwenden. Für jetzt mag es genügen zu wissen, daß wir die Fähigkeit zur Morgenerkenntnis besitzen; wirklich genug wird es erst dann sein, wenn wir sie gänzlich erweckt haben.[30]

Im Yoga wird die spirituelle Intuition Seelenführung genannt[31], und es heißt, sie tauche spontan auf, wenn der Geist still sei. In seinen Schriften über die Lehren Sri Aurobindos beschreibt Satprem den intuitiven Geist folgendermaßen:

Der intuitive Geist unterscheidet sich vom erleuchteten Geist durch seine klare Durchsichtigkeit ... alles verläuft so schnell, so blitzartig – die erschreckende Schnelligkeit des Bewußtseins, in das die Klarheit einkehrt.

Intuitives Wissen kann zwar nach persönlichen Schwerpunkten übersetzt oder interpretiert werden, aber es ist

grundsätzlich immer ein Schock, der zum Einssein führt, ein Zusammentreffen – man weiß, weil man wiedererkennt. Sri Aurobindo hat gesagt, die Intuition sei *eine Rückerinnerung an die Wahrheit.*[32]

Die Praxis der Meditation bereitet den Geist auf die Erfahrung der spirituellen Intuition vor, indem sie die Hindernisse beseitigt, die ihrem Bewußtwerden gewöhnlich im Weg stehen. Will man diese Ebene der Intuition verstehen lernen, muß man das reine Gewahrsein oder Bewußtsein als Kontext jeder Erfahrung erkennen, der sich vom Inhalt des Bewußtseins unterscheidet.

Um subjektiv zwischen Ihrem eigenen Bewußtsein und seinen Inhalten zu unterscheiden, können Sie folgenden Versuch machen:

Schreiben Sie alles nieder, dessen Sie sich im Augenblick bewußt sind. Einige Minuten lang. Und nun stellen Sie fest, was Sie ausgelassen haben. In jedem beliebigen Augenblick sind Sie sich nur eines Bruchteils dessen bewußt, was in Ihrem Geist vor sich geht. Das Bewußtsein ist selektiv, und im normalen Wachzustand ist die Spannweite des Gewahrseins äußerst eng. Wenn das Bewußtsein jedoch beginnt, sich selber zu beobachten, fängt es an, sich zu erweitern. Sie werden vielleicht bemerken, daß Sie, während Sie dies lesen, gleichzeitig Ihre Umgebung wahrnehmen, sich bewußt sind, wie spät es ist (ungefähr), ob Sie Hunger oder Durst haben, vielleicht fragen Sie sich auch, wann Ihr Freund anrufen wird, und wie Sie das, was Sie morgen tun wollen, einrichten sollen. Vielleicht überdenken Sie auch noch einmal ein unbefriedigendes Gespräch, das Sie früher am Tag mit jemandem geführt haben. Können Sie Ihren eigenen Bewußtseinsstrom so beobachten, daß Sie damit zufrieden sind? Oder laufen so viele Bewußtseinsströme gleichzeitig in verschiedene Richtungen, daß Sie sie gar nicht alle beobachten können? Es ist eins der Ziele der Meditation zu lernen, den Geist so leer zu machen, daß man das Bewußtsein ohne Inhalte erleben kann. Indem Sie Ihre Gedanken, Gefühle und Empfindungen beobachten, ohne einzugreifen, fangen Sie vielleicht an, jene Stille zu erleben, in der sich die spirituelle Intuition entfaltet.

Das Aktivieren der spirituellen Intuition bedeutet, daß man sich nicht auf die personalen, sondern auf die transpersonalen Bereiche der Intuition konzentriert. Auf dieser Ebene kommt das Bewußtsein als Kontext und nicht der Inhalt des Bewußtseins in den Vordergrund des Gewahrseins. Andere Formen der Intuition, in deren Brennpunkt Empfinden, Fühlen und Denken stehen, werden zu Hindernissen für das reine, inhaltslose Gewahrsein. Wenn Sie sich von den Kräften zu sehr einnehmen lassen, die die Intuition Ihnen auf anderen Ebenen erschließen kann, werden Sie Ihr Potential für die Entwicklung spiritueller Intuition vielleicht nicht erkennen. Jedoch ist diese Dimension der Intuition der Urgrund, aus dem alle anderen Formen der Intuition stammen.

Intuition in Ihrem Leben

Auf allen Ebenen wird die Intuition Sie ins Neue, Unbekannte führen. Gleichgültig, auf welcher Ebene Sie arbeiten, gleichgültig, welchen Weg Sie zu gehen meinen, die Intuition wird Sie immer über die Grenzen Ihres früheren Wissens hinaus in Bereiche neuer Entdeckungen führen. Ganz gleich, wieviel Sie schon wissen – es ist immer noch mehr zu entdecken.

Intuitionserfahrungen erweitern – ob sie nun spontan oder infolge von Einübung erfolgen – ausnahmslos das Bewußtsein, so daß es mehr von der Realität erfaßt und mehr begreift, was wahr ist.

Wenn Sie über Ihr Leben nachdenken und die Wendepunkte betrachten, die Sie in neue Erfahrungs- und Erlebnisbereiche geführt haben, werden Sie vielleicht die Rolle der Intuition erkennen. Sie können nicht im voraus wissen, welche Ergebnisse eine bestimmte Handlungsweise haben wird. Entscheidungen beruhen auf dem, was man *weiß, und* auf dem, was man intuitiv als den richtigen Kurs empfindet. Nur wenige Menschen heiraten, wechseln den Wohnort oder den Beruf, ohne Zweifel und Ungewißheit über ihre Entscheidung zu spüren. Solche Entscheidungen können sogar irrational oder zumindest nur halb vernünftig erscheinen. Manch einer läßt eine sichere berufliche Position hinter sich, um einen neuen Beruf auf einem völlig anderen Gebiet auszuprobieren. Oder jemand erkundigt sich in einer plötzlichen Anwandlung nach der Teilnahme an einem Workshop oder einem Seminar, für das er sich bisher kaum interessiert hat, das sein persönliches Weiterkommen zutiefst beeinflußt. Ein Ehepaar, das an einem Intuitions-Workshop teilnahm, sagte, sie hätten intuitiv die Stadt, in der sie lebten, als den Ort gewählt, an dem sie sein wollten, ohne zu wissen, warum. Heute, zehn Jahre später, wüßten sie, daß sie die richtige Entscheidung getroffen hätten.

Wie oft haben Sie schon auf Grund einer Intuition eine Handlungsweise einer anderen vorgezogen? Machen Sie eine Liste der Fälle in Ihrem Leben, in denen Sie gemerkt haben, daß Sie spontan Ihrer Intuition gefolgt sind. Nehmen Sie sich Zeit, um darüber nachzudenken, ob Sie die richtige Wahl getroffen haben, und welche Alternativen Sie gehabt hätten. Fragen Sie sich, ob Sie Ihrer

Intuition trauen können, und achten Sie darauf, wie sie sich in Ihrem Leben auswirkt. Eine gute Möglichkeit, Ihre Intuition weiterzuentwickeln, besteht darin, mit einem Freund (einer Freundin) über Intuition und Ihre Erfahrungen mit Intuition zu sprechen. Viele Menschen, die ihre Intuition sehr wohl kennen, sprechen nicht darüber, weil sie besorgt sind, sie könnten seltsam oder ungewöhnlich wirken. Wenn ich jedoch in meinen Workshops die Leute auffordere, über ihre Erfahrungen mit Intuition zu sprechen, genießen sie es, davon zu erzählen. Sie wirken auch erfreut und erleichtert, wenn sie andere Menschen finden, die ihr Interesse teilen und mit einem teilnehmenden Zuhörer gern über ihre eigenen Erfahrungen reden. Wenn man noch nie über die Wirkungen der Intuition in seinem Leben gesprochen hat, ist es oft beruhigend zu wissen, daß sie sich auf die eine oder andere Weise in jedermanns Leben auswirkt.

Spontan eintretende Erlebnisse mit Intuition können einem ein Gefühl erneuerter Vitalität, der Erregung und der Anteilnahme am Leben verschaffen. Mystische oder transpersonale Erfahrungen, die kein materielles Ziel, keinen materiellen Zweck haben, können für einen Menschen die Ansicht von der Realität total verwandeln. Intuition ist nicht nur an den praktischen Entscheidungen beteiligt, die Ihr Leben gestalten, sondern auch an Ihrer Entscheidung für die eine oder andere Überzeugung vom Wesen der Welt. Glaubenssysteme werden oft unbewußt gewählt, und sie können die Wahrnehmung ihrer Anhänger so formen, daß andere Glaubensrichtungen ungültig erscheinen. Der Ausdruck »Glaubenssysteme« bezieht sich nicht im strengen Wortsinn nur auf religiöse Überzeugungen, sondern auf alle Anschauungen von der Realität. Heute ermöglicht die Tatsache, daß fast alle Menschen ohne Mühe eine Vielfalt von religiösen Lehren kennenlernen können, es dem einzelnen, sich Überzeugungen auszusuchen, die wahr zu sein scheinen, anstatt ein Leben lang in den Fesseln eines religiösen Dogmas zu bleiben, unbewußte Annahmen sind aber manchmal schwer zu erkennen.

Jeder geht von Annahmen über das Wesen der Realität aus, und diese Annahmen bilden subjektive Glaubenssysteme, nicht objektive Beobachtungen. Man kann diese Glaubenssysteme auf frühe Konditionierung zurückführen, aber sobald man bereit ist, sie in

Frage zu stellen und andere Anschauungen in Betracht zu ziehen, eröffnet man sich eine Wahlmöglichkeit. Was man für wahr hält, formt das eigene Erleben, und seine Überzeugungen wählt man nicht rational, sondern intuitiv. Lawrence LeShan definiert ein metaphysisches System als eine Reihe von Annahmen darüber, wie das Universum zusammengesetzt ist und wie es funktioniert. Er gibt zu verstehen, das metaphysische System, dessen man sich bedient, sei das metaphysische System, das in Kraft ist.[33] Wenn das der Fall ist – und Dr. LeShan hat umfassende Forschungsarbeit geleistet, um seine Ansicht zu begründen –, lohnt es sich, das Glaubenssystem zu untersuchen, das Sie sich ausgesucht haben, um von ihm Ihr Leben bestimmen zu lassen. Die Erweiterung des intuitiven Gewahrseins bedeutet, daß Sie einige der Annahmen, die Ihnen bisher selbstverständlich waren, untersuchen, in Frage stellen und vielleicht ändern.

4 Innere Bilderwelt und Intuition

Die größte Einsicht, der größte Gedanke und die größte Kunst hinsichtlich der Lage des Menschen und seiner Sehnsucht nach dem Göttlichen haben ihren Ursprung im Phänomen der inneren Schau.

José und Miriam Arguelles
Mandala

Bilder sind die universelle Sprache des Unbewußten. Das Denken in Bildern geht dem Denken in Worten voraus, und diese Art des primären Denkens bleibt lebenslänglich Teil des subjektiven Erlebens – in Form von Träumen, Phantasien und Vorstellungen. Innere Bilder sind ein leistungsfähiges Werkzeug für Selbstregulierung und Selbstentwicklung; sie können auch Träger tiefer intuitiver Einsichten sein. Innere Bilder werden unmittelbar wahrgenommen und vermitteln in einem Augenblick Gefühle und Beobachtungen, die nur mit vielen Worten zu beschreiben wären.

Bei der Erweiterung des intuitiven Gewahrseins ist es ebenso notwendig, die Sprache der inneren Bilder verstehen zu lernen, wie es notwendig ist, das Achten auf körperliche Empfindungen und Gefühle zu lernen. Wenn man dem Körper seine Aufmerksamkeit zuwendet, entdeckt man, daß man das Feingefühl für physisches und emotionales Erleben steigern kann. Wenn man sich mit inneren Bildern beschäftigt, stellt man fest, daß Vorstellungen sehr viel mit der Bestimmung emotionaler Zustände zu tun haben. Bildhafte Vorstellungen können stark emotional geladen sein, selbst wenn sie dem Verstand nicht vernünftig erscheinen. Kann man ein bestimmtes, in einer Phantasie oder in einem Traum spontan auftauchendes Bild in seiner Bedeutung auch nicht verstehen, so vermindert dies seine emotionale oder physiologische Wirkung nicht.

Die physiologischen Wirkungen von Vorstellungsbildern machen sie auch zu einem nützlichen Medium beim Biofeedback-Training. Elmer und Alyce Green haben festgestellt, daß man Migräne-Kopfschmerzen erfolgreich behandeln kann, indem man den Patienten beibringt, durch bildliche Vorstellungen willentlich die Temperatur in ihren Händen zu erhöhen und ihre Stirn abzukühlen.[1] Wenn Sie einfach nur *versuchen,* die Temperatur in Ihren Händen zu erhöhen, wird wahrscheinlich nichts passieren. Aber wenn Sie sich vorstellen, Sie stünden vor einem Feuer und wärmten sich die Hände oder Sie tauchten Ihre Hände in warmes Wasser, kann sich die Temperatur ganz rasch verändern.

Die Greens haben ein psychophysiologisches Prinzip folgendermaßen formuliert:

Jede Veränderung im physiologischen Zustand geht einher mit einer zugehörigen Veränderung des geistig-emotionalen Zustands, ob bewußt oder unbewußt, und umgekehrt geht jede Veränderung des geistig-emotionalen Zustands, sei sie bewußt oder unbewußt, mit einer entsprechenden Veränderung des physiologischen Zustands einher.[2]

Die Fähigkeit, durch bildliche Vorstellungen physiologische Vorgänge zu steuern, beeinflußt also geistig-emotionale Zustände, und diese wiederum beeinflussen das Erwachen der Intuition. Die Greens erklären: ». . . das erwünschte Verhalten kommt zustande durch eine bildliche Vorstellung des erwünschten Ereignisses, gepaart mit einem Willensakt.«[3] Auch sie empfehlen, man sollte lernen, in einem Zustand entspannten Gewahrseins zu verharren wie beim Wachträumen:

Der Wachtraum ist ein ungewöhnlich bedeutungsvoller Zustand, weil zu ihm eine hypnagogische Bilderwelt gehört, in der sich dem wachen Selbst häufig unbewußte Prozesse in Form von Symbolen, Wörtern oder Gestalten offenbaren.[4]

Hypnagogische Bilder sind typischerweise lebhaft, originell, vielfältig und nicht von bewußter Steuerung abhängig. Wilson Van Dusen schreibt über die hypnagogische Bilderwelt, sie sei die Antithese des Ichs.[5] Sie erscheint, wo das Ich abwesend ist, wenn man sie also beobachten will, muß man lernen, das Ich beiseitezulassen.

Forschungen über die Wirkung von Vorstellungsbildern zufolge kann man alle leib-seelischen Vorgänge willentlich steuern. Außerdem sagen die Greens, man könne annehmen, eine solche Einübung des inneren Gewahrseins sei höchst bedeutsam, wenn man lernen wolle, wie man beim kreativen Entwickeln von Ideen bewußte und unbewußte Prozesse kombinieren kann. Wie die Intuition ist der schöpferische Vorgang niemals ganz willensgesteuert; es gehört sowohl dazu, daß man die Dinge geschehen läßt, als auch, daß man die Verantwortung für ihre Gestaltung übernimmt.

Man muß subjektiv unterscheiden zwischen Vorstellungsbildern, die spontan auftreten, und solchen, die man absichtlich auftauchen läßt. Beide sind nützlich, aber sie sind nicht dasselbe. Absichtlich ausgelöste Vorstellungsbilder werden meistens benützt, um physiologische Veränderungen herbeizuführen. Sie können diese Wirkung erleben, wenn Sie folgende Übung ausprobieren:

Schließen Sie die Augen und stellen Sie sich vor, Sie hielten eine *Übung* Zitrone in der Hand. Stellen Sie sich die Zitrone so deutlich vor, wie Sie können, und fühlen Sie in der Phantasie mit den Fingern die Beschaffenheit der Schale. Wie groß ist Ihre Zitrone? Spüren Sie den Höcker an ihrem einen Ende und die Stelle, wo am anderen Ende der Stiel war. Nehmen Sie die kleinen Punkte auf der Schale wahr und die Farbe. Jetzt stellen Sie sich vor, Sie legten die Zitrone auf einen Tisch, nähmen ein Messer und schnitten die Zitrone in zwei Hälften. Wenn Sie die Zitrone zerschnitten haben, schauen Sie nach, ob sie eine dicke oder eine dünne Schale hat. Betrachten Sie die verschiedenen Segmente, die weißen und die grünlichgelben Teile. Können Sie das ätherische Öl der Schale riechen? Achten Sie darauf, ob auf der Schnittfläche Zitronensafttropfen austreten. Stellen Sie sich vor, Sie quetschten ein paar Tropfen Zitronensaft auf Ihre Zunge und schmeckten ihn.

Sie werden vielleicht feststellen, daß schon das Lesen dieser Übungsbeschreibung Ihren Speichelfluß anregt. Andererseits kann es sein, daß Sie die Übung mit geschlossenen Augen ausprobieren und dennoch bewußt keine Aktivierung Ihrer Speicheldrüsen erleben. Eine kurze Zeit der Entspannung und der Beruhigung des Geistes vor der Übung trägt dazu bei, die Vorstellungsbilder lebhafter und die Wirkungen spürbarer zu machen. Auf jeden Fall wissen Sie jetzt, wenn Sie bei dieser Übung eine Tendenz zum Speichelfluß verspürt haben, daß bildhafte Vorstellungen einen Vorgang direkt beeinflussen, der normalerweise unwillkürlich abläuft.

Auch bei der Erinnerung zeigt sich die Wirkung der bildhaften Vorstellung. Wenn Sie z. B. an jemand denken, den Sie kennen, können Sie sich erinnern, wie der- oder diejenige aussieht, ohne sein oder ihr körperliches Aussehen Punkt für Punkt beschreiben zu können. Wenn Sie an einen bestimmten Menschen denken, erinnern Sie sich nicht nur an sein Aussehen, sondern Sie hegen auch Gefühle dieser Person gegenüber, die in gewissem Maß präsent sind, wenn Sie an sie denken. Sie brauchen bloß an jemand zu denken, den Sie sehr gern haben oder der Ihnen sehr unangenehm ist, sich ihn so deutlich vorzustellen, wie Sie können, und Sie werden die unmittelbare Wirkung der Vorstellung auf Ihren körperlichen und emotionalen Zustand erleben.

Die emotionale Wirkung von inneren Bildern spürt ebenfalls jeder, der schon einmal starke Gefühle im Zusammenhang mit Traumbildern empfunden hat. Tatsächlich sind Traumbilder oft stark emotional geladen; darum bieten sie sich in der Psychotherapie als Möglichkeit an, mit unterdrückten Gefühlen in Kontakt zu kommen. Den Einsatz von Traum, Phantasie und Imagination als Werkzeug der persönlichen Weiterentwicklung bezeichnet man als Arbeit mit dem »affektiven Bilderleben«.

Die Fähigkeit, sich etwas bildhaft vorzustellen, kann die Arbeit mit dem affektiven Bilderleben erleichtern, aber das Bilderleben ist keineswegs auf optische Phänomene beschränkt. Zwar herrschen bei den meisten Menschen im westlichen Kulturkreis visuelle Eindrücke vor, aber viele Menschen sind empfänglicher für akustische, kinästhetische oder Geruchsvorstellungen. Zu akustischen Vorstellungen gehört das imaginäre Wahrnehmen von Lauten; das können Musik oder Worte, aber auch stärkere Reize sein. Zum Beispiel kann die emotionale Wirkung von Gebrüll, Geschrei, Summen, Knarren usw. manchmal sogar eindringlicher sein als bildhafte Vorstellungen, von denen man sich als Zuschauer distanzieren kann.

Geruchsvorstellungen rufen bei manchen Menschen besonders leicht Gefühle hervor, aber kinästhetische Vorstellungen wie Körperbewegungen beziehen wahrscheinlich den Menschen am vollständigsten ein. Zu den am häufigsten auftretenden kinästhetischen Phantasien gehört die Empfindung, zu fallen, zu schwimmen, zu fliegen, zu laufen oder anderer körperlicher Tätigkeiten. Diese Art von Vorstellungen wird auch bei Entspannungsübungen vorgeschlagen, bei denen man auf die Empfindung von Schwere achten soll, sowie bei Hypnosetechniken, bei denen ein Gefühl des Schwebens suggeriert wird. Kinästhetische Vorstellungen von Tanz und körperlicher Bewegung bringen oft, sowohl im Schlaf als auch im Wachzustand, tief unbewußte Gefühle ans Licht.

Welche Wirkung affektive Vorstellungen auf das Leben eines Menschen haben, hängt in hohem Maß davon ab, wieweit er sich auf sensorischer, kinästhetischer, affektiver und begrifflicher Ebene auf das bildhafte Erleben einläßt. Das vollständige Sich-Einlassen verleiht dieser Art des inneren Erlebens seine verwandelnde Kraft. Wenn Sie innerlich unbeteiligt bleiben und Ihre eigene symbolische Bilderwelt nur beobachten, als liefe ein Film ab, wird sie Ihnen vielleicht wie eine bedeutungslose und sinnlose Kuriosität vorkommen. Sie ist jedoch die Sprache des Unbewußten, und als solche bringt sie uns unbewußtes Material zum Bewußtsein; daher ist sie brauchbar für die Erweiterung der Intuition und für die Förderung psychischer Gesundheit.

Die Fähigkeit, sich aus der Identifikation mit Gedanken und Gefühlen zu lösen, ist einer bestimmten Stufe der persönlichen Entwicklung angemessen, und sie ist unerläßlich für das Wecken des inneren Zeugen, aber wenn man lernt, mit inneren Vorstellungsbildern zu arbeiten, ist es am Anfang angebracht und nützlich, ganz in das Bilderleben einzutauchen. Je vollständiger Sie sich mit Ihrem inneren Erleben identifizieren, desto tiefer werden Sie in den schöpferischen Urquell Ihrer Intuition eindringen können. Ein Auflösen der Identifikation ist erst nach vollständiger Identifizierung angezeigt. Sie können nicht etwas aufgeben, das Sie nicht haben. Anders ausgedrückt, es ist zu empfehlen, sich seine Gefühle einzugestehen und sie zu erleben, bevor man versucht, über sie hinauszugehen. Seine Wut loszulassen z. B. ist nicht dasselbe wie so zu tun, als sei sie nicht vorhanden. Selbst-Transzendierung ist etwas ganz anderes als Selbsttäuschung. Eine verfrühte Disidentifikation kann zu Vermeidung und Eskapismus führen, während die Bereitschaft, sämtliche Gefühle, die durch Ihre inneren Vorstellungen ausgelöst werden, vollständig zu erleben, Ihnen eine erweiterte Erfahrung ermöglicht und Ihnen erlaubt, in eine neue Ebene des Gewahrseins hineinzuwachsen.

Die Steigerung der Empfänglichkeit für die innere Bilderwelt ist eine Möglichkeit, die Imagination als Träger intuitiver Einsicht zu benutzen. Die Bilder dienen als Sprache der Intuition, und der Lernprozeß ist zweigeteilt: Zunächst läßt man innere Bilder aufsteigen, dann interpretiert man sie. Um Verwirrung zu vermeiden, sollte man diese beiden Aspekte klar auseinanderhalten. Was man vor dem inneren Auge sieht, ist das eine; was es für einen bedeutet, ist etwas anderes. Interpretation ist ein subtiler Sekundärprozeß, der in den Anfangsstadien der Arbeit mit inneren Bildern leicht Probleme erzeugt. Sie stört nicht nur das spontane Fließen der Vorstellungsbilder; sie kann auch zu verfrühten falschen Annahmen führen, die eher zur Selbsttäuschung beitragen als zu intuitiver Erkenntnis. Wir wollen uns zunächst auf das Hervorrufen der inneren Bilder konzentrieren, ohne sie zu interpretieren.

Anfangs sollten Sie sich etwas ziemlich Konkretes bildlich vorstellen, bei dem sich Erinnerung und Imagination leicht verbinden lassen. Die folgende Übung gibt Ihnen z. B. Gelegenheit, Ihre Phantasie in einem einigermaßen strukturierten Rahmen spielen zu lassen.

Übung Stellen Sie sich ein Haus vor, das Sie gerade betreten wollen. Betrachten Sie den Eingang. Gehen Sie ins Haus hinein und erkunden Sie die Räume. Schauen Sie sich an, wie die Möbel aussehen und beachten Sie, ob die Fenster und Türen offen oder geschlossen sind. Gehen Sie hinauf bis in den Dachboden und hinunter bis in den Keller. Sind in Ihrem Haus Leute? Was für Veränderungen würden Sie in Ihrem Haus gern vornehmen?

Auf diese Anweisungen reagierte eine junge Frau folgendermaßen:

Das Haus, das ich sehe, sieht wie ein kleines, einstöckiges Häuschen aus, ganz von wildem Wein bedeckt. Ich habe dieses Haus noch nie gesehen. Um das Haus herum ist alles üppig ins Kraut geschossen. Ich bemerke ein paar Kletterrosen. Als ich hineingehe, stelle ich fest, daß die Zimmer viel größer sind, als ich erwartet hatte. Das Haus wirkt angenehm und fröhlich, und durch die Fenster scheint die Sonne herein. Alles ist in Unordnung, und die Möbel sind alt und wertlos. Die Türen stehen offen, aber die Fenster sind geschlossen und schmutzig. Das Haus müßte geputzt und gelüftet werden. Im Keller ist ein großer Ofen, der das ganze Haus heizt. Ich sehe auch einige große Körbe im Keller, die ich von meinen Eltern geerbt habe. Ich will nicht hineinschauen, aber ich will sie loswerden und aus dem Keller ein Spielzimmer machen. Auf dem Dachboden ist es warm und still. Es ist staubig, Stapel von alten Büchern liegen herum und ein paar alte Möbel. Es ist ein anheimelnder, behaglicher Raum, der einem Zuflucht vor dem Durcheinander im übrigen Haus bietet. In meinem Haus sind keine Leute. Das Haus muß aufgeräumt werden. Ich möchte eine Menge von dem alten Kram hinauswerfen, der da drin ist, die Fenster putzen und es wieder herrichten.

Beim Ausprobieren dieser Imaginationsübung besuchen manche Leute ein Haus, das ihnen bekannt ist, anstatt eines Phantasiehauses. Andere erschaffen sehr realistische Bilder, wieder andere Phantasiegebäude, die keine Ähnlichkeit mit den Häusern haben, in denen sie wohnen. Es gibt keine »richtige« Art, sich ein Haus vorzustellen. Was immer an Bildern in Ihnen aufsteigt, ist das, womit Sie arbeiten müssen. Je mehr Sie bereit sind, das anzunehmen, was vor Ihnen erscheint, desto rascher werden Sie lernen, Ihrem intuitiven Gespür dafür zu trauen, welche Bedeutung es für Sie hat. Die Interpretation von inneren Bildern ist keine streng rationale, analytische Aufgabe. Auch dazu gehören all Ihre intuitiven Fähigkeiten.

Der Frau, von der die Rede war, fiel es nicht schwer, die symbolischen Dimensionen ihres Phantasiehauses zu erkennen und sie mit ihrem Bild von sich selbst in Beziehung zu setzen. Sie wußte, daß ein Phantasiehaus manchmal als Symbol der Persönlichkeit gedeutet wird, und interpretierte ihre Phantasie so:

Der Zustand meines Hauses scheint meine Geistesverfassung zu dieser Zeit widerzuspiegeln. Ich habe das Gefühl, daß mein Kopf mit Ideen vollgestopft ist, aber ich möchte mich ungern an die große Arbeit des Hausputzes machen. Das würde wahrscheinlich Therapie oder Analyse bedeuten. Ich sehe den Ofen im Keller als die Kraft des Unbewußten an, die dem ganzen Haus oder der ganzen Persönlichkeit Wärme und Vitalität verleiht. Die Körbe im Keller scheinen Symbole für unerforschte Elemente in meinem Unbewußten zu sein, möglicherweise introjizierte elterliche Wertvorstellungen. Ich will sie nicht untersuchen, aber ich habe das Gefühl, ich muß es tun, bevor ich mich ihrer entledigen kann. Der Dachboden stellt einen behaglichen Rückzug in die Welt der Bücher dar. Er ist kein Ort aktiver Beteiligung. Ich muß eine Menge alter, nutzloser Gewohnheitsmuster hinauswerfen, wenn ich mit mir zufrieden sein will. Ich würde gern andere Menschen hereinbitten, aber dafür bin ich noch nicht bereit. Mein Kopf ist zu vollgepfropft, als daß ich wirklich für andere Menschen verfügbar wäre. Ich glaube, ich bin bereit für die Aufgabe, mein Haus in Ordnung zu bringen.

Innere Vorstellungsbilder kann man nur im Zusammenhang sinnvoll deuten. Ihre eigene Bilderwelt hat nur im Kontext Ihres Lebens einen Sinn. Zu entdecken, was sie für Sie bedeutet, gibt Ihnen auch Gelegenheit zur Selbstentdeckung. Das ist einer der Gründe, warum man sich hüten sollte, anderer Leute Bilder zu deuten, da man sie, wenn man es tut, dieser Gelegenheit zur Selbstentdeckung beraubt. Dieser Prozeß der Selbstentdeckung hilft Ihnen nicht nur zu lernen, Ihre Intuition zu gebrauchen und ihr zu trauen; er kann Ihnen auch Einblick in Ihre aktuelle Verfassung verschaffen. Hier begegnen sich Einsicht und Intuition. Imagination ist das Mittel, durch das man Einsicht erlangt. Die plötzliche Einsicht oder das »Aha-Erlebnis« ist bezeichnenderweise intuitiv. Es ist gekennzeichnet durch ein Gefühl des Wissens oder Verstehens oder des Erkennens von Mustern und Beziehungen und Ordnung, wo vorher nichts dergleichen zu bestehen schien.

Wenn Sie versuchen, Ihre eigenen bildhaften Vorstellungen zu interpretieren, denken Sie daran, daß Bilder immer positive und negative Aspekte haben, und daß Sie als Erzeuger des Bildes der beste Interpret dessen sind, was es im Kontext Ihres Lebens bedeutet. Andere können vielleicht helfen, etwas zu klären, oder ihre eigenen Assoziationen anbieten, aber am wichtigsten für Sie sind Ihre eigenen Assoziationen. Indem Sie Zugang zur Bedeutung Ihrer inneren Bilderwelt bekommen, können Sie anfangen, sich wenigstens einen Teil Ihres Unbewußten anzueignen. So erweitern Sie Ihre Selbsterkenntnis und integrieren Teile von sich selbst, die Ihnen vorher fremd waren oder die Sie verleugnet oder projiziert hatten.

Bisher haben wir von der inneren Bilderwelt als einem Mittel gesprochen, die Selbsterkenntnis zu vermehren. Die innere Bilderwelt ist auch eine Quelle der Inspiration, von Ideen, Einsichten und Bedeutungen. Je mehr Sie sich daran gewöhnen, Ihre inneren Bilder spontan aufsteigen zu lassen, desto mehr werden Sie das Gefühl der Entdeckung anstatt Erfindung haben. Zunächst scheint es Ihnen vielleicht, Sie »dächten sich nur etwas aus«. Diese Beobachtung mag richtig sein, aber sie bezieht sich in Wirklichkeit nur auf den Tiefgang des Erlebnisses, und nicht auf einen spezifischen technischen Unterschied. Die Bilder, die »nur ausgedacht« sind, werden gewöhnlich als oberflächlich und unwichtig erlebt. Jene, die von selbst aufzutauchen scheinen und meist Traumbildern ähneln, bekommen mehr Bedeutung und Sinn. Der Unterschied ist subtil, aber unverkennbar, wenn Sie das Erscheinen beider Arten von inneren Vorstellungsbildern erlebt haben.

Der Unterschied zwischen bildhaften Vorstellungen, die »ausgedacht« sind, und solchen, die »einfach auftauchen«, hängt auch mit verschiedenen Bewußtseinshaltungen zusammen. Arthur Deikman, Psychiater in San Francisco, hat auf eine Reihe von Unterschieden zwischen der aktiven Haltung bei unseren Alltagstätigkeiten und der rezeptiven Haltung, die in der Meditation gepflegt wird, hingewiesen.[6] Die aktive Bewußtseinshaltung beschränkt sich keineswegs auf die äußere Tätigkeit. Man kann innerlich sehr aktiv sein, selbst wenn man meditierend ganz still sitzt und versucht, seinen Geist auf verschiedene Weise zu beherrschen. Sogar die Anstrengung, eine aufnehmende Haltung zustande zu bringen, kann eine Form der Aktivität sein. Wenn man damit beschäftigt ist, sich Bilder »auszudenken«, ist man ausnahmslos aktiv. Wenn man andererseits eine aufnehmende Haltung innehat, können mühelos Bilder aus dem Nirgendwo erscheinen. Um sich mit den Möglichkeiten der inneren Bilderwelt vertraut zu machen, tut man gut daran, Übungen durchzuführen, bei denen mit beiden Haltungen des Bewußtseins gearbeitet wird. Hier jedoch soll die Betonung auf der Erweiterung des Gewahrseins in der rezeptiven Haltung liegen, da diese Haltung das Erwachen der Intuition begünstigt.

Die aufnehmende Bewußtseinshaltung erlebt man meist beim Tagträumen und in der tiefen Entspannung. Manchmal wird die emotionale Wirkung von Bildern, die in diesen Verfassungen spontan aufsteigen, ganz deutlich, auch wenn die Bedeutung nicht klar ist. Die persönliche Bedeutung bestimmter Bilder wird vielleicht erst viel später verstanden, wenn überhaupt. Zum Beispiel erinnerte sich Duane Elgin, ein Sozialwissenschaftler mit gut entwickelten außersinnlichen Fähigkeiten, an immer wiederkehrende Bilderlebnisse, die er als Kind auf der Farm in Idaho hatte, wo er aufgewachsen war. Er erkannte intuitiv, daß sie bedeutungsvoll waren, obwohl er sie erst später verstand, als er einiges Training zur Entwicklung des Gewahrseins hinter sich hatte. Er schrieb folgendermaßen über seine Erlebnisse:

Mir ging plötzlich auf, daß die Visionen, die ich als Kind gehabt hatte, enorm wichtig waren. Ich denke da besonders an zwei. Von der Zeit an, als ich etwa vier Jahre alt war, bis zum Alter von neun Jahren gab es zwei immer gleiche, sich wiederholende optische Bilderfolgen, die deutlich und klar vor meinen Augen erschienen, wenn ich abends ins Bett ging, lange bevor ich einschlief. Sie kamen häufig mehrmals in der Woche, und wenn sie an irgendeinem Abend auftauchten, wechselten sie sich ab und wiederholten sich drei- oder viermal, bevor sie verschwanden, wenn ich in Schlaf versank. Sie schienen insofern keine konstruierten Bilder zu sein, als ich es kaum in der Hand hatte, sie erscheinen oder ihre Form verändern zu lassen. Es war mehr, als sei ich ein passiver Empfänger, der, wenn er darauf eingestellt war, diesen Bildern gestatten konnte, sich zu zeigen.

Fast ohne Ausnahme war das erste Bild ein Durcheinanderwirbeln grotesker schwarzer Formen, unbeschreiblich chaotisch und häßlich ... abstoßend häßlich, obwohl keine »greifbare« Form vorhanden war ... vielmehr buchstäblich ein Extrakt unendlich gewundener Vergeblichkeit/Frustration von schwarzer, chaotischer Unordnung . . . sogar mit einem ekelerregenden Anatomiegeruch. Wie namenlose, häßliche, sich windende schwarze Würmer des Chaos, deren lebendiges Gesamtbild ganz deutlich war, aber man konnte kein einzelnes Element klar und deutlich sehen und so erfassen. Es blieb immer gerade außerhalb der Klauen meines kontretisierenden/begrifflich erfassenden Geistes.

Dann trat ein zweites, lebendiges Bild an die Stelle des ersten, auch ganz deutlich, aber letzten Endes ungreifbar: Ein Punkt aus bronzegold-gelb-weißem Licht . . . ohne sichtbares Zentrum, aber mit dem deutlichen Wissen, daß seine Quelle eine mächtige, aber unsichtbare Energie enthielt . . . ein ungeheuer weises/warmes/harmonisches/tröstliches/strahlendes/zartes/sanftes/friedliches/
unendliches Wissen. Es hatte eine deutliche Quelle, aber die Quelle war nicht sichtbar. Es hatte nie einen fest umrissenen Ausgangspunkt, obwohl mir klar war, daß sein Ursprung in der Mitte war, dem Ort aller Versöhnung. Da war nichts und doch zugleich alles.

Diese beiden fließenden Bilder lieferten mir ein wichtiges unterbewußtes Bezugssystem, von dem aus ich die Welt prüfen konnte, um zu sehen, ob meine Handlungen in meinem eigenen Leben zum Chaos oder zum Gleichgewicht beitrugen. Vielleicht wird die Wahrnehmung jetzt bewußter. Obwohl diese Bilder niemals eine deutliche Form hatten, die ich vor meinem geistigen Auge festhalten und objektivieren konnte, war ihr Wesen unverkennbar klar.

Der Bewußtseinszustand, der diese Art von Bildern am leichtesten aufsteigen läßt, ist die tiefe Entspannung, oft an der Schwelle zum Schlaf. Menschen mit Biofeedback-Training bringen diesen Zustand mit den relativ langsamen Rhythmen der Alpha- und Theta-Gehirnwellen in Zusammenhang. Die Alpha-Welle, die einen Gehirnwellen-Rhythmus von acht bis dreizehn Schwingungen pro Sekunde anzeigt, geht mit einem Zustand entspannten, diffusen Gewahrseins einher. Die langsamere Theta-Welle ist verbunden mit dem Auftauchen hypnagogischer Bilder, kurz vor dem Einschlafen. Der Schlafzustand wird als Muster von Delta-Wellen registriert. Eine Frau mit gut entwickelten Fähigkeiten für Bild-Erleben und Hellsehen sagte, die Schwelle zwischen Alpha- und Theta-Wellen sei bei ihr am produktivsten, da sie Bilder, die an der Schwelle zum Schlaf erscheinen, zu leicht vergesse oder verliere.

Wenn Sie damit beginnen, das Strömen Ihrer inneren Bilderwelt zu beobachten, ob Sie sich nun eine bestimmte Suggestion für eine Imagination geben wie die Erforschung eines Hauses, oder einfach bewußt auf die spontanen Bilder achten, die aufsteigen, wenn Sie tief entspannt sind, dann beobachten Sie, welche Form Ihre Bilder haben. Sind sie überwiegend optisch, akustisch oder kinästhetisch? Fallen Ihnen vor allem Bewegung, Form, Farbe, Beschaffenheit, Menschen, Dinge oder Abstraktionen auf? Sind Ihre Bilder zweidimensional, wirken sie so, als würden sie auf einen Bildschirm projiziert, oder sind sie dreidimensional? Sind Sie selbst an der Szene beteiligt oder sind Sie nur Beobachter?

Das Aufsteigen dieser spontanen Bilderwelt wird gewöhnlich mit Funktionen der rechten Gehirnhälfte in Verbindung gebracht. Sie erinnern sich, daß die rechte Gehirnhälfte als überwiegend intuitiv gilt und daß ihre Funktionen als nicht rational und nicht linear angesehen werden. Um Störungen zu vermeiden und um Ihr Gewahrsein der intuitiven Funktionen der rechten Gehirnhälfte zu steigern, ist es am besten, die rationalen, analytischen Funktionen, die der linken Gehirnhälfte zugeschrieben werden, ruhigzustellen. Sobald Sie anfangen, Ihre innere Bilderwelt zu steuern oder zu manipulieren, wird das logische, lineare Denken der linken Gehirnhälfte wahrscheinlich wieder dominieren. Da in unserem herkömmlichen Bildungssystem die Entwicklung der intellektuellen Funktionen der linken Gehirnhälfte so stark betont wird, kann man den Vorgang, in dem man lernt, diese Funktionen, wenn auch nur für kurze Zeit, absichtlich beiseite zu lassen, und an ihre Stelle mehr Gewahrsein der intuitiven Funktionen zu setzen, als Verlernen bezeichnen. Den meisten Menschen hat man beigebracht, Informationen kritisch zu verarbeiten – sie beurteilen, bewerten und differenzieren jede Facette ihres Lebens. Zur Entwicklung eines ganzheitlichen intuitiven Gewahrseins gehört jedoch unbedingt das Aussetzen von Beurteilung und Bewertung. Dies erlaubt uns, zu sehen, was vorhanden ist, und nicht das, von dem man glaubt, es solle da sein. Geht man an die Interpretation dessen, was man im Zusammenhang mit inneren Vorstellungsbildern sieht oder hört oder fühlt, sind die rationalen Fähigkeiten unentbehrlich, aber das ist ein anderer Prozeß.

Ein gesteigertes Gewahrsein des Strömens innerer Bilder kann auch das Resultat einer auf Einsicht ausgerichteten Psychotherapie sein, bei der die Psyche bis in die Tiefe erforscht wird. Im Rückblick auf seine eigene Erfahrung mit der Psychotherapie als Assistenzarzt in der Psychiatrie macht Roger Walsh folgende Anmerkungen:

Eine der wunderbarsten Entdeckungen [der Therapie] war das langsam dämmernde Bewußtsein vom Vorhandensein eines früher unterschwelligen, sich ständig wandelnden Stromes inneren Erlebens. . . . Hier war ein stets gegenwärtiges, aber früher unvermutetes wahres inneres Universum. Nach einigen Monaten begann ich ein ständiges Fließen visueller Bilder immer deutlicher wahrzunehmen. Eine der aufregendsten von vielen aufregenden Erinnerungen ist die an die plötzliche Erkenntnis, daß diese Bilder vorzüglich symbolisierten, was ich in jedem Augenblick fühlte und erlebte. Hier war eine vorher unvermutete Goldgrube von Hinweisen auf mich selbst und den Sinn meiner Erlebnisse. Als meine Sensibilität zunahm, stellte ich fest, daß die inneren Bilder von subtilen körperlichen Empfindungen begleitet waren, und daß diese Empfindungen die somatischen Repräsentanten von Gefühlen waren . . . Das Erleben dieser inneren Welt wurde allmählich sehr angenehm. Ursprünglich hatte ich gemeint, meine innere Welt müsse notwendigerweise ungesunde Ansammlungen von Ungeheuern beherbergen, denen ich mich mein Leben lang nicht gestellt hatte, aber nun betrachtete ich diese innere Welt immer mehr als eine sehr anziehende, angenehme Quelle positiver Informationen.[7]

Das spontane Fließen der inneren Bilder läßt sich leicht anregen, indem man an einen abstrakten Begriff denkt. Die Tendenz, in Bildern zu denken, wird deutlich, wenn Sie an etwas wie »die Zeit« denken. Schließen Sie die Augen, entspannen Sie sich und erlauben Sie sich einige Augenblicke der Stille, bevor Sie folgende Übung ausprobieren:

Übung

Denken Sie an eine lange Zeit. Machen Sie eine Pause. Denken Sie an eine noch längere Zeit. (Pause) Und noch länger. Und immer noch länger. Denken Sie an eine Zeit, die zweimal so lang ist. Und noch länger. (Pause) Und denken Sie an eine Zeit, die noch länger ist. (Pause) Denken Sie an die Ewigkeit.

Fast immer kommt einem, wenn man aufgefordert wird, an einen abstrakten Begriff wie »eine lange Zeit« zu denken, irgendein Bild in den Sinn. Es gibt dabei unendlich viele Variationen, aber in unserer Kultur haben die meisten Menschen eine lineare Zeitvorstellung, und unter den Bildern, die sich zu diesen Anweisungen einstellen, ist häufig eine ewig lange Straße, die sich in die Ferne erstreckt, sind blitzartig auftauchende historische Szenen, die sich in die Vergangenheit hineinziehen, Visionen von geologischen Veränderungen der Erde, Reisen hinaus in den Weltraum zu den Sternen und Visionen von zukünftigen Gesellschaften auf der Erde. Achten Sie bei dieser Übung darauf, ob sich Ihre Zeitvision in die Zukunft oder in die Vergangenheit erstreckt hat. Haben Sie in Minuten, Stunden, Tagen, Wochen, Jahren oder Lebenszeiten angefangen zu denken? Wohin sind Sie von da aus gegangen? Gelegentlich denkt jemand vielleicht in der Form an Zeit, daß er den gegenwärtigen Augenblick ausdehnt. Da die Gegenwart außer der Intensität keine Ausdehnung hat, kann ein langer Moment sofort als Ewigkeit erlebt werden. Die meisten Menschen beginnen aber damit, daß sie an eine lange Zeit im Sinn von Vergangenheit und Zukunft denken, und die aufsteigenden Bilder spiegeln die Untrennbarkeit von Zeit und Raum wider. Fast jeder hat, wenn er aufgefordert wird, an Zeit zu denken, ein räumliches Bild vor Augen.

Intuition selbst ist weder an Zeit noch an Raum gebunden. Zeit und Raum beeinflussen intuitive Realitätswahrnehmungen nicht, die Auffassung von Zeit aber beeinflußt die Fähigkeit, die Gabe der Intuition aufzuschließen. Faßt man Zeit als linear auf und glaubt, die Vergangenheit könne man kennen, die Zukunft aber nicht, beschränkt man sich auf das, was man als »Tatsachen« gelernt hat. Phänomene wie Hellsehen, Telepathie und Vorauswissen kennen viele Menschen aus eigener Erfahrung, und der Umstand, daß wir keine befriedigende wissenschaftlich-rationale Erklärung dafür haben, *wie* diese Phänomene zustandekommen, rechtfertigt nicht die irrige Annahme, sie existierten nicht. Außersinnliche Phänomene existieren nicht nur, sondern immer mehr Menschen sehen in ihnen heute den nächsten Schritt zur Entfaltung des menschlichen Potentials. In der Science-Fiction-Literatur ist seit einigen Jahren durch das freie Spiel kreativer Phantasie die Erweiterung außersinnlicher Kräfte erforscht worden, und wenn Sie anfangen, Ihre Intuition zu beachten, werden Sie feststellen, daß Dinge, die Sie früher als seltsam und vielleicht ein wenig unheimlich angesehen haben, vollkommen gewöhnlich sind und im normalen Bereich menschlicher Möglichkeiten liegen. Zu wissen, daß etwas geschehen wird, bevor es geschieht, ist zum Beispiel nicht seltsam, wenn Sie lineare, raumgebundene Vorstellungen von der Zeit aufgeben. Intuition ist eine Art von Erkenntnis, die über Zeit und Raum hinausgeht.

Warum sollte man sich darum kümmern, Bilder von Zeit und Raum heraufzubeschwören, wenn man sie doch gleich wieder aufgeben will? Der Hauptgrund – und in gewisser Weise geht es darum, die Übung vor dem fragenden rationalen Verstand zu rechtfertigen – ist, daß die zugegebenen vorgefaßten Meinungen und Einschränkungen leichter durchzuarbeiten sind als jene, die unbewußt bleiben. Überzeugungen sind Einschränkungen, über die man hinausgehen muß, um zu einer neuen Ebene des Gewahrseins durchzubrechen, aber man kann die Grenzen von Überzeugungen nicht sehen, ohne vorher die ihnen zugrunde liegenden Annahmen zuzugeben. Es geht uns hier nicht um eine begriffliche Festlegung der Zeit als Energie oder irgendeine andere Form. Um Intuition zu wecken, sollten wir die Art identifizieren, mit der wir uns die Zeit vorstellen, und sie als nur eine von vielen Möglichkeiten erkennen. Es kommt nicht auf eine Änderung unserer Denkweise an, sondern auf die Erkenntnis, daß *jede* Art des Denkens notwendigerweise begrenzt ist. Immer, wenn man etwas definiert, begrenzt man es. Wenn Sie also die Intuition als eine Funktion definieren, die über Zeit und Raum hinausgeht, müssen Sie sich klarmachen, daß sie auch innerhalb der Zeit wirkt. Tatsächlich wird Intuition oft mit dem Blick in die Zukunft in Zusammenhang gebracht, mit dem Erkennen von Mustern und Möglichkeiten, die nicht offen auf der Hand liegen. In der Meditation besteht die Funktion der Form darin, den Geist über die Form hinauszutragen, und bei der Arbeit mit der Intuition sind Gedanken, Begriffe und Vorstellungen die Träger, die das Gewahrsein über sich hinaus in den Bereich der reinen Intuition transportieren.

Wir wollen unter diesem Blickwinkel noch einige andere Arten untersuchen, wie die innere Bilderwelt uns zum Vertrauen in die Intuition verhelfen kann. Im Folgenden erinnern Sie sich bitte immer wieder daran, Ihre Vorstellungsbilder nicht verstehen oder interpretieren zu wollen, während sie auftauchen, sondern sie vielmehr einfach zu beobachten. Sobald die differenzierenden intellektuellen Fähigkeiten den Strom der Bilder zu deuten beginnen, verändert sich der Prozeß selbst. Personen, die in gesteuerten telepathischen Versuchen außerordentlich erfolgreich waren, haben bemerkt, daß Versuche, den Strom der Bilder zu lenken, meist die Genauigkeit stören. Wenn man ein flüchtiges Bild »zurückholt«, ist es schon verändert. Jeder Versuch, etwas geschehen zu lassen, jede aktive Absicht der Versuchsperson scheint die rezeptive Bewußtseinshaltung zu beeinträchtigen, die die richtige Wahrnehmung bei der telepathischen Kommunikation fördert. Ebenso hängen Hellsehen oder »Sehen in die Ferne«, die Fähigkeit, Zielorte und Ereignisse in der Ferne zu sehen und zu beschreiben, mit der Empfänglichkeit für Bilder zusammen, die vor dem Betreffenden scheinbar mühelos erscheinen.[8]

Bilder interpersonaler Intuition

Die rezeptive, nicht eingreifende Weise der Beobachtung innerer Vorstellungsbilder erlaubt also Aufschluß nicht nur über die eigene innere Realität und subjektive Gefühlszustände – den Aspekt, der im Zentrum der Arbeit mit inneren Bildern in der Psychotherapie steht –, sondern auch über die äußere Wirklichkeit. An dieser Stelle erhebt sich immer die Frage: »Wie weiß ich, daß das, was ich sehe, wahr ist?« »Wenn ich mir vorstelle, ich sähe, wie mein Mann (meine Frau) gerade mit jemand anderem schläft, kann ich annehmen, daß es wahr ist, oder bringt mich meine geringe Selbstachtung dazu, Phantasien heraufzubeschwören, die meine Ängste widerspiegeln?« Solche Fragen kann man nicht aus dem Zusammenhang gerissen beantworten. Die naheliegende Weise, herauszubekommen, ob Ihre Vorstellungsbilder eine realistische oder eine subjektiv verzerrte Sicht der Wirklichkeit widerspiegeln, besteht darin, sich mit Ihrer inneren Bilderwelt besser vertraut zu machen. Außerdem wird eine Überprüfung ihrer Zuverlässigkeit Sie immer besser befähigen, zu unterscheiden, wann Sie deutlich sehen und wann Ihre Wahrnehmung durch Ängste oder Wünsche verzerrt ist.

Die folgende Übung kann einen Strom von inneren Bildern auslösen; sie kann auch eine gute Übung sein, sich selbst zu erlauben, die Bilder ohne Interpretation zu beobachten. Durch die Zusammenarbeit mit einem Partner haben Sie auch den zusätzlichen Vorteil, daß Sie einander Feedback geben und über Ihre Reaktionen auf die Bilder, die Ihnen in den Sinn kommen, sprechen können.

Sobald Sie Ihrem Partner gegenübersitzen (im Rahmen einer Gruppe sollte man jemand wählen, den man nicht kennt), nehmen Sie sich ein paar Minuten Zeit, um sich zu zentrieren und ruhig zu werden. Schließen Sie die Augen und achten Sie auf Ihre Atmung; registrieren Sie alle körperlichen Empfindungen, die Sie in diesem Augenblick haben. Achten Sie auf alle Gefühle, die in Ihnen aufsteigen und nehmen Sie die Gedanken wahr, die Ihnen durch den Kopf gehen. Spüren Sie, wie es sich anfühlt, jetzt Sie selbst zu sein, und welches Gefühl Sie von Ihrem Kraftfeld haben. Wenn Sie sich ein Kraftfeld bildlich vorstellen sollten, das Ihren Körper umgibt, wie würde es aussehen? Erlauben Sie sich ein paar Minuten der Stille, um sich Ihr Erleben in diesem Augenblick ganz bewußt zu machen.

Öffnen Sie nun die Augen und wenden Sie Ihre ganze Aufmerk- *Übung* samkeit Ihrem Partner zu. Schauen Sie Ihren Partner einfach an ohne zu sprechen, und nehmen Sie zur Kenntnis, wie Sie sich im Zusammensein mit diesem Menschen fühlen. Lassen Sie ihn in aufnehmender Haltung einfach in Ihr Bewußtsein ein. Schließen Sie die Augen wieder und schauen Sie, ob Sie mit geschlossenen Augen ein deutliches Bild Ihres Partners vor Augen haben. Wenn einige Einzelheiten nicht klar sind, machen Sie die Augen wieder auf und ergänzen Sie Ihr Bild. Schauen Sie Ihren Partner lange und sorgfältig genug an, damit Sie mit geschlossenen Augen ein deutliches Bild von seinem Aussehen vor sich haben.

Während der restlichen Zeit dieser Übung können Ihre Augen offen oder geschlossen sein. Versuchen Sie nicht, irgend etwas geschehen zu lassen. Achten Sie nur darauf, welche Bilder vor Ihnen auftauchen, wenn man Ihnen eine Anregung gibt. Wenn kein Bild erscheint, ist das auch in Ordnung. Versuchen Sie nicht, Ihre Bilder zu beurteilen oder zu deuten, nehmen Sie sie einfach wahr und lassen Sie sie sein.

Wenn dieser Mensch ein Tier wäre, was für eine Art von Tier wäre das? Wenn er eine Pflanze wäre, was für eine Art von Pflanze wäre es? Wenn dieser Mensch eine Landschaft wäre, wie sähe die aus? Wenn dieser Mensch ein Gewässer wäre, was für eins wäre er? Wie tief? Wie klar? Wie warm oder kalt? Wie bewegt? Wenn dieser Mensch ein Licht wäre, welche Farbe und Stärke hätte es? Wenn dieser Mensch eine geometrische Figur wäre, welche wäre es? Wenn dieser Mensch eine Art von Musik wäre, welche wäre es? Wenn er ein Werkzeug wäre, welches? Wenn dieser Mensch eine historische Persönlichkeit wäre, wer wäre er? Können Sie sich Ihren Partner als kleines Kind vorstellen? Als sehr alten Menschen? Wie erleben Sie das Kraftfeld Ihres Partners? Wie ist das Kraftfeld zwischen Ihnen, an dem Sie beide teilhaben, beschaffen? Legen Sie jetzt ein paar Minuten Stille ein, einfach um ruhig und aufnahmebereit für Bilder zu sein, die vielleicht spontan aufsteigen, während Sie weiterhin Ihre Aufmerksamkeit Ihrem Partner zuwenden.

Nehmen Sie sich soviel Zeit, wie Sie wollen, um Ihrem Partner die Bilder mitzuteilen, die Sie sahen. Sie können auch alle Gefühle mitteilen, die mit diesen Bildern verbunden sind, aber versuchen Sie *nicht,* sie zu interpretieren.

Sie haben vielleicht festgestellt, daß Ihnen bei dieser Übung manche Bilder plötzlich ohne Mühe vor Augen standen, während andere schwieriger schienen und Sie anfingen, darüber nachzudenken, welches Bild wohl passen würde. Sie haben vielleicht auch gemerkt, daß Sie, wenn ein Bild spontan aufgetaucht ist und es Ihnen nicht zusagte, versucht haben, es abzulehnen und etwas anderes zu bekommen. Das erste Bild war vielleicht so beharrlich, daß es nicht verschwinden wollte, oder es mag Ihnen gelungen sein, es auszulöschen und durch etwas zu ersetzen, das Ihnen besser gefiel. Das erste Bild ist das beste; mit ihm sollte man arbeiten. Wenn es Ihnen nicht gefallen hat, haben Sie es wahrscheinlich interpretiert. Wenn Ihnen z. B., als Sie versuchten, an ein Tier zu denken, das Bild einer Kuh für die Frau eingefallen ist, die Ihnen gegenübersaß, haben Sie es vielleicht verworfen, weil Sie es für wenig schmeichelhaft hielten und Ihr Gegenüber nicht verletzen wollten. Das ist eine Beurteilung und Deutung des Bildes. Bilder haben sowohl positive als auch negative Aspekte und lassen sich in verschiedenen Zusammenhängen verschieden interpretieren. Eine Kuh kann z. B. sehr wohl auf Heiterkeit, Zufriedenheit und lebenserhaltende Eigenschaften hinweisen. Ebenso halten Sie das Bild einer Schlange vielleicht für erschreckend oder negativ, während es eine lange Geschichte als Symbol der Weisheit und Heilkraft hat.

Die Arbeit mit einer Reihe von Bildern kann, wie die Arbeit mit einer Reihe von Träumen, ein vollständigeres und deutlicheres Bild von einem bestimmten Menschen ergeben als eine einzige bildliche Vorstellung. Wenn Sie die folgende Reaktion auf die oben beschriebene Übung lesen, stellen Sie fest, was für ein Mensch für Sie aus den beschreibenden Vorstellungsbildern herauskommt.

Ich sehe dich als Löwin, als Lorbeerbaum, als schwingende Landschaft von Vorbergen an der Küste, als Wasserfall, klar, kalt und sprudelnd, als Laserstrahl, als blaue Farbe, als Dreieck, als Bach-Concerto, als Schraubenschlüssel, als Pionierfrau im Alten Westen. Ich sehe dich als stilles, schüchternes, erschrecktes Kind und als alte Frau mit einem Augenzwinkern. Dein Kraftfeld erscheint mir als stark und schwingend und durchlässig. Ich spüre deine Gegenwart in meinem Feld stark.

Hier ein andersartiges Bild:

Ich sehe dich als Bären, als knorrige alte Zypresse, als ruheloses Meer, kalt und trübe, als Wüstenlandschaft, flackernden Feuerschein, gelb-golden, als Oval, scharfe Rockmusik, als Bulldozer, als römischen Legionär. Ich sehe dich als kraftstrotzenden, aggressiven kleinen Jungen und als runzligen, traurigen, weisen alten Mann. Dein Kraftfeld fühlt sich fest an, ich scheine abzuprallen, und ich fühle mich nicht verbunden.

Manchmal erscheint eine Bildkomposition, in der alle Einzelbilder eine ausgeprägte gemeinsame Tönung haben. Zum Beispiel:

Ich sehe dich als Reh, als Gänseblümchen, als Bergwiese, als stillen Teich, warm und ruhig, nicht klar, als sanftes Lampenlicht, als rosiges Glühen, als Kugel, als Sonate von Chopin, als Gartenschäufelchen, als indische Prinzessin. Als Kind sehe ich dich mit anderen Kindern ein Phantasiespiel spielen. Als alte Frau sehe ich dich umgeben von einer großen Familie. Ich erlebe dein Kraftfeld als weich und warm, es scheint uns beide in Wellen zu umspielen. Ich fühle mich behaglich mit dir zusammen.

Es ist besonders interessant, diese Übung in einem Workshop mit jemand zu machen, der einem völlig fremd ist. Über die Bilder, die Sie aufsteigen lassen, können Sie viel darüber erfahren, wieviel Sie ohne zu reden wahrnehmen können, wenn Sie sich die Zeit nehmen, Ihre Aufmerksamkeit wirklich einem anderen Menschen zu schenken. Manchmal haben die aufsteigenden Bilder eine eindeutige Beziehung zum Leben eines Menschen, wie z. B. bei einer Frau, die als Orchidee gesehen wurde und die später ihrem Partner erzählte, ihr Hobby sei das Züchten von Orchideen. Ein anderer beschrieb einmal eine Landschaft mit einem Fluß und einer Brücke, die der entsprach, die sein Partner als Kind gut gekannt hatte. Häufig können die auftauchenden Bilder für den einzelnen eine persönliche Bedeutung haben. Ein Mann z. B., der als Bulle wahrgenommen worden war, sagte, er sei auf einer Rinderfarm aufgewachsen, und, da er sich für Astrologie interessierte, bezeichnete er sich als Stiergeborenen.

Als ich diese Übung einmal mit einer Gruppe machte und mich jemandem gegenübersetzte, den ich noch nie gesehen hatte, erzählte er mir, während der Zeit der Stille habe er ein deutliches Bild von einer dreiblättrigen Lotosblüte mit einem Kreis in der Mitte gesehen. Als er das Bild im einzelnen beschrieb, war ich verblüfft über die Genauigkeit, mit der er das Symbol beschrieb, das ich mir am selben Morgen als Teil einer Yoga-Meditationsübung vor Augen geführt hatte. Ich habe seitdem erfahren, daß diese Dinge ziemlich regelmäßig geschehen, und es erscheint mir deshalb weniger verblüffend, aber nichtsdestoweniger spannend.

Die Bildvorstellungen können viele verschiedene Formen annehmen. Werden Sie z. B. aufgefordert, sich Musik vorzustellen, hören Sie vielleicht ein bestimmtes Musikstück und können nicht sagen, was es ist; jemand anders sieht vielleicht eine Partitur vor sich. Ein anderer denkt vielleicht an ein Wort wie z. B. *Jazz,* ohne daß es von akustischen oder optischen Erscheinungen begleitet ist. Es gibt keine »richtige« Methode, ein Bild zu bekommen. Abgesehen davon, daß Sie etwas über Ihre Fähigkeit erfahren können, mehr zu sehen, als Sie glaubten, sehen zu können, kann Ihnen diese Übung helfen, sich mit Ihrem besonderen Stil des Imaginierens vertraut zu machen. Je mehr Sie Ihre eigene Art kennengelernt haben, desto leichter wird es Ihnen fallen, richtige intuitive Wahrnehmungen von Projektionen und Einbildungen zu unterscheiden.

Manchmal taucht bei zwei Menschen, die bei dieser Übung zusammenarbeiten, dasselbe Bild auf. Oft wird dann gefragt: »Ist das dein Bild oder meines?« Manchmal kann es dem Zufall oder persönlicher Ähnlichkeit zugeschrieben werden, aber wenn es einmal geschieht, achten Sie auf Ihre Gefühle. Erheben Sie Besitzansprüche auf ein bestimmtes Bild? Wenn ich Sie als Fluß sehe und Sie mich als Fluß sehen, ist das mein oder Ihr Fluß? Wenn wir einander als Pyramiden sehen und Sie etwas über Pyramiden gelesen haben, macht das die Pyramide zu Ihrem Bild? Sehen Sie mich als Pyramide, einfach, weil Ihnen Pyramiden im Kopf herumgehen (Projektion)? Nehme ich dieses Bild telepathisch auf und spiegle es zurück? Diese Fragen ergeben sich oft; man kann sie nicht endgültig beantworten. Trotzdem können zwei Menschen, die einander Feedback geben, einander helfen, Verwirrung zu beseitigen. Tatsächlich ist es sowohl unnötig als auch unproduktiv, festzustellen, wem ein Bild »gehört«. Der ganze Vorgang funktioniert am besten, wenn ihn Teilen und Anteilnehmen bestimmen und nicht Geben und Nehmen. Es fördert den Fortgang der Übung, wenn man den Wunsch, recht zu haben, aufgibt, dies kann sehr lohnend sein. Betrachten Sie die Vorstellungsbilder als etwas, das auftaucht, wenn Sie und Ihr Partner zusammen sind. Wenn Sie Ihre Aufmerksamkeit auf Ihren Partner richten, können Sie die Sorge um sich selbst beiseitestellen und sie eine Weile ruhen lassen. Es ist leichter, jemanden vollständig wahrzunehmen, wenn man sich am Anfang die Zeit nimmt, sich auf seine eigenen Gefühle, Gedanken und Empfindungen einzustimmen. Dann wissen Sie, wo Sie sind, und persönliche Sorgen drängen sich weniger leicht ablenkend ein.

Teilnehmer an dieser Übung sind oft überrascht, wie beziehungsreich die Bilderwelt sein kann. Nicht nur werden oft Szenen aus der Kindheit richtig beschrieben, sondern häufig sind z. B. die Art von Musik oder die Pflanze gerade diejenigen, die der beobachtete Partner besonders gern hat oder zu der er eine enge Beziehung hat. Menschen können einander viel deutlicher erkennen, als sie zugeben. Wer Sie sind, ist für jeden recht deutlich, der sich die Zeit nimmt, ganz ruhig zu werden und zuzulassen, daß das Zusammensein mit Ihnen zum Brennpunkt seiner Aufmerksamkeit wird. Ebenso können Sie viel mehr über andere wissen, als Sie gewöhnlich merken oder aussprechen. Sie können spüren, wie jemand ist, indem Sie einfach mit ihm zusammen sind. Sie brauchen nicht zu sprechen oder zu fragen. Die Qualität der Anwesenheit eines Menschen kann jeder wahrnehmen, der sich die Mühe macht, sich auf seine intuitiven Fähigkeiten einzustimmen.

Sie können Ihre intuitive Wahrnehmung eines anderen Menschen durch eine sehr einfache, aber wirksame Übung nachprüfen, bei der Sie ihm einfach sagen, wie Sie ihn sehen, und ihn um seine Reaktionen bitten. Sie erfahren bei dieser Übung viel über Ihre eigenen Wahrnehmungen, wenn Sie nach den Anweisungen erst weiterlesen, nachdem Sie die Übung ausprobiert haben. Je weniger Vorurteile Sie darüber haben, was Sie sagen sollten oder wie Sie jemand anders sehen sollten, desto spontaner werden Sie sein, und desto mehr Spielraum geben Sie Ihrer Fähigkeit, intuitive Wahrnehmungen in Worte zu fassen, anstatt die Ausdrucksformen anderer zu verwenden. Bei der Arbeit mit Gruppen gebe ich folgende Anweisungen:

Übung Suchen Sie sich einen Partner aus und setzen Sie sich ihm gegenüber ohne zu sprechen. Schließen Sie die Augen und nehmen Sie sich ein paar Minuten Zeit, um sich zu zentrieren. Folgende Zentrierungsübung ist sehr wirksam: Richten Sie mit geschlossenen Augen Ihre Aufmerksamkeit auf einen Punkt in der Mitte Ihres

Bauches, zwei Finger breit unter dem Nabel und zwei Finger breit nach innen aufs Rückgrat zu. Atmen Sie in dieses Zentrum hinein und stellen Sie sich vor, daß Sie beim Einatmen Energie in dieses Zentrum hineinziehen und sie beim Ausatmen aus diesem Zentrum hinausströmen lassen. Spüren Sie, wie die Energie Ihren ganzen Körper durchströmt; beim Einatmen ziehen Sie sie ein, beim Ausatmen lassen Sie sie ausströmen. Machen Sie eine Pause. Lenken Sie Ihre Aufmerksamkeit jetzt auf einen Punkt in der Mitte Ihres Brustkorbs, auf das Herzzentrum. Stellen Sie sich dort eine Flamme vor, die beim Einatmen wärmer und heller wird; beim Ausatmen lassen Sie sie hinausstrahlen. Machen Sie eine Pause. Lenken Sie Ihre Aufmerksamkeit jetzt auf einen Punkt in der Mitte Ihrer Stirn, zwischen den Augenbrauen und einwärts in Richtung auf die Mitte Ihres Kopfes. Stellen Sie sich dort ein Licht vor, das beim Einatmen heller und stärker wird, während Sie Energie in dieses Zentrum hineinziehen, und lassen Sie es beim Ausatmen hinausstrahlen. Behalten Sie alle drei Zentren im Sinn und atmen Sie zwei- oder dreimal ein und aus. Machen Sie eine Pause. Spüren Sie nach, wie es sich in diesem Augenblick anfühlt, Sie selbst zu sein.

Jetzt öffnen Sie die Augen und schauen Sie Ihren Partner an. Entscheiden Sie, wer von Ihnen zuerst sprechen soll. Wenn Ihr Partner zuerst spricht, ist es Ihre Aufgabe, einfach zuzuhören, ohne irgendwelche Reaktionen zu zeigen, während Ihr Partner etwa zwei Minuten lang spricht. Keine Reaktionen heißt: kein Lächeln, kein Nicken, kein »Aha«. Seien Sie in Gegenwart Ihres Partners einfach nur da und hören Sie dem zu, was er zu sagen hat. Wenn Sie selber sprechen, nehmen Sie sich zwei Minuten Zeit, um Ihrem Partner zu sagen, wie Sie ihn sehen. Wenn die zwei Minuten vorbei sind, schließen Sie die Augen und schweigen Sie. Erlauben Sie sich, ruhig zu sein und mit Ihrem tieferen Selbst in Kontakt zu kommen. Geben Sie sich zwei Minuten Stille, in denen Sie auf etwas warten, das aus Ihrem tieferen Selbst kommt und das Sie Ihrem Partner gern sagen würden. Sagen Sie Ihrem Partner das, was Sie ihm sagen wollen und schweigen Sie wieder.

Nun tauschen Sie die Rollen, so daß der, der gesprochen hat, zwei Minuten lang zuhört, wie er vom anderen wahrgenommen wird.

Nehmen Sie sich zwei Minuten Stille, um mit dem tieferen Selbst in Kontakt zu kommen, teilen Sie mit, was Sie sagen wollen und schweigen Sie wieder. Nehmen Sie sich nun ein paar Minuten Zeit, um mit geschlossenen Augen über den Prozeß nachzudenken, durch den Sie gerade gegangen sind. Denken Sie nach über das, was Sie gehört und was Sie gesagt haben, und überlegen Sie, wieviel davon Wahrnehmung und wieviel Projektion war. Wenn Sie die Möglichkeit gehabt haben, das Erlebnis im Geist noch einmal zu überdenken, öffnen Sie die Augen und teilen Sie Ihre Reaktionen Ihrem Partner mit. Jetzt ist der Zeitpunkt, einander soviel Feedback wie möglich zu geben.

Wenn Sie die Übung abgeschlossen haben, überprüfen Sie die Richtigkeit Ihrer Wahrnehmungen und beachten Sie besonders Ihre Gefühlsreaktionen auf das, was Ihr Partner über Sie gesagt hat. Hatten Sie das Gefühl, richtig gesehen zu werden? Besteht ein Unterschied zwischen der Art, wie Sie gesehen werden möchten, und der Art, wie Sie wirklich sind? Fühlen Sie sich unbehaglich, wenn jemand etwas Schmeichelhaftes über Sie sagt? Sind Sie bereit, die Wahrheit über sich selbst zuzugeben, oder neigen Sie dazu, sowohl positive als auch negative Beobachtungen zu leugnen? Manchmal erscheint es Ihnen vielleicht einfacher, sich selbst herabzusetzen als Ihre Vorzüge anzuerkennen. Haben Sie an Ihrem Partner vor allem Körperliches, Emotionales, Geistiges oder Spirituelles wahrgenommen? Alle Wahrnehmungen sind begrenzt. Wie begrenzen Sie Ihre eigenen? Erscheint es Ihnen ungefährlicher, sich an Beobachtungen physischer, konkreter Art zu halten? Müssen Sie einen Grund oder eine Erklärung für Ihre Beobachtung haben? Haben Sie Ihrem Partner alle Bilder oder Vorstellungen mitgeteilt, die Ihnen während dieser Übung in den Sinn gekommen sind? Haben Sie das Gefühl, daß das, was Sie in dem anderen gesehen haben, auch ein Teil Ihrer selbst ist? Stellt dieser andere Mensch für Sie einen guten Spiegel dar?
Natürlich sehen Sie Ihren Partner nur durch die Fenster Ihrer eigenen Augen, und Ihre Wahrnehmungen sind notwendigerweise durch Ihre eigene körperliche, geistige und emotionale Verfassung gefärbt. Darum ist es nützlich, zuerst die Zentrierungsübung zu

machen, denn sie kann zumindest einige der inneren Ablenkungen beseitigen. Seien Sie ehrlich zu sich selbst und erlauben Sie sich, sowohl Ihre Treffer als auch Ihre Nieten zu erkennen, wenn Sie eine Beobachtung machen. Bei einer strukturierten Übung wie dieser haben Sie mit Ihrem Partner eine Übereinkunft getroffen, ihn auf riskantere Weise kennenzulernen als durch die üblichen gesellschaftlichen Spiele der Umgangsformen. Während dieser Übung haben Sie nur ein paar Minuten mit diesem Menschen zugebracht, aber Sie dürften das Gefühl haben, einander sehr gut zu kennen. Sie haben lediglich Platz geschaffen für eine intuitive Weise des Erkennens, die zwar immer vorhanden ist, oft aber unbeachtet bleibt, weil das Schweigen und der Raum zwischen Ihnen und einem anderen Menschen mit oberflächlichem Geschwätz über andere Dinge und Zeiten ausgefüllt ist.

Diese Übung ist eindeutig gegenwartsorientiert. Sie gestattet Ihnen, ein paar Minuten lang Ihre Aufmerksamkeit ausschließlich auf das zu konzentrieren, was mit Ihnen und Ihrem Partner vor sich geht. Sie werden nicht durch Reden, durch das Anhören von Geschichten über Vergangenheit und Zukunft abgelenkt. Im Raum dieses Augenblicks können Sie sich des intuitiven Wissens bewußt werden, das unter einem gewöhnlichen Gespräch und hinter weltlichen Sorgen verborgen liegt.

Sie beurteilen die Gültigkeit einer solchen Übung vielleicht skeptisch, weil alles, was Sie sagen könnten, auch auf jemand anders passen könnte, wenn Sie sich ans Allgemeine halten und Spezifisches vermeiden. Trotzdem wird die Übung für Sie soviel Gültigkeit haben, wie Sie bereit sind, ihr zu geben. Wieviel Sie dabei über Ihr eigenes intuitives Erkennen erfahren, hängt davon ab, wieviel Sie zu wagen bereit sind. Auch hier sollten Sie nicht zu rasch interpretieren, was Sie beobachten. Anstatt jemandem nur zu sagen, er sei dies oder das, sollten Sie sich dessen bewußt sein, daß Sie lediglich Ihre eigene Ansicht äußern, deshalb sollten Sie Ihre Aussagen einleiten durch: »Ich sehe dich als . . .« anstatt zu sagen: »Du bist . . .« Die meisten Menschen wollen gern wissen, wie andere sie sehen, obwohl wir uns vielleicht bei der Aussicht auf direkte, ehrliche Reaktionen auch fürchten. »Wird mein Partner all meine Mängel erkennen?« »Wird mein Partner sehen, wie sehr ich mich fürchte?«

Darüberhinaus ist die Übung nützlich für die Entwicklung Ihrer Fähigkeit zur Selbstbeobachtung in der Rolle des Zuhörenden. Was für Gefühle sind in Ihnen aufgestiegen, als Ihr Partner über Sie gesprochen hat? Waren Sie erfreut, erschrocken, wütend, verlegen oder alles zusammen?

Zur Veranschaulichung dieses Aspekts der Übung können Sie Ihre Reaktionen auf die folgende Beschreibung überprüfen, indem Sie sich vorstellen, Sie seien der Mensch, über den diese Bemerkungen gemacht werden:

Ich sehe dich als stark, aber unsicher, im Zweifel, was von dir erwartet wird. Ich habe das Gefühl, daß du vorsichtig bist, aber neugierig und bereit, ein gewisses Risiko einzugehen. Du bist teilnahmsvoll und sensibel und hast Angst vor Gewalttätigkeit und Wut. Du scheinst Enttäuschungen erlebt zu haben und manche Depression. Im Augenblick zögerst du vielleicht oder stehst in einem inneren Konflikt in bezug auf eine Entscheidung, die dein Leben verändern könnte. Du weißt, was du zu tun hast, aber du überlegst immer wieder, ob es »das Richtige« ist und möchtest gern Bestätigung. Du bist wie ein junger Baum, der sich im Wind biegt, Wurzeln schlägt und immer stärker wird. Schweigen: Aus meinem tieferen Selbst heraus möchte ich dir sagen, daß ich dich gern habe und mich mit dir wohlfühle.

Wenn man dies als Beispiel dafür liest, was bei einer Übung ein Mensch einem anderen sagen könnte, mag es nicht sehr bedeutsam erscheinen. Tatsächlich könnten die hier gesagten Dinge auf viele Leute zutreffen. Es ist keine spezifische Aussage darunter wie: »Ich sehe dich einen kleinen roten Sportwagen fahren«, die sich als richtig oder falsch erweisen könnte. Wenn spezifische Bilder auftauchen, ist es gut, sie mit dem Partner zu überprüfen, um zu erfahren, wie zuverlässig solche plötzlichen Einfälle sind. Häufig sind sie zutreffend, und nur durch Versuch und Irrtum, immer aufs neue können Sie allmählich subjektiv zwischen Projektionen und intuitiver Erkenntnis unterscheiden. Dabei geht es bei dieser Übung jedoch nicht darum, Fakten über Ihren Partner zu erraten, sondern um ein möglichst direktes Ausdrücken Ihrer Wahrnehmungen und Reaktionen, damit Sie beide lernen können, wie Ihre Intuition funktioniert.

Wenn Sie sich mit solchen allgemeinen Aussagen auseinandersetzen wie den oben angeführten, achten Sie nicht nur auf den Inhalt, sondern auf die mitgeteilten Gefühle und auf den Umstand, daß alles, was auftaucht, in einem besonderen Kontext zweier bestimmter Individuen zu einer bestimmten Zeit steht. Nach der Anweisung: »Sagen Sie Ihrem Partner, wie Sie ihn sehen« kann jemand fast alles sagen. Wenn Sie mit dem Reden an der Reihe sind, erinnern Sie sich, daß die Entscheidung für eine bestimmte Aussage auch etwas über Sie selbst und Ihre Art mitteilt, andere zu sehen – in diesem Fall Ihren Partner. Beim Reden offenbart man immer etwas über sich selbst. Tatsächlich kann einem diese Übung erkennen helfen, wieviel man schon allein durch seine Gegenwart offenbart, selbst wenn nicht gesprochen wird. Sie brauchen nicht zu wissen, wie man Körpersprache deutet, um einen Eindruck davon zu bekommen, wie ein anderer Mensch ist. Schwieriger kann es sein zu lernen, wie man seine Eindrücke formuliert und mitteilt. Wenn Sie dazu neigen, körperliche Merkmale, Bewegungen und Haltungen zu beachten, können Sie darüber etwas sagen. Wenn Sie dazu neigen, sich einzufühlen, und spüren können, wie andere sich fühlen oder was für Stimmungen und Haltungen sie haben, können Sie sich darüber äußern. Wenn Sie dazu neigen, anderer Leute Gedanken und Ideen aufzufangen, versuchen Sie auszudrücken, wie diese nach Ihrer Meinung sind. In allen Fällen haben Sie, wenn Sie es vermeiden, die Form der Beobachtung zu strukturieren und sich einfach erlauben, assoziativ zu berichten, eine gute Gelegenheit, etwas über das Wesen Ihrer Intuition zu erfahren. Was z. B. sprechen Sie angesichts all der Dinge, die Sie an einem anderen Menschen beobachten können, an? Was stellt sich Ihnen in dieser besonderen Gestalt dar?

Die Beobachtung als solche dürfte bei dieser Übung weniger Schwierigkeiten bereiten, als vielmehr die mangelnde Übung, das, was Sie beobachten, zu formulieren. Der erste Eindruck kann sich bei näherem Kennenlernen verändern, aber häufig bleibt er erhalten und bestätigt sich. Wenn Sie nicht bereit sind, einigen dieser Eindrücke zu vertrauen, wird es Ihnen schwerfallen, die zuverlässigen Beobachtungen von Projektionen und Verzerrungen zu unterscheiden. Die Bereitschaft, unrecht zu haben, Fehler zu machen und die Rechthaberei aufzugeben, ist ein Faktor, der das Lernen beschleunigt. Je mehr Sie bereit sind, intuitive Eindrücke zu äußern, desto mehr werden Sie ihnen trauen können und wissen, wann sie richtig und wann sie fragwürdig sind.

Symbolische Bilder der Intuition

Vorstellungsbilder, die intuitive Einsichten über die eigene Psyche oder die Verfassung eines anderen Menschen vermitteln, unterscheiden sich deutlich von Bildern, die die Intuition selbst symbolisieren. Denken Sie daran, daß Intuition als Erkenntnisweise über Intellekt und Vernunft hinausgeht. Sie geht über das hinaus, was für den rationalen Geist verständlich ist. Manchmal scheint es der Vernunft zu widersprechen, aber häufiger liegt es einfach außerhalb der Erkenntnisweisen, die für ihre Information von gewöhnlichen sensorischen Wegen abhängig sind. Intuition wird manchmal symbolisch als Adler dargestellt, als ein weitblickender Vogel, der aus sehr großer Höhe sehr weit sehen kann. Noch öfter wird die Intuition symbolisch als »Drittes Auge« oder das Auge der inneren Schau bezeichnet. Dieses Auge der inneren Schau kann durch Meditation so trainiert werden, daß es in die eigene Seele und in das Wesen der Realität blickt, und man sagt, es sei allwissend. Es ist ein Symbol für die Einsicht, die einzige Sichtweise des Mystikers, die den Schleier der scheinbaren Unterschiede und Dualitäten durchdringt und die Einheit alles Seienden erblickt.
Bildsymbole der Intuition wie Kreis, Kreuz und Dreieck finden sich häufig in religiösen Darstellungen. Dem Amerikaner ist das Auge im Dreieck auf der Dollarnote vertraut. Nach Jung ist ein Symbol das Mittel, Ideen mitzuteilen, die nicht ganz zu definieren oder zu begreifen sind.[9] Das Symbol weist immer über sich hinaus, auf eine tiefere Bedeutung hin, die sich dem intellektuellen Verständnis entzieht. Symbole bilden also eine Brücke zwischen dem

Bekannten und dem Unbekannten; sie geben dem Formlosen eine Form und erweitern den Horizont der inneren Schau.

Symbolbilder der Intuition werden hier nicht besprochen, um einen erschöpfenden Überblick über mythologische oder religiöse Vorstellungsbilder zu geben, die zu intuitiven Erkenntnisweisen gehören. Die Erörterung soll Ihnen vielmehr einen Weg weisen, wie Sie die Symbole entdecken können, die Ihnen bei der Entwicklung Ihrer Intuition helfen und Ihr Bewußtsein dessen, was Sie schon wissen, erweitern können.

Fällt es Ihnen leicht, sich bildlich etwas vorzustellen, werden Sie vielleicht eine ganze Reihe von Symbolbildern zusammenbringen können, indem Sie sich einfach darauf konzentrieren, was Intuition für Sie bedeutet, und abwarten, bis ein optisches Bild oder eine Metapher erscheint. Ansonsten können Sie es sich vielleicht mit folgender Übung erleichtern.

Schließen Sie die Augen und stellen Sie sich vor, Sie gingen ganz *Übung* langsam, Schritt für Schritt, eine lange Treppe hinunter. Vielleicht wollen Sie beim Hinuntergehen die Stufen zählen. Am unteren Ende der Treppe ist eine Tür. Die Tür ist verschlossen. Über der Tür steht das Wort *Intuition* geschrieben. Jemand bringt Ihnen den Schlüssel zu der Tür. Schließen Sie mit diesem Schlüssel die Tür auf, öffnen Sie und gehen Sie hindurch. Schauen Sie, was Sie auf der anderen Seite finden. Erforschen Sie den Raum, in dem Sie sich befinden und lernen Sie ihn kennen. Schauen Sie sich um, ob irgendetwas da ist, das Sie gern mit heraufbringen würden. Nehmen Sie sich Zeit. Es besteht kein Grund zur Eile. Machen Sie eine Pause. Bereiten Sie sich nun auf den Rückweg vor. Gehen Sie wieder durch die Tür zurück, machen Sie sie zu und gehen Sie die Treppe wieder hinauf. Denken Sie daran, daß Sie an diesen Ort zurückkehren können, wann Sie wollen.

Die Reaktionen auf diese Imagination sind sehr unterschiedlich. Bei Menschen, die sich mit ihrer Intuition wohlfühlen, kann sie einfach eine Erweiterung oder ein Fest des Gewahrseins sein, das sie schon haben. Manche berichten von Gefühlen der Wonne und Seligkeit im Zusammenhang mit Reisen durch die Galaxien, von aufflammendem, gänzendem Licht, angenehmem Aufwallen von Energie, intensiven Farben, Feuerwerk und gelegentlich vom direkten Erleben einer formlosen Leere. Bei solchen Erlebnissen mag die Anweisung, etwas mitzubringen, unpassend erscheinen, und man kann sich einfach darüber hinwegsetzen. Manchmal wird vielleicht eine symbolische Darstellung von Sonne, Mond oder Sternen als Erinnerung an das Erlebnis mitgebracht.

Häufiger ruft diese Imagination eine Bilderwelt wach, die den Geist aus den Grenzen der gewöhnlichen Zeit und des gewöhnlichen Raums hinausträgt und doch durch konkretere Bilder dargestellt wird, z. B. der Anblick der Erde als Planet, ein weitreichender Blick über große Entfernungen, Kristallkugeln, Zauberspiegel, spiegelnde Wasserflächen oder andere Dinge, die in Mythen und Märchen dazu verwendet werden, die Kraft der inneren Schau zu vermehren. Diese Art von Bild kann, selbst wenn sie bewußt vergessen worden ist, spontan wiederkommen, wenn jemand aufgefordert wird, seine mit der Intuition verbundene unbewußte Bilderwelt näher zu erforschen. Häufig bringen die Menschen Gegenstände mit Zauberkräften mit, da die mangelnde Vertrautheit mit der Intuition sie gemeinhin mit Magie und mit dem Okkulten in Verbindung bringt.

Wesentliches zur Erweiterung Ihrer Fähigkeit, die Intuition zu nützen, trägt ihre Entmystifizierung bei. Wenn Sie verstehen, wie psychische Energie in physikalische Gegenstände investiert und in ihnen aufbewahrt werden kann, können Sie mit symbolischen Gegenständen arbeiten, ohne in abergläubische Ängste zu verfallen oder solche Bilder einfach als bedeutungslos und unwichtig abzutun. Symbolbilder werden zu Werkzeugen zur Erweiterung des Geistes über die Grenzen des logischen Denkens hinaus. Das mit psychischer Energie ausgestattete Symbol hat verwandelnde Kraft und führt über sich selbst hinaus ins Geheimnis des Unbekannten. Auf diese Weise dient es dazu, dem Bewußtsein die Intuition zugänglicher zu machen.

Manchmal kann diese Imagination erschreckende Bilder auslösen, wie z. B. Dunkelheit, ein Gefühl des Fallens, der Auflösung, schwarze Löcher, Kerker, Ungeheuer usw. Sogar diese Vorstellungsbilder sind jedoch jedem nützlich, der bereit ist, die Ängste durchzuarbeiten, die sie darstellen. Bedenken Sie, daß alles, was erscheint, Ihre eigene Form der Vorstellung ist, und daß die Angst, die sie hervorgebracht hat, schon da war, bevor sie in dieser spezifischen Form aufgetaucht ist. Wenn Sie ein bestimmtes Bild haben, mit dem Sie arbeiten können, können Sie die Verantwortung übernehmen und es überwinden. Solche Ängste kann man nicht von der Hand weisen oder übergehen; die Bilder können einem genau zeigen, welche Arbeit getan werden muß, damit man sie überwinden kann. Jedes transpersonale Erlebnis, das die Erweiterung des Bewußtseins über die gewöhnlichen Ich-Grenzen mit sich bringt, kann ekstatisch oder erschreckend sein. Furcht und Angst behindern die Freisetzung von Potential, und jeder erlebt sie in der einen oder anderen Form. Vor einem furchterregenden Bild kann man zurückweichen oder die Gelegenheit ergreifen, sich hindurchzuarbeiten. Die Entscheidung, wann und wie man mit ihm fertigwerden will, ist eine persönliche Angelegenheit, aber die Vorstellungsbilder können immer zur Vertiefung der Selbsterfahrung und des Selbstverständnisses beitragen.

Anders ausgedrückt: Selbstgewahrsein ist die Grundlage, auf der die Intuition reifen kann. Wenn man die nicht-rationalen Aspekte des eigenen Selbst anerkennt und schätzt, muß man sich unweigerlich allen Arten von Ängsten stellen – der Angst vor dem Loslassen, der Angst vor dem Sterben, der Angst vor Einsamkeit, vor Orientierungslosigkeit, vor dem Unbekannten, vor dem Bösen, vor Strafe, vor Macht usw.

Einige Grundregeln für den Umgang mit angstregenden Bildern, die in einer Imagination erscheinen, lauten folgendermaßen:

1. Öffnen Sie die Augen und beenden sie die Imagination. Dies gilt nur, wenn Sie sich entscheiden, keine der anderen vorgeschlagenen Methoden anzuwenden, um innerhalb der Imagination mit dem Bild zu arbeiten.

2. Suchen Sie sich einen kompetenten Führer, dem Sie vertrauen können und der Sie begleiten kann, wenn Sie diese Untersuchung weiterführen wollen.

3. Wenn Sie sich von den Schreckbildern nicht überwältigt füh-

len, untersuchen Sie sie und beschreiben Sie sie in allen Einzelheiten.

4. Wenn eine Gestalt bedrohlich ist, sei sie real oder irreal, fangen Sie ein Zwiegespräch mit ihr an und fragen Sie sie, was sie will.

5. Wenn es irgendein Geschöpf ist, schauen Sie ihm in die Augen. Finden Sie heraus, was es gern ißt. Füttern Sie es.

6. Wenn Sie in Ihrer Vorstellung an einem dunklen Ort sind, stellen Sie sich vor, daß Sie das bedrohliche Geschöpf in die Sonne führen oder mitnehmen. Warten Sie, ob es sich irgendwie verändert. Reden Sie mit ihm.

7. Werden Sie in Ihrer Vorstellung selber die bedrohliche Gestalt. Wie fühlt sich dieses Geschöpf?

8. Wenn Sie glauben, Sie könnten nicht allein damit fertigwerden, bringen Sie jemanden in Ihre Imagination hinein, der Ihnen hilft oder zur Seite steht.

9. Denken Sie daran, daß in der Phantasie alles möglich ist. Sie können sich eines Zauberstabs bedienen oder irgendeiner anderen Macht, die Sie sich vorstellen wollen.

10. Rufen Sie eine übernatürliche Macht zu Hilfe, wer immer Ihr Führer oder Lehrer ist (z. B. Christus, Buddha oder Gott).

11. Stellen Sie sich vor, die ganze Szene oder die bedrohliche Gestalt sei in weißes Licht getaucht.

12. Töten Sie nicht. In der inneren Welt stirbt nichts. Es kann verwandelt werden, aber eine Tötung bewirkt nicht unbedingt eine Verwandlung, und die Angst kommt in anderer Form wieder. Denken Sie daran, daß alles Teil Ihrer selbst ist.

Man könnte annehmen, man habe die Herrschaft über seine Phantasien, aber diese Herrschaft kann oberflächlich und wirkungslos sein, wenn man nicht bereit ist, tiefer in die innere Welt hineinzugehen, die unweigerlich zu unbekannten Aspekten des eigenen Selbst führt. Angst vor Selbsterkenntnis ist weder neu noch ungewöhnlich.

Abraham Maslow hat auf den Umstand aufmerksam gemacht, daß wir unsere höchsten Möglichkeiten ebenso fürchten wie unsere niedrigsten. Maslow sah in dieser Abwehr von Verantwortung für die Entwicklung ungenutzter Möglichkeiten ein »Ausweichen vor dem Schicksal« oder »Weglaufen vor den besten Talenten, die man hat«.[10] Bei Imaginationen erlebt man, daß nicht nur das Gefühl nahenden Unglücks Angst erregt, sondern auch das Gefühl des Staunens oder der Ehrfurcht. Im allgemeinen stellen Vorstellungsbilder, wenn sie positiv sind (d. h. schön, förderlich oder inspirierend), kein Problem dar. Man sollte sich aber dessen bewußt sein, daß die Identifikation mit positiven Vorstellungsbildern eine Falle sein kann. Wenn man sich z. B. an ein unrealistisches Selbstbild klammert, muß man es früher oder später wieder fallenlassen. Wie man sich bei Gefühlen aus der Identifikation mit ihnen lösen muß, so gehört auch zur Arbeit mit Vorstellungsbildern sowohl die Identifizierung mit diesen Bildern als auch die Auflösung der Identifikation mit ihnen als Bewußtseinsinhalten.

5 Träume und Intuition

Die Mitte, die ich nicht finden kann,
ist meinem Unbewußten bekannt

W. H. Auden
The Labyrinth

Seit alten Zeiten wurden Träume als Quelle der Weisheit und der Orientierung im Leben geschätzt. Botschaften der Götter, später übersetzt als Botschaften aus dem Unbewußten, sind in allen Kulturen durch Träume übermittelt worden. Ann Faraday sagt:

Bei uns allen, die wir in der gewöhnlichen Welt leben, vermag die träumende Seele dem Leben eine ganz neue Dimension der Weisheit hinzuzufügen, die der Entdeckung eines inneren Guru in jedem von uns gleichkommt.[1]

Zwar vereinfachen Behauptungen der Art, man könne die Stimmen der Götter auf die Tätigkeit der rechten Gehirnhälfte zurückführen[2] oder der Schlaf sei das spezielle Gebiet der rechten Gehirnhälfte[3], übermäßig, aber es bleibt eine Tatsache, daß Träume bildhafte Formulierungen dessen sind, was man intuitiv weiß. Träume sind eine leicht zugängliche Sprache der Intuition, und ein erweitertes Gewahrsein der Träume erweitert auch die Intuition.

Freud bezeichnete den Traum als den Königsweg (via regia) zum Unbewußten, und obwohl er übernatürliche Manifestationen leugnete, war er überzeugt, daß die Träume den Gesetzen des menschlichen Geistes folgen, den er als »allerdings mit der Gottheit verwandt« bezeichnete.[4] Psychoanalytischen Traum-Theoretikern ging es vor allem um die psychologische Bedeutung von Trauminhalten. Freud glaubte, man könne Träume als verkleidete Wunscherfüllung deuten; er bevorzugte das freie Assoziieren als Deutungsmethode und beschreibt die für diese Methode notwendigen Bedingungen folgendermaßen:

Man strebt zweierlei bei ihm [dem Kranken] an, eine Steigerung seiner Aufmerksamkeit für seine psychischen Wahrnehmungen und eine Ausschaltung der Kritik, mit der er die ihm auftauchenden Gedanken sonst zu sichten pflegt. ... den Verzicht auf die Kritik der wahrgenommenen Gedankenbildungen muß man ihm ausdrücklich auferlegen.[5]

Freud ermutigte auch zur Selbstbeobachtung bei der Arbeit mit Träumen:

... ich bin vielmehr gefaßt darauf, daß derselbe Trauminhalt bei verschiedenen Personen und in verschiedenem Zusammenhang auch einen anderen Sinn verbergen mag. ... Nach meinem Urteil liegen die Verhältnisse bei der Selbstbeobachtung eher günstiger als bei der Beobachtung anderer.[6]

Jung hat einen anderen Zugang zu Träumen als Freud. Er glaubte, daß der Trauminhalt nicht unbedingt die psychologische Wahrheit verhülle oder verkleide, sondern sie vielmehr offenbare. Ein Traum könne einen verborgenen Konflikt oder ein verstecktes Problem ausdrücken oder er könne den Weg zu einer unerkannten Möglichkeit zukünftiger Entwicklung weisen. Jung war der Ansicht, ein Traum solle so gedeutet werden, wie es dem Träumer am nützlichsten erscheine, und er betonte, eine »richtige« Deutung gebe es nicht. Er schrieb:

Kein Traumsymbol kann von dem Menschen, der davon geträumt hat, abgetrennt werden, denn es gibt keine allgemeingültige Deutung für einen Traum.[7]

Max Zeller, ein jungianischer Analytiker, schreibt, dem Menschen falle es schwer, eine Beziehung zu Träumen herzustellen, weil er die Sprache der Bilder nicht mehr verstehe. »Bilder widerfahren uns«, sagt Dr. Zeller:

Sie sind die Tapeten unseres inneren Lebens, umgeben uns als unsere Innenwelt und sprechen schweigend zu uns in ihrer Bildersprache, der Sprache des unbekannten Hintergrunds. Sie drücken eine andere Realität aus, eine andere Dimension, der man sich nicht gemäß den Gesetzen nähern kann, die in der Außenwelt gelten ... Das Unbewußte ruft uns mit seinen Bildern und offenbart dadurch die Kräfte, die in der Psyche am Werk sind.[8]

Durch Träume offenbart das Unbewußte auch ungeahnte Schätze innerer Weisheit.

Auch spiegeln Träume die Einstellungen und aktuellen Sorgen des Träumers wider. Jung behauptete, Träume stellten das psychische Gleichgewicht wieder her, indem sie Mängel der Persönlichkeit ausglichen; sie könnten auch vor Gefahren warnen, die aktuellen Situationen innewohnen.[9] Die von Fritz Perls entwickelte Traumdeutung ist ebenfalls auf die Gegenwart ausgerichtet und konzentriert sich auf das, was der Traum über den Träumer und seine Probleme offenbart. Bei der Gestalt-Traumarbeit wird der Träumer angewiesen, sich mit jedem seiner Traumbilder zu identifizieren. Man geht von der Annahme aus, daß jedes Detail des Traums einen verleugneten oder projizierten Aspekt des Selbst darstellt. So liefert der Traum ein Mittel zur Erweiterung der Selbsterkenntnis und zur Veränderung des Selbstbildes.

Träume sind darüberhinaus der häufigste veränderte Bewußtseinszustand, in dem Phänomene der außersinnlichen Wahrnehmung erscheinen.[10] Ein Forschungsprojekt am Maimonides Dream Laboratory in New York[11] untersuchte das Vorkommen von Telepathie in Träumen; die häufigste Art von außersinnlichen Wahrnehmungen in Träumen scheint aber das Vorauswissen zu sein.[12] Vorausträume sind Träume von künftigen Ereignissen oder Träume, die sich im Wachzustand bewahrheiten. Außersinnliche Träume gehen über Zeit und Raum hinaus, indem sie richtige Informationen über etwas liefern, das sich zu anderen Zeiten an anderen Orten zuträgt. Das Traumbewußtsein, das typisch intuitiv ist, ist nicht an Zeit und Raum gebunden. Viele Déja-vu-Erlebnisse lassen sich als Erinnerung an Träume erklären. Menschen, die ihre Träume aufschreiben und sich Traumlandschaften deutlich ins Gedächtnis rufen können, träumen manchmal von Orten und Ereignissen, die zu späterer Zeit in ihrem Leben erscheinen.

In der Yoga-Psychologie sieht man den Traum an als eine Kombination von Bildern aus dem persönlichen Unbewußten, die aktuelle Probleme und Situationen darstellen, und einer Gelegenheit für Kontakte mit dem transpersonalen Bereich des Bewußtseins, der noch nicht ins Bewußtsein integriert worden ist. Das heißt also, Träume übermitteln intuitive Erkenntnisse, bilden aber auch persönliche Probleme ab.[13] Manche Yogis können sich im Schlaf ihr waches Bewußtsein bewahren, wie sich an den Delta-Gehirnwellen zeigt, die Biofeedback-Forscher bei ihnen nachweisen konnten.[14] Diese Fähigkeit, physisch zu schlafen und trotzdem bei vollem Bewußtsein zu bleiben, ermöglicht es diesen Yogis, den Traumzustand bewußt zu erleben und das Wesen des Traums willentlich zu steuern.

In *Kreativ träumen* gibt Patricia Garfield vollständige Anweisungen zur Steigerung der Fähigkeit zu luzidem Träumen, also dafür, wie man im Traum das Gewahrsein dessen, daß man träumt, behalten kann.[15] Diese Möglichkeit der Bewußtseinserweiterung im Traum hat jeder Mensch. Das tibetische Traum-Yoga schlägt für die Arbeit mit Träumen eine nützliche Umkehrung vor: Man betrachte die eigene Traumwelt als die wahre Realität und das gewöhnliche Leben im Wachzustand als Traum. Sind Sie bereit, die Verantwortung für die Realität zu übernehmen, die Sie in Ihren Träumen erschaffen? Im *Tibetanischen Totenbuch* heißt es:

Oh, Edelgeborener, was auch für schreckliche und erschreckende Visionen du sehen magst, erkenne sie als deine eigenen Gedankenformen.[16]

Genießen Sie Ihre Träume? Wissen Sie im Traum, daß Sie träumen? Würden Sie manchmal gern einen Traum verändern, wiederholen oder weiterträumen? Würden Sie Ihre Träume gern als eine unerschöpfliche Quelle der Kreativität benützen? Dies alles ist möglich, und der erste Schritt dazu ist, daß Sie Ihren Träumen die Beachtung schenken, die sie verdienen.

Forschungsarbeit im Laboratorium hat bewiesen, daß jeder Mensch jede Nacht träumt, viele Leute aber erinnern sich nicht an ihre Träume. Wenn Sie zu denen gehören, die sich nur schwer an ihre Träume erinnern, stehen Ihnen mehrere Methoden zur Verfügung, die Ihnen helfen können. Die einfachste besteht darin, nach dem Aufwachen im Bett liegen zu bleiben und sich die Traumbruchstücke noch einmal zu vergegenwärtigen, die noch greifbar sind, bevor Sie mit Ihrer Morgenroutine anfangen. Selbst Traumfragmente lassen sich als Tore zum Unbewußten benützen. Jeder beliebige Traum kann als Ausgangspunkt für eine Erforschung der

Psyche dienen und Ihnen verstehen helfen, wie Ihr eigener Geist funktioniert. Manchmal werden Ihnen vielleicht spontan Assoziationen zu Traumbildern in den Sinn kommen, die die Bedeutung des Traums zu erweitern scheinen, aber sie können Sie auch vom Traum wegführen. Halten Sie sich also vor Augen, daß es zunächst nur darauf ankommt, sich an den Ablauf des Traums zu erinnern.

Nützlich ist es auch, sich Papier und Bleistift oder ein Tonbandgerät in der Nähe des Bettes bereitzuhalten, um seine Träume sofort nach dem Aufwachen festzuhalten. Sie wachen vielleicht mitten in der Nacht auf und erinnern sich lebhaft an einen Traum, dann schlafen Sie wieder ein. Bis zum Morgen können Sie den Traum ganz vergessen haben, obwohl Sie sicher waren, Sie würden sich an ihn erinnern. Dasselbe geschieht mit Träumen, an die Sie sich morgens noch erinnern. Meist verblassen sie, wenn sie nicht gleich festgehalten werden. Vielleicht möchten Sie mit sich selber einen Versuch machen: Schreiben Sie einen Traum sofort nach dem Aufwachen nieder und schreiben Sie ihn dann später am Tag noch einmal nach dem Gedächtnis auf, ohne sich auf Ihren ersten Bericht zu stützen. Es kann überraschend sein, zu sehen, wie sehr die Erinnerung das Erleben verändert.

Eine drastische Methode, das Traumgedächtnis zu verbessern, besteht darin, sich zu verschiedenen Zeiten in der Nacht einen Wecker zu stellen. Sie haben gute Chancen, inmitten eines Traums geweckt zu werden, an den Sie sich dann erinnern. Vielleicht lassen Sie sich lieber von einem Freund/einer Freundin in dem Moment wecken, wenn rasche Augenbewegungen während des Schlafs anzeigen, daß Sie träumen. Manche Menschen stellen fest, daß sie sich leichter an Träume erinnern, die sie am Tag haben, wenn sie ein Nickerchen machen. Selbst wenn Sie diese Gewohnheit nicht haben, sollten Sie es vielleicht ausprobieren, um sich genauer an Ihre Träume zu erinnern.

Eine weitere Methode zur Verbesserung des Traumgedächtnisses ist die, daß Sie sich selber vor dem Einschlafen suggerieren, Sie würden sich an Ihre Träume erinnern. Sie können sich dies auch tagsüber öfter suggerieren, aber Sie sollten es wiederholen, wenn Sie gerade in Schlaf fallen, wenn Ihr Körper entspannt ist, denn dann ist es besonders wirksam. Tatsächlich bessert sich das Traumgedächtnis oft einfach dadurch, daß man es bessern will. Ann Faraday erinnert uns, daß der Grundfaktor, der bestimmt, ob sich jemand an seine Träume erinnert oder nicht, derselbe ist wie bei anderen Gedächtnisleistungen – nämlich der Grad des Interesses. Demnach sind Leute, die sich nicht an ihre Träume erinnern, oft überrascht, wenn sie erfahren, daß es an ihrem fehlenden Interesse liegt, aber viele berichten, daß sie sich sofort nach der Erörterung dieses Themas an Träume erinnern.[17] Eine meiner Studentinnen am College, eine Frau in den Fünfzigern, die sagte, sie habe sich ihr Leben lang noch nie an einen Traum erinnert, fing an, ihre Träume zu behalten, nachdem sie in einem Unterrichtsgespräch erfahren hatte, daß es möglich ist. Am Ende des Semesters sagte sie mir, sie genieße ihre Träume sehr und habe das Gefühl, ihre Fähigkeit, sie zu behalten, bereichere ihr Leben in hohem Maß; sie habe nun auch mehr Zugang zu ihrer Intuition.

Zum Traumgewahrsein und zum Behalten von Träumen trägt auch das Lesen von Büchern über Träume bei, das Gespräch mit Angehörigen und Freunden und einfach die Wertschätzung für die eigenen Träume. Träume sind ein bildhafter Ausdruck von Lebenslagen, und als solchen können Sie sie als Geschichten betrachten, die Sie sich selber erzählen. Träume sind selten logisch-vernünftig, deshalb gehören zu jeder Arbeit mit Träumen intuitive Fähigkeiten. Buchstäbliche oder »Kochbuch«-Deutungen von Symbolen, die in Träumen auftauchen, vermeidet man am besten, da jedes Traumbild seine Bedeutung aus dem Zusammenhang Ihres Lebens bezieht. Träume sind immer wahr in dem Sinn, daß sie immer Ihr Leben betreffen, und ihre Beachtung fördert psychische Weiterentwicklung und Integration.[18] Träume sind eher Phantasieprodukte als Ausdruck persönlicher Wünsche, und man tut gut daran, sich zu erinnern, daß ein Traum gleichzeitig mehrere Bedeutungen haben kann. Im Hinblick auf die persönliche Verwendung von Träumen sagt der Psychologe Wilson van Dusen:

Seinen Hauptnutzen bringt der Traum, wenn sich der einzelne die Bedeutungen seines Traums rückübersetzen kann ... Die einzigen Bedeutungen in einem Traum, die Ihnen etwas nützen können, sind jene, die Sie mit Ihrem eigenen Leben in Verbindung bringen können.[19]

Und:

Im allgemeinen spiegelt der Traum Ihre tiefsten Gedanken wider. Seine Weisheit kann leicht über Ihr gewöhnliches Verständnis hinausgehen.[20]

Wenn Sie sich Ihrer Träume stärker bewußt werden, sind Sie möglicherweise auch *in* Ihren Träumen bewußter. Sie werden also vielleicht immer mehr luzide Träume haben, in denen Sie wissen, daß Sie träumen. Wenn Sie einen luziden Traum haben, können Sie ihn verändern und ihm jede Form geben, die Sie wollen. Es erfordert Zeit und Geduld, seine Träume steuern zu lernen, aber es lohnt sich. Sie können z. B. beschließen, sich einer bedrohlichen Gestalt im Traum zu stellen, anstatt wegzulaufen, und abwarten, was passiert. Die Wirkungen der bewußten Arbeit an Ihren Träumen beschränken sich nicht auf die Veränderung Ihrer Traumwirklichkeit. Wenn Sie Ihre Träume verändern, verändert sich auch Ihr Wachbewußtsein. Umgekehrt verändern sich Ihre Träume, wenn Sie Ihr waches Leben und Bewußtsein ändern, denn Träume und Wachleben widerspiegeln sich gegenseitig.

Die gesteigerte Empfänglichkeit für Träume im Wachzustand trägt zu einer gesteigerten Traumaktivität, zu mehr Luzidität und mehr Herrschaft über den Traum bei. Anstatt Träume als etwas, das Ihnen geschieht, zu erleben, können Sie allmählich erkennen, daß Sie bei jedem Schauspiel der Produzent, der Direktor, Schauspieler *und* Zuschauer sind. Erleben Sie sich immer noch als Opfer in Ihren Träumen? Oder im Wachzustand? Würden Sie das Drehbuch gern umschreiben? Sie können jede Veränderung vornehmen, die Sie wollen. Sie haben schon alle Informationen, die Sie brauchen. Ihre Träume liefern Ihnen das Arbeitsmaterial, und Sie können sofort anfangen.

Jeder, der ein Traumtagebuch geführt oder eine Zeitlang mit Träumen gearbeitet hat, weiß intuitiv, wenn ein Traum besonders bedeutsam ist. Manche Träume sind von sofort erkennbarer emotionaler Intensität erfüllt, selbst wenn die Bedeutung nicht ganz verständlich ist. Träume, die sich wiederholen, sind oft von dieser

126

Art, und der Umstand, daß sie wiederkommen, kann der Unfähigkeit des Wachbewußtseins zugeschrieben werden, zu verstehen, was das Unbewußte mitzuteilen versucht, oder einem Widerstand gegen die existentielle Botschaft des Traums. Wiederkehrende Träume können auch sich wiederholende Reaktionsmuster darstellen, in denen man sich vielleicht gefangen fühlt. Wenn die Botschaft verstanden worden ist, verändert sich der Traum. Eine Frau z. B., die immer wieder von Bränden träumte, die sie ständig mühevoll zu löschen suchte, erkannte schließlich, daß die Feuer Symbole für ihre schöpferischen Impulse waren, die sie zu erstikken versucht hatte. Als sie die Vergeblichkeit ihrer Versuche zugab, ihr Leben in strenger Übereinstimmung mit vorgefaßten Ideen zu leben, ohne Rücksicht auf ihre Gefühle und Wünsche, fing sie an, ihr Leben hier und dort zu ändern; da veränderte sich auch der Traum. Als sie Möglichkeiten fand, ihr inneres Selbst zum Ausdruck zu bringen, wurden die Brände allmählich weniger bedrohlich; schließlich verschwand dieser Traum ganz.

Wenn Sie mit Ihren Träumen arbeiten, allein oder mit anderen Menschen, denken Sie daran, daß übermäßig vereinfachte Deutungen Sie der subtileren Hinweise bestimmter Träume berauben können. Wollen Sie über Ihre Träume Ihre Intuition und Selbsterkenntnis erweitern, lassen Sie beim Erforschen der emotionalen und intuitiven Ebenen des Traums Ihr rationales, kritisches Urteilsvermögen beiseite.

Die Methoden der Gestalttherapie sind für die Beschäftigung mit der emotionalen Ebene des Traums besonders effektiv. In der Traumarbeit dieser Art identifiziert man sich mit jeder Figur und/oder jedem Gegenstand in einem Traum und beschreibt, was man als der/die/das andere in bezug auf Affekte, Funktionen und Beziehungen empfindet, ebenso als Beobachter des Traumgeschehens. Wenn Ihr Traum z. B. in einem Haus spielt, schließen Sie die Augen und beschreiben Sie sich selber als das Haus, in der ersten Person, Gegenwart. Man würde also etwa sagen: »Ich bin ein altes, heruntergekommenes Haus, das dringend Reparaturen braucht.« Nachdem Sie physikalische Einzelheiten beschrieben haben, können Sie dazu übergehen, Ihre Gefühle über sich selbst als das Haus und über den Trauminhalt zu äußern, immer vom Standpunkt des

Hauses aus. Die Perspektive verschiebt sich also von der üblichen, in der das Ich, der Träumer, alle anderen Traumbilder als getrennt von sich ansieht, hin zu einer, in der sich die Ich-Grenzen auflösen und Sie als Träumer sich mit jedem Traumdetail identifizieren, gleichgültig, wie winzig, unbedeutend, abstoßend oder großartig es sein mag.

Wenn Traumbilder bedrohlich oder erschreckend erscheinen, was unweigerlich von Zeit zu Zeit vorkommt, kann die Identifizierung mit der bedrohlichen Gestalt dem Träumer ein neues Bewußtsein von verdrängten Aspekten seiner Persönlichkeit vermitteln, die er vielleicht nur widerstrebend eingesteht. Träume, in denen man von einem Menschen oder einem Ungeheuer verfolgt wird, sind sehr häufig; sie können deutliche Beispiele für personifizierte innere Konflikte sein. Junge Frauen berichten z. B. oft von Träumen, in denen sie von einer bedrohlichen männlichen Figur gejagt werden. Wenn eine Frau, die einen solchen Traum hat, bereit ist, in der Figur eine bildliche Darstellung ihrer eigenen männlichen Energie zu sehen, die sie aus Angst nicht anerkennen will, kann sie sich diese Energie vielleicht zu eigen machen und in ihrem wachen Leben durchsetzungsfähiger und weniger ängstlich werden. Wenn sie sich *vorstellen* kann, wie es sich anfühlt, stark und mächtig zu sein, ist sie schon auf dem Weg dazu, diese Gefühle in sich selber zu erschaffen.

Dies ist aber nicht die einzige Möglichkeit, mit dieser Art von Träumen zu arbeiten oder sie zu deuten. All Ihre Träume müssen im Zusammenhang mit Ihrem ganzen Leben betrachtet werden. Anders ausgedrückt, der erste Schritt der Identifizierung zeigt Ihnen vielleicht einfach, daß Sie in jedem Traumerlebnis sowohl der Peiniger als auch das Opfer sind, Schutzmann *und* Räuber, Erzeuger *und* Zerstörer. Indem man jene Aspekte des eigenen Selbst anerkennt, die man sogar vor sich selber verleugnet und auf andere projiziert, die man nicht mag, kann man den Prozeß der persönlichen Integration beginnen. Man macht sich auch vertrauter mit dem Gefühl, etwas zu erkennen, indem man sich mit ihm identifiziert, und nicht, indem man es beschreibt oder darüber redet; dies ist eine Methode, die Intuition zu aktivieren.

Ihre Bereitschaft, die Verantwortung für alle Einzelheiten Ihres

Traums zu übernehmen, jedes Traumbild als Ihr Abbild und Ihr Geschöpf anzusehen, ermöglicht Ihnen eine klarere Erkenntnis der Art und Weise, wie Sie im Traum und im Wachen Ihre Realität gestalten. Wenn Sie in Ihren Träumen bewußter werden, können Sie alles tun, was Sie wollen. Sie können Ihre Träume verändern, wenn Sie wirklich die Absicht haben, es zu tun. Sie brauchen sich nicht von Ihren Träumen gequält zu fühlen, wenn Sie Ihre Fähigkeit anerkennen, Ihren eigenen Willen einzusetzen. Daß Sie in Ihren Träumen bewußt werden, bedeutet nicht, daß Sie nur angenehme Träume haben werden. Es bedeutet auch nicht, daß Sie Ihre Träume steuern müssen. Sie werden möglicherweise mehr aus Ihren Träumen lernen und erfahren, wenn Sie sie nicht zu lenken versuchen. Es geht darum, die Verantwortung für Ihre Träume zu übernehmen, die Tatsache zu akzeptieren, daß es *Ihr* Traum ist, ganz gleich, was Sie geträumt haben. Sie können ihn als eine Geschichte verstehen, die Sie sich selber erzählen, oder als eine Botschaft, die Ihr intuitives Selbst Ihrem rationalen Bewußtsein zu übermitteln versucht. Je mehr Sie bereit sind, sich Ihre Träume bewußt als wesentlichen Teil Ihrer selbst zu eigen zu machen, desto mehr kann sich Ihr Selbstbild erweitern und das mit einschließen, von dem Sie vielleicht schon intuitiv wissen, daß es wahr ist – daß Ihre innere Welt das Universum widerspiegelt. Alles gehört dazu.

Die Identifizierung mit verschiedenen Traumbildern ist eine ausgezeichnete Übung, um ein subjektives Gefühl für den Unterschied zwischen direktem intuitivem Wissen, das die Subjekt/Objekt-Trennung übersteigt, und rationalem Verstehen zu bekommen. Intuitiv wissen Sie besser als irgendjemand anders, welche Bedeutung in den manchmal bizarren Inhalten eines Traums verborgen ist, und die Identifizierung mit den Bildern bringt Ihnen dieses Wissen zu Bewußtsein. Man erweitert also auch seine Intuition, wenn man Projektionen zugibt.

Zur Arbeit mit dem Traum gehört es manchmal auch, einen Traum in der Phantasie weiterzuspinnen. Eine ungelöste Situation kann so in der Vorstellung gelöst oder zu Ende geführt werden. Sie können z. B. Traumbilder auffordern, miteinander oder mit Ihnen (dem Träumer) zu sprechen, damit sie deutlicher werden. Sie werden feststellen, daß Traumbilder bereitwillig auf Fragen antworten, wenn man sie nicht als »böse Phantasieprodukte« behandelt, sondern als real; sie können sich vollständiger entfalten, wenn sie nicht durch vorzeitige Deutung eingeschränkt werden.

Ich habe diese Methode sowohl bei Einzelarbeit mit Träumen als auch in Gruppen brauchbar gefunden. Wenn jemand in einer Gruppe einen Traum bearbeitet, schlage ich vor, die anderen sollten sich den Traum so anhören, *als sei er ihr eigener*. Auf diese Weise kann jeder durch Identifikation mit dem Träumer Anteil nehmen und den Traum zu seinem eigenen Erleben in Beziehung setzen, anstatt zu versuchen, ihn zu analysieren. Zum Beispiel erweiterte sich die Bedeutung eines kurzen Traums erheblich, den eine junge Frau in einer Traumgruppe erzählte, als sie diese Methode des Weiterführens und der Identifizierung ausprobierte. Der Traum war flüchtig, aber lebhaft:

Ich bin in einer sehr dunklen Höhle und habe das Gefühl von Spinnweben um mich herum. Ich fürchte mich schrecklich, einer Riesenspinne zu begegnen wie der, von der ich in einer Geschichte gelesen habe. Ich stelle fest, daß ich mich immer mehr verfange und spüre das Ungeheuer in der Nähe. Ich fühle mich in einer Falle gefangen und hilflos.

Während ich den Traum erzähle, fühle ich, wie die Angst in mir wächst. Das Bild der Spinne ist vage, aber während ich es mir vorstelle, wird es deutlicher. Ich sehe eine riesige schwarze Spinne mit kleinen Augen und metallischen Beinen. Sie ist größer als ich und wird mich einfangen. Sie fängt mich und wickelt mich in Spinnweben ein, so daß ich fest in eine Art Kokon eingebunden bin, und ich kann mich nicht bewegen. Ich fühle mich gelähmt. Ich habe das Gefühl, ich könnte mich unmöglich mit diesem abscheulichen Geschöpf identifizieren. Ich hänge fest. Ich strenge mich ungeheuer an und fange an, mich als die Spinne zu beschreiben. Mein Körper ist schwerfällig, aber ich bin listig und schlau. Ich warte in meiner Höhle, bis jemand sich hineinverirrt. Ich freue mich immer und bin erregt, wenn jemand hereinkommt und ich ihn fangen kann. Ich will meine Opfer nicht verzehren. Ich wickle sie nur ein, damit sie gelähmt sind und nicht wegkönnen. Ich bin entzückt, als ich diese Frau in die Höhle kommen sehe. Ich werde sie fangen und hier bei mir behalten, sicher eingepackt. Das Problem ist, daß meine Opfer, wenn sie eine Zeitlang in Gefangenschaft gewesen sind, nicht mehr lebhaft oder interessant sind und schließlich sterben, darum brauche ich immer neue Opfer. Jeder, der von da draußen hereinkommt, bringt Licht und Leben von draußen mit, und das ist es, wonach ich mich sehne, davon ernähre ich mich.

In diesem Augenblick wurde die Träumerin aufgefordert, den Traum als Phantasie fortzuführen; sie bekam folgende Suggestion: »Wie würde es sich anfühlen, wenn Sie als die Spinne aus der Höhle heraus- und ans Sonnenlicht kommen würden?«

Ich habe große Angst. Ich bin hier drinnen immer unzufrieden, aber ich bin wenigstens sicher. Hier kenne ich mich aus, und früher oder später wandert jemand herein. Ich kann mich am Leben halten. Ich bin sicher, wenn ich meine Höhle verlasse, wird man mich vernichten. Ich bin so häßlich, ich kann den Gedanken ans Tageslicht nicht ertragen. Jemand wird mich töten. Ich werde zertreten. Ich will versteckt bleiben. Ich will lieber hier im Dunkeln verrotten als riskieren, da draußen zerstückelt zu werden. Langsam, ganz langsam fange ich an, zum Ausgang der Höhle zu kriechen. Jeder Schritt erfordert eine ungeheure Anstrengung. Ich möchte zurücklaufen und mich verstecken. Als ich hinausschaue, ist das Licht blendend hell, und ich ziehe mich schnell wieder zurück, aber nicht zu weit. Schließlich nehme ich all meinen Mut zusammen, ich komme heraus, und als ich den warmen Sonnenschein spüre, fällt der schwere Rückenpanzer meines Körpers ab, und heraus kommt eine winzige weiße harmlose Spinne. Als die kleine weiße Spinne bin ich überglücklich, frei zu sein und den Sonnenschein zu spüren. Ich möchte spielen, aber ich habe immer noch Angst, zerquetscht zu werden, weil ich mich klein und verwundbar fühle. Aber ich fühle mich so gut hier draußen . . . es ist einen Versuch wert!

Als sie über die Identifikation mit dem bedrohlichen Bild und die Weiterführung des Traums in der Phantasie nachdachte, machte die Träumerin folgende Bemerkungen:

Ich habe das Gefühl, ich bin durch einen schrecklichen emotionalen Aufruhr durchgegangen. Die Erleichterung, die ich gespürt habe, als ich aus der Höhle herauskam und den Panzer abgeworfen hatte, hat sich in einem Tränenstrom ausgedrückt. Ich sehe in der schwarzen Spinne ein Symbol für alle negativen, destruktiven Aspekte des Weiblichen. Sie ist die besitzergreifende, destruktive, kastrierende Mutter. Sie ist alles, was ich an anderen Frauen hasse und bei mir leugne. Aber ich sehe jetzt, daß sie nur zum Fürchten ist, weil sie selber so große Angst hat. Sie versucht, das, was sie vom Leben will, von anderen Menschen, ihren Opfern, zu bekommen, weil sie Angst hat, hinauszugehen und es sich selber zu verschaffen. Als sie aus ihrem Versteck herauskommt, fühlt sie sich verwundbar, aber sie wirkt nicht mehr bedrohlich. Die Spinne könnte ein Symbol für Verdrängungen sein, die so lange destruktiv und lähmend sind, bis ich sie mir bewußt machen kann. Sobald ich sie erkenne und mit ihnen umgehe, werden sie ihrer Macht entkleidet, und ich habe mehr Kraft. Die fürchterliche Angst, die ich in der Höhle hatte, ist weg. Wenn ich den Mut habe, verletzlich zu sein, gibt es Hoffnung auf ein neues Leben und neue Beziehungen.

In diesem Fall hat die Bereitschaft der Träumerin, sich mit dem bedrohlichen Traumbild zu identifizieren und ihren Traum in der Phantasie fortzusetzen, ihr nicht nur neue Einblicke in einige ihrer eigenen negativen Einstellungen und Ängste verschafft, sondern auch ein befreiendes Erlebnis. Jeder erlebt innere Kämpfe, wenn er versucht, seine Angst zu überwinden, sowohl in der Innen- als auch in der Außenwelt. Die Träumerin hätte das Traumbild leicht als etwas abtun können, das sie nur heraufbeschworen habe, weil sie von einem solchen Geschöpf gelesen habe; so hätte sie seine symbolische Bedeutung in ihrem Leben außer acht gelassen. Der Prozeß der Identifizierung löste jedoch die emotionale Reaktion aus, die zu einer neuen Erkenntnis der Bedeutung des Traums für ihr eigenes Leben führte.

Es wurde noch ein anderer symbolträchtiger Traum erzählt, in dem ein überwältigendes Angstgefühl, das schließlich überwunden und erfolgreich integriert wurde, mitspielte:

Ich kämpfe mit einem großen Reptil oder einer Schlange. Ich bin an einem Berghang; ich packe das Geschöpf hinter dem Kopf und schleudere es in den Abgrund. Ich gewinne eine Atempause und versuche, wegzukommen, aber ich weiß, es ist hoffnungslos. Ich bin in einem Haus, und ich sehe das Geschöpf draußen. Türe und Fenster sind verschlossen, aber das schreckt die Schlange nicht ab; sie kommt durchs Fenster herein. In panischer Angst wache ich auf.

Als der Träumer aufgefordert wurde, sich in seiner Vorstellung mit der Schlange zu identifizieren, sagte er:

Ich bin sehr stark und mächtig – auch klug und listig. Ich will dich nicht vernichten; ich will, daß du mich akzeptierst. Wenn du mich ablehnst, kannst du mich nicht beherrschen, dann bin ich gefährlich. Du kannst mich nicht loswerden, du brauchst mich. Ich werde dich überall finden, wo du auch bist, und ich werde dir in die Quere kommen, wenn du dich nicht mit mir befreundest. Ich kann alle Barrieren niederreißen und dich verfolgen, solange du nicht erkennst, daß ich du *bin*. Ich bin eine mächtige Antriebskraft. Ich bin sexuell und sinnlich. Wenn du vor mir wegläufst, läufst du vor deiner eigenen Kraft davon. Ich bin nur dann zerstörerisch, wenn du meine Stärke nicht benützt.

Im Nachdenken über dieses Erlebnis bemerkte der Träumer:

Ich sehe, daß ich mit meinen eigenen inneren Trieben und Drängen zurechtkommen muß. Ich weiß, daß die Schlange ein Phallussymbol ist und im alten Griechenland auch etwas mit Heilen zu tun hat. Ich weiß auch, daß sie mit der Wiedergeburt in Verbindung gebracht wird, weil sie sich häuten kann.

Die Schlange, von der der Träumer einige Wochen nach dieser symbolischen Identifizierung träumte, war nicht mehr bedrohlich.

Die Arbeit mit Träumen berührt nicht immer eine so dramatische Symbolik wie bei den oben beschriebenen Träumen. Sie kann jedoch dem Träumer immer neue Einsichten über seine aktuellen Einstellungen liefern, ebenso über die Art, wie sie die Umstände im Leben formen, die jenseits bewußter Einflußnahme zu liegen scheinen.

Eine Frau von Ende Zwanzig z. B., die allein lebte und bewußt sehr gern heiraten wollte, konnte zu Männern keine Dauerbeziehung aufrechterhalten. Eines Nachts träumte sie, sie habe Phil geheiratet, einen früheren Freund, aber unmittelbar nach der Hochzeit sei er zum Psychopathen geworden. Sie fühlte sich in einer Falle und war furchtbar erschrocken. Die Bearbeitung dieses Traums führte sie zu der Erkenntnis, wie sehr sie sich vor Intimität fürchtete, daß sie in Wirklichkeit in der Ehe eine Falle sah, und daß sie Angst vor ihrer Wut und ihren irrationalen Impulsen hatte.

Danach war sie bereit, ihre Lebenslage als das anzunehmen, was sie in Wirklichkeit wollte. Daß sie sich ihrer tiefsitzenden Angst vor der Bindung an eine Dauerbeziehung bewußter wurde, machte es ihr möglich, sich dieser Angst zu stellen; allmählich nahm sie dann ab.

Wenn es Ihnen schwerfällt, Träume zu behalten, kann Ihnen die Personifizierung von Traumbruchstücken helfen zu erkennen, was für ein Widerstand Sie an der Bearbeitung von Traummaterial hindert. Ein Mann, der sich nur verschwommen an ein Traumfragment erinnerte, das er für nutzlos hielt, wurde selber zu dem Traum. Er fragte sich als dieser, warum er so schwer faßbar sei, und antwortete, er werde sich erst offenbaren, wenn der Träumer bereit sei, zu hören, was er, der Traum, zu sagen habe. Dieses Zwiegespräch reichte aus, daß der Träumer tatsächlich versuchte, sich Aspekten seiner selbst zu stellen, mit denen umzugehen er früher nicht bereit gewesen war.

Die Methode der Gestalttherapie, Träume zu bearbeiten, indem man sich mit den verschiedenen Bildern des Traums identifiziert, ist besonders für die Arbeit an der persönlichen Integration nützlich. Ein Traum kann jedoch mehr enthalten als die Abbildung projizierter Teile der Persönlichkeit. Manche Träume beziehen sich eindeutig auf die Realität des Alltagslebens; sie enthalten starke Gefühle der Aggression und Angst, die bei wachem Bewußtsein meist verdrängt werden. Manche Traumbilder können auch über egozentrische Auffassungen vom eigenen Selbst hinausgehen und das Bewußtsein von transpersonalen Potentialen erweitern. Für verschiedene Arten von Träumen sollte man jeweils geeignete Methoden der Traumbearbeitung wählen. Wenn z. B. in einem Traum die Alltagswirklichkeit abgebildet wird, können Sie einfach zur Kenntnis nehmen, was der Traum über sie aussagt, ohne zu versuchen, ihn symbolisch zu deuten.

Welche Ebene der Traumbearbeitung Sie auch für einen bestimmten Traum als angemessen ansehen, lassen Sie Ihre Folgerungen aus dem Traum immer offen. Es kann gut sein, daß Ihre Intuition die Bedeutung des Traums erweitert, nachdem Sie Ihre »Bearbeitung« des Traums abgeschlossen haben. In der *Traumdeutung* sagt Freud, man könne tatsächlich niemals sicher sein, daß ein Traum vollständig gedeutet worden sei.[21] Man muß seine Ansichten über Traumdeutung nicht teilen, um die Gültigkeit dieser Bemerkung anzuerkennen. Selbst wenn die Bedeutung des Traums offenkundig zu sein scheint, denken Sie daran, daß die naheliegende Deutung einen tieferen Sinn verbergen kann.

Eine Möglichkeit, vorzeitige oder eingeschränkte Deutungen zu vermeiden und so der Intuition zu gestatten, die Bedeutung eines Traums ohne Störung durch Worte zu erweitern, besteht darin, die Bilder eines Traums zu zeichnen. Die Zeichnung braucht keine künstlerische Leistung zu sein. Tatsächlich können Sie das Gefühl oder die Stimmung eines Traums in der Zeichnung um so freier ausdrücken, je weniger Sie sich darum kümmern, wie sie aussieht.

Natalie Rogers, eine feministische Therapeutin in Sausalito (Kalifornien) hat ihre eigene Erfahrung beschrieben, die sie mit dieser Technik zu einer Zeit ihres Lebens machte, als sie versuchte, das, was sie ihre intuitive, rezeptive, sinnliche, spirituelle Seite nennt, mit ihrer logischen, pragmatischen, linearen, denkenden Seite zu integrieren. Sie schreibt:

Einer der wichtigsten Träume meines Lebens scheint genau diesen Punkt zu symbolisieren. Das Bild, das ich im Schlaf hatte, war so überraschend, daß ich senkrecht im Bett saß, bevor mir klar war, daß ich aufgewacht war. Am nächsten Morgen zeichnete ich ein Bild von dem Traum. Die Intensität, mit der ich ihn empfand, war schwer zu beschreiben.

»Zwei schwarze Kobras mit aufgerolltem Schwanz als Stütze für ihre aufgerichteten Leiber starren einander direkt in die Augen. Ihre dreieckigen Köpfe springen vor auf hochgebogenen Hälsen, die in dieser Bewegung erstarrt sind. An Stelle des Kobra-Hutes haben diese Schlangen große ovale Brustschilde, die dramatisch schwarz-gelb gestreift sind. Eine Vibration wie Anziehung und Abstoßung eines Magneten beherrscht die Schlangen in dieser auffallenden Stellung. Sie sind umfangen von einem ungeheuer großen goldenen Vollmond im Hintergrund.«

Diese Erscheinung habe ich nie mehr vergessen. Daß ich das Bild gezeichnet habe, hat mir geholfen, mich an es zu erinnern. Die starke positive Energie zwischen den beiden Schlangen hatte eine mächtige Wirkung auf mich. Diese beiden Kreaturen waren fast gleich stark und gleich groß. Die linke Schlange ist stolz und kräftig, Hals und Kopf sind vorgestreckt. Sie hat fünf gelbe

Streifen, ist etwas kleiner, und ihr Kopf ist weniger bestimmt. Ihr Hals sitzt nicht so fest am Körper wie der ihres Zwillings. Als ich dieses Bild zeichnete, waren mir die Unterschiede zwischen den beiden völlig unbewußt; erst Monate später sah ich sie. Heute frage ich mich, ob der Traum zum Teil eine Aussage über die neu gefundene Stärke meiner übersinnlichen weiblichen Seite ist. Der Vollmond im Hintergrund ist ein integrierender Kreis, der die Leiber beider Schlangen umfängt.

Nach diesem Traum fielen mir die Schlangensymbole in Museen und Büchern stärker auf. In *Der Mensch und seine Symbole*[22] hatte ich gelesen, daß die Schlange in den Mythen aller Kulturen als Symbol der Kraftquelle, als Symbol kosmischer Kräfte vorkommt. Die Schlange nimmt viele Formen an, darunter auch die der beiden Schlangen, die miteinander verschlungen einen Stab umgeben, der zum Aeskulapstab wird (benützt als Symbol für die Mediziner), dem Symbol des Heilens, der Flüssigkeit, der gegensätzlichen Kräfte, die einander die Waage halten.

Die Schlange, so erfahre ich, ist auch ein Symbol der Transzendenz – einer Vermittlung zwischen Erde und Himmel. Vieles, was mir in meinen mittleren Jahren zu geschehen scheint, soll ein größeres Gewahrsein dessen erbringen, was nicht erdgebunden ist.

Mein Gefühl von meinem Kobra-Traum war das der gegensätzlichen Kräfte in meinem Inneren, eingerahmt von dem größeren Symbol der Weiblichkeit, dem Vollmond. Wenn diese Kräfte im Inneren einander gegenübertreten, erzeugen sie eine dynamische Lebensenergie.

Die Arbeit mit Träumen durch Zeichnen, Malen oder Nachbildung in Ton ist besonders geeignet, wenn man allein arbeitet. Sie entscheiden sich vielleicht manchmal dafür, allein zu arbeiten, obwohl Sie den Traum leicht einer Freundin/einem Freund oder einem Angehörigen erzählen könnten, um Ihrer Intuition Gelegenheit zu geben, sich ohne Eingriffe von außen zu entfalten. Wenn Sie aber lieber mit einem anderen Menschen oder in einer Traumgruppe (d. h. einer Gruppe, die speziell zum Zweck der Arbeit an Träumen gebildet worden ist) an Träumen arbeiten möchten, können die folgenden Leitlinien den Vorgang erleichtern.

Welche Methode der Traumbearbeitung Sie auch benützen mögen, nehmen Sie sich ein paar Minuten Zeit, um den Geist zur Ruhe kommen zu lassen und sich zu entspannen, bevor Sie einen Traum erzählen. Im Rahmen einer Gruppe fordere ich die Teilnehmer auf, während einer kurzen Zeit stiller Entspannung die Augen zu schließen, und gebe folgende Anweisung:

Erinnern Sie sich, wie Sie sich gestern abend gefühlt haben, als Sie *Übung* kurz vor dem Einschlafen waren. Rufen Sie sich ins Gedächtnis, was Sie vor dem Einschlafen als letztes wahrgenommen haben. Wie fühlt sich Ihr Körper an, wenn Sie in den Schlaf hinübergleiten? Erlauben Sie sich, das Gefühl der Entspannung zu genießen, während Sie sich an das Einschlafgefühl erinnern, und ruhen Sie sich ein wenig aus. Wenn Sie bereit sind, Ihren Traum zu erzählen, erzählen Sie ihn in der ersten Person, Präsens, als ereigne er sich gerade eben. Wenn Sie sich die Traumerzählung eines anderen anhören, hören Sie phantasievoll zu, als wäre es Ihr eigener Traum. Wenn Sie einen Traum erzählen wollen, fangen Sie an, wenn Sie sich bereit fühlen.

Wenn Sie den nun folgenden Traum lesen, versuchen Sie, diesen Anweisungen zu folgen und sich vorzustellen, es sei Ihr Traum. Sie können jedes Traumbild subjektiv zu Ihrem Leben in Beziehung setzen. Welche Bedeutung könnte es für Sie haben?

Ich bin in einer Stadt, auf einem College-Campus, und suche ein Gebäude. Ich bin mit einer Gruppe von Freunden zusammen. (Ich weiß nicht, wer sie sind.) Ich bitte einen Vorübergehenden um Auskunft. Er sagt mir, wir müßten einen bestimmten Boulevard hinausfahren. Wir steigen alle in ein Auto ein, und während wir die Straße entlangfahren, wird sie aus einer städtischen Straße zu einer holprigen, ungepflasterten Landstraße. In der Ferne sehe ich ein Gebäude. Ich steige aus dem Auto aus und gehe hinein. Meine Freunde warten im Auto. Das Gebäude sieht aus, als diente es medizinischen Zwecken; es ist sehr still. Anscheinend ist hier niemand. Dann sehe ich jemand im weißen Kittel. Ich frage nach dem Gebäude, das ich suche, und er sagt mir, das sei gleich nebenan. Ich hatte es beim Herausfahren nicht bemerkt, aber da ist es. Ich gehe aus dem Gebäude heraus und in das andere hinein. Ja, das ist das Haus, nach dem ich gesucht habe. Es ist brandneu, es ist angenehm und modern, und der Boden ist mit dickem Teppichflausch bedeckt. Ich freue mich, während ich im Inneren herumgehe und verschiedene Räume entdecke. Es ist bezugsfertig, aber es ist noch nicht bezogen.

Für diese Träumerin war es einfach, die Traumbilder mit Ereignissen der jüngsten Vergangenheit in ihrem Leben in Verbindung zu bringen. Sie war zu einer Veränderung bereit, hatte aber noch nicht beschlossen, was sie als Nächstes tun wollte. Bei der Bearbeitung des Traums wurde ihr klar, daß sie gewußt hatte, sie wollte in ihrer Arbeit ein neues Projekt anfangen, das am Ende die Zusammenarbeit einer Reihe von Leuten bei einem Bildungsprogramm mit sich bringen würde. Wie im Traum wußte sie, daß sie nach einem »bestimmten Gebäude« suchte; das bedeutete, die Initiative zu ergreifen und Auskünfte einzuholen. Sie war diejenige, die voranging, um Fragen zu stellen, während ihre Freunde im Auto warteten. Sie überlegte, daß sie sich bei allen wichtigen Veränderungen in ihrem Leben von einer Gruppe hatte trennen und eigene Initiative hatte ergreifen müssen. Sie wußte auch aus früheren Erfahrungen, daß sie nach etwas suchen konnte (d. h. nach einer Veränderung in ihrem Leben), ohne zu merken, daß es schon »da« war. Als sie fand, was sie suchte, war sie sich dessen sicher, »Dies ist es!« Sie hatte keinen Zweifel, daß sie das Gebäude (d. h. das Projekt) gefunden hatte, das sie suchte. Was sie im Traum überrascht hatte, war der Umstand, daß sie die Stadt verlassen mußte, um es zu finden – und die Straße dorthin war uneben und holprig. Sie bemerkte, daß der dicke Teppich auf dem Fußboden des neuen bezugsfertigen Gebäudes das Hinfallen dort drinnen risikolos erscheinen ließ.

Jeder, der diesen Traum hört, kann wahrscheinlich irgendeine Bedeutung in ihm entdecken. Nicht jeder würde ein klares Gefühl haben, wofür das »neue Gebäude« bestimmt wäre oder wie er es anstellen sollte, es zu finden, aber jeder kann es als eine Art Projektionsleinwand benützen. Wenn man in einer Gruppe auf Träume reagiert, muß man daran denken, für alles, was man sagt, die Verantwortung zu übernehmen. Wenn Sie Ihren Anmerkungen den Satz voranstellen: »Wenn das mein Traum wäre, hätte ich das Gefühl...« oder »Bei mir ruft das Bild der Landstraße ... hervor...«, erinnert dies den Träumer/die Träumerin und Sie selbst daran, daß Sie Ihre persönlichen Reaktionen anbieten und nicht versuchen, ihm oder ihr zu sagen, was etwas bedeutet. Alle Details eines Traums bekommen ihre Bedeutung aus dem Lebenszusammenhang des Träumers; er ist auch immer der beste intuitive Interpret seines Traums, ganz gleich, wieviel irgendjemand anders über Symbole und ihre Deutung weiß.

Die Tendenz der Träume, sich zu verflüchtigen, erfordert wie die Intuition, wenn wir aus ihnen lernen wollen, die Bereitschaft, ihnen Zeit und Aufmerksamkeit zu schenken. Träume enthalten oft den Keim künftiger Möglichkeiten und spiegeln wider, was sich in unserem Leben von innen heraus entfaltet. Wenn Sie Ihre Träume ernst nehmen und anfangen, sie regelmäßig aufzuschreiben, wird Ihnen vielleicht eine wachsende Anzahl von Vorhersageträumen und Träumen mit außersinnlichen Wahrnehmungen auffallen. Haben Sie jemals ein »Déjà-vu-Erlebnis« gehabt, bei dem Sie plötzlich »wußten«, das habe ich schon einmal erlebt? Oder sind Sie jemals zum ersten Mal an einen Ort gekommen, von dem Sie rational wußten, daß Sie ihn nie vorher gesehen hatten, und er ist Ihnen bekannt vorgekommen? Einige dieser Erlebnisse lassen sich durch Vorauswissen in Träumen erklären, das einem einen flüchtigen Blick auf künftige Ereignisse ermöglicht.

Ich habe selber eine Reihe von Vorhersage-Träumen gehabt; sie waren alle nicht sehr auffallend, einige aber ganz detailliert und deutlich. Den neuesten hatte ich vor einigen Wochen. Ich träumte, ich sei in einem großen Speisesaal, der eine ungewöhnlich eckige Form hatte, Fenster mit kleinen Glasscheiben und hölzerne Tische. Ich habe den Traum, an den ich mich deutlich erinnerte, aufgeschrieben. Etwa zehn Tage später fuhr ich in ein Meditationscamp im Wald, das ich nie vorher gesehen hatte. Der Speisesaal dort glich genau dem in meinem Traum.

Arthur Hastings, ein Parapsychologie-Forscher, der seine Träume mehrere Jahre lang in allen Einzelheiten aufgeschrieben hat, hat vor kurzem einen Artikel mit dem Titel »Träume von künftigen Ereignissen: Vorauswissen und Perspektiven« veröffentlicht, in dem er von seinen eigenen Erfahrungen berichtet:

Als ich meine Träume beobachtete und versuchte, mit ihnen zu arbeiten und ihre Perspektiven in mein Wachleben hineinzunehmen, erkannte ich, daß sie mir bei bestimmten Arten von Ereignissen zeigten, was geschehen würde, und auch, was ich dabei zu tun hatte. Es waren insbesondere Ereignisse, bei denen ich beruflich irgendeine Rolle zu spielen hatte – ein Vortrag, den ich halten sollte, die Organisation und Leitung eines Seminars, eine geschäftliche Unternehmung, bei der ich beratende Funktion hatte.

Bei einer Gelegenheit sollte ich in San Francisco bei einer Vortragsreihe einen Redner einführen. Vier Nächte vorher hatte ich geträumt, bei dem Vortrag funktionierten die Mikrophone nicht, so daß ich den Wärter holen mußte. Bei dem Vortrag nun machten die Mikrophone tatsächlich Schwierigkeiten, und der Verstärker fing einen Redner irgendwo anders im Gebäude auf, so daß die Dienste des Wärters nötig waren, um die Anlage in Ordnung zu bringen. Der Traum deutete an, was geschehen würde und zeigte, daß meine Rolle die sein würde, den Wärter zu finden. Das Traumereignis – ein Vortrag – und das Ereignis im Wachleben waren in diesem Fall dasselbe.

Gewöhnlich liefern meine Träume eine brauchbare bildliche Darstellung von einem künftigen Ereignis – einmal z. B., als ich ein Seminar für eine Gruppe von Firmenpräsidenten plante. In einem Traum einige Tage vor der Zusammenkunft stattete ich arabischen Scheichs einen Besuch in einem Wüstenzelt ab. Dieser Traum deutete mir meine Gefühle an und ermöglichte mir, zu überlegen, wie ich mit Menschen umgehen sollte, die wie Scheichs waren.

Ein andermal leitete ich ein monatelanges Seminar über Bewußtseinsforschung. Drei Nächte vor Seminarbeginn träumte ich, ich sei im Begriff, eine Bühne zu betreten, um eine Zaubervorführung zu machen, aber ich hätte meine Tricks nicht zur Hand. Ich verstand ohne weiteres, daß dieser Traum mir widerspiegelte, ich hätte mein Auftreten noch nicht geplant. Ich machte mich also daran, meine Gedanken und Pläne für das Programm zu ordnen. Ich benütze Träume, um mein Gewahrsein für die Möglichkeiten einer Situation zu erweitern und auf dieses Potential zu reagieren.[23]

Auch an anderen Stellen[24, 25, 26] wird über viele Fälle von Vorhersage-Träumen und telepathischen Träumen berichtet. Die »Flüchtigkeit« des Phänomens macht es äußerst schwierig, es wissenschaftlich zu beurteilen. Diese Schwierigkeiten brauchen jedoch den einzelnen nicht von der sorgfältigen Beobachtung seiner persönlichen Erfahrungen abzuhalten. Dr. Hastings' Selbstbeobachtung ist ein gutes Beispiel dafür, wie man lernen kann, sich eine Kenntnis voraussagender Elemente in Träumen zunutze zu machen. Gelegentlich rüttelt einen vielleicht ein auffallender Voraussage-Traum oder telepathischer Traum so auf, daß man aufmerksamer wird, selbst wenn man sich nicht absichtlich bemüht hat, solche Träume aufzuzeichnen oder sie sich zu merken. Vor etwa einem Jahr erzählte mir ein Freund, er habe einen solchen Traum gehabt. Er träumte, er saß in seinem Arbeitszimmer, als Anthony Sutich, ein gemeinsamer Freund, der Begründer des *Journal of Transpersonal Psychology*, mit strahlender Miene hereinkam. Das war ziemlich überraschend, da Tony seit vielen Jahren gelähmt war. Als der Freund bemerkte, er sei überrascht und froh, ihn zu sehen, antwortete Tony: »Na ja, weißt du, ich bin tot.« Am nächsten Tag erreichte ihn die telefonische Nachricht, daß Tony tatsächlich in der vorigen Nacht kurz nach Mitternacht gestorben war.

Solche Erlebnisse bedürfen keiner Erklärung in Begriffen eines Glaubenssystems. Es genügt zu wissen, daß sie vorkommen, und daß sie manchmal unerwartet eintreten. Sie brauchen sich nicht vor ihnen zu fürchten, trotzdem werden Sie es vielleicht nützlich finden, Ihr Bewußtsein von ihnen zu erweitern. Auch hier ist wieder die Intuition wirksam, um Sie etwas wissen zu lassen, selbst wenn Sie nicht herausbekommen können, wie Sie es wissen. Indem Sie es akzeptieren, können Sie es wahrscheinlich erweitern. Eine Haltung wacher, nicht urteilender Beobachtung kann Ihnen helfen, die Verfügbarkeit derartiger Erfahrungen zu steigern, ohne ihnen zuviel Bedeutung beizumessen oder den Versuch zu machen, sie wegzuerklären. Wenn Sie Vorhersage-Träume haben, die Sie beunruhigend finden, werden Sie sich vielleicht jemanden suchen, mit dem Sie sie besprechen können. Hüten Sie sich vor Deutungen oder Anschauungen, die sie noch geheimnisvoller machen oder sie ganz und gar als irreal abtun. Bei der Arbeit mit jeder Art von Träumen sollten Sie daran denken, daß Sie der beste Interpret Ihrer eigenen Träume sind, und lernen Sie, Ihrer Intuition zu vertrauen.

Wenn Sie bei sich die Fähigkeit erkannt haben, in Träumen etwas vorherzuwissen, möchten Sie vielleicht etwas ändern an dem, was

Ihnen Angst macht oder nicht gefällt. Eine Frau, die viele außersinnliche Träume hatte und diese ziemlich beunruhigend fand, war besonders besorgt, nachdem sie geträumt hatte, ihr Sohn, der in einem anderen Landesteil war, habe einen Autounfall gehabt. Drei Tage später rief er aus dem Krankenhaus an. Der Unfall hatte sich genauso abgespielt, wie sie ihn geträumt hatte, zwei Tage nach dem Traum. Diese Frau fühlte sich frustriert, weil ihr Sohn nicht glaubte, daß ihre Träume Vorhersagewert hätten und sagte, sie sei übermäßig beschützend und mache sich unnötige Sorgen. Immer, wenn sie ihn auf Grund ihrer Träume vor etwas warnte, sagte er, es sei Wunschdenken oder sie versuche, etwas »absichtlich herbeizuführen«. Unter solchen Umständen versucht das Ich mit allen Mitteln, die Steuerung zu übernehmen und entweder die Realität, die sich in einem Traum zeigt, zu verleugnen, oder einen wünschenswerteren Verlauf zu entwerfen. Gewöhnlich funktioniert weder das eine noch das andere. Das Problem ist insofern komplizierter, als unbewußte und bewußte Persönlichkeitsfaktoren beteiligt sind. Das Unbewußte und die Traumwelt reagieren nicht gut auf autoritäre Forderungen. Träume sagen einem, was man wissen muß, nicht unbedingt, was man gern wissen möchte. Träume können einem auch helfen, sich der Realität einer Situation zu stellen, die manchmal erschreckend oder abstoßend sein kann. Die Erweiterung des intuitiven Wissens hängt ab von der Bereitschaft, mehr zu wissen und zu verstehen, selbst wenn das bedeutet, Angst zu haben oder sich unbehaglich zu fühlen.

Es mag zwar möglich sein, die Bedingungen der Ereignisse zu vermeiden, vor denen Träume gewarnt haben, aber die wirksamste Arbeit kann man an sich selber tun. Sich selbst zu verändern, ist der direkteste Weg zur Veränderung des eigenen Lebens. Aber auch hier stehen wir wieder vor dem Paradoxon, daß der Wunsch und der Versuch ein Hindernis für die Veränderung sein können. Denken Sie daran, daß einige der tiefgreifendsten Wandlungen mit Selbstannahme und Selbstgewahrsein beginnen, wozu auch das Annehmen von Träumen gehört – so, *wie sie sind*. Wenn sie erschreckend sind, muß man sich der Angst stellen. Wenn Sie von einem Unglück träumen, das nachher auch passiert, bedeutet das nicht, daß Sie das Unglück hervorgerufen haben; es bedeutet, daß

Sie das intuitive Wissen von Ereignissen hatten, die noch nicht stattgefunden hatten. Wenn Sie mit der inneren Wirklichkeit arbeiten, genügt es, die Verantwortung für Ihr eigenes Leben zu übernehmen. Hüten Sie sich vor Machtgefühlen, die Sie glauben machen, Sie könnten das Leben eines anderen manipulieren. Die beste Faustregel ist, es sein zu lassen. Die meisten von uns haben genug Schwierigkeiten damit, herauszufinden, was für uns selber gut ist; wir sind aber dennoch in Versuchung, anderen vorzuschreiben, was für sie gut ist.

Die Unterscheidung, ob ein Traum etwas voraussagt oder eine Spiegelung innerseelischer Ereignisse ist, kann schwierig sein, da der Traum vielleicht darüber keine klare Auskunft gibt. Wenn Sie z. B. träumen, jemand stirbt, können Sie vielleicht nicht sagen, ob dies bedeutet, daß der Betreffende sterben wird oder nicht länger Teil Ihres Lebens sein wird, oder ob er einen Teil von Ihnen darstellt, der stirbt oder in etwas Neues verwandelt wird. Man tut gut daran, sich zu erinnern, daß in Träumen niemals etwas wirklich stirbt, und daß man zuweilen von seinem eigenen Tod träumt. Ich habe das Sterben im Traum auf vielerlei Weisen erlebt. Als Jugendliche habe ich häufig vom Ertrinken geträumt. Ich habe auch davon geträumt, bei einem Flugzeugabsturz zu sterben, erschossen zu werden und von einem Zug überfahren zu werden. Da man während seiner Lebenszeit viele Zyklen von Tod und Wiedergeburt durchläuft, kann es eine wertvolle Lernerfahrung sein, während eines Todestraums bewußt zu bleiben und nicht in Panik aufzuwachen. Manche Menschen, die im Traum ihren Tod bewußt erlebt haben, berichten, daß sie danach weniger Angst haben, dem Tod gegenüberzustehen, *und* weniger Angst vor dem Leben.

Wenn man von Verstorbenen träumt, ist oft ihre Gegenwart im Traum ebenso lebendig wie zu ihrer Lebenszeit. Kurz nach dem Tod meiner Mutter hatte ich im Traum ein Gespräch mit ihr, bei dem ich wußte, daß sie tot war, und sie bat, mir etwas vom Tod zu erzählen. Dieser Traum war für mich besonders bedeutsam, weil die Interaktion, die ich im Traum mit meiner Mutter erlebte, frei von all den Kommunikationsproblemen war, die wir zu ihrer Lebenszeit erlebt hatten. Ich fühlte mich vollkommen mit ihr versöhnt. Manche Überzeugungssysteme würden behaupten, ich hätte mich in diesem Traum tatsächlich mit meiner Mutter als einem körperlosen Wesen unterhalten. Ich finde eine solche Überzeugung vom psychologischen Standpunkt aus überflüssig, da der Traum dieselbe Wirkung hatte, ganz gleich, ob es ein rein subjektives Erlebnis war oder nicht. Man könnte es auch leicht als Projektion erklären, die nichts mit meiner Mutter als Einzelwesen zu tun hatte, aber ich empfand nicht das Bedürfnis, es zu erklären. Für mich war der Traum ein Abschluß meiner Beziehung zu meiner Mutter und ein Annehmen ihres Todes. Die emotionale Wirkung eines solchen Erlebnisses prägt sich ein, ohne Rücksicht auf kognitive Erklärungen; es kann sich selbst Gültigkeit verschaffen, wie es in diesem Fall bei mir war.

Man sagt, Träume hätten eine *kompensatorische* Funktion insofern, als sie oft das Gegenteil von dem zeigen, was man bewußt glaubt oder erlebt. Wenn alles im Leben in guter Ordnung ist und befriedigend zu sein scheint, können Träume beunruhigend sein; das ist gewöhnlich so, wenn man beschließt, sie nicht zu beachten. Andererseits können Träume in manchen Fällen von Depression eine neue Sicht vom Leben anbieten, die einen Umschwung bewirken und dem Träumer neue Reaktionsmöglichkeiten eröffnen kann, sofern er bereit ist, Träume ernst zu nehmen.

Der folgende Traum markierte einen Wendepunkt im Leben einer Frau, die nach sechzehn Ehejahren eine qualvolle Scheidung durchmachte.

Ich gehe allein auf einem Gebirgspfad, nachdem ich aus einem Schloß entflohen bin, in dem eine bedrohliche männliche Figur lauerte. Irgendwo in der Nachbarschaft kämpfen Löwen, ich fürchte mich, aber ich muß weitergehen. Der Schatten eines weißen Löwen kreuzt den Pfad vor mir. Ich muß meine ganze Willenskraft zusammennehmen, um weiterzugehen. Ich sage zu mir selber, wenn ich weitergehe, werde ich vielleicht Aslan treffen (einen Löwen aus einem Geschichtenbuch, der eine gottähnliche Beschützerfigur war). Nachdem ich lange gegangen bin, finde ich mich auf einer Wiese mit saftigem grünem Gras. Dann bin ich im Wald und sehe nicht Aslan mir entgegenkommen, sondern mich selber. Es ist ein ganz gewöhnliches Ich, weder jung noch alt, weder hübsch noch häßlich. Ich umarme mein Double und empfinde eine Flut positiver Gefühle, aber es will nicht zu fest umarmt werden. Dies war vollkommen. Es bezeichnete das Ende einer schwierigen Reise. Ich fühlte, daß ich zu Hause war.

Als ich aufwachte, wußte ich, daß dies ein wichtiger Traum war. In den folgenden Monaten erkannte ich mehr und mehr, daß ich mich selber zum ersten Mal kennenlernte.

Der Traum hatte eine emotionale Wirkung, da die Träumerin keine Deutung braucht, um seinen Wert zu erkennen. Die Traumbilder schienen für sich selbst zu sprechen.

Jeder Mensch träumt jede Nacht – beschließt man, Träume zur Kenntnis zu nehmen, kann man auch ohne Deutungen Zugang zu einem riesigen Reservoir unbewußter Weisheit erhalten. Das Traumbewußtsein ist selbst eine Form intuitiven, nicht-rationalen Erfahrungswissens, daher eröffnet die zunehmende Wahrnehmung der Träume einen der direktesten Wege zur Steigerung des Gewahrseins der Intuition. Im allgemeinen gilt die Regel, daß man sich am besten von Büchern fernhält, die spezifische Deutungen von Traumsymbolen anbieten. Eine solche Deutung stört die Erweiterung des Gewahrseins, indem sie ein Bild wegerklärt und so seine verwandelnde Kraft mindert. Wenn Sie wichtige Bilder zu früh abtun, verlieren Sie vielleicht die Gelegenheit, die Bilder so zu behandeln, als ob sie *real* wären, und ihnen so in Ihrem bewußten Leben Raum zu geben. Es kommt nicht darauf an, welche Methode Sie sich für die Arbeit mit Träumen aussuchen. Es sind viele Bücher zu haben, die Auskunft über die Traumbearbeitung geben. Sie können jede Methode wählen, die Sie anspricht. In Wirklichkeit wissen Sie schon alles, was Sie wissen müssen, um mit der Erweiterung Ihres Traumbewußtseins anzufangen. In der Arbeit mit Träumen erhalten Sie eine ausgezeichnete Möglichkeit, Ihrer Intuition zu vertrauen und die nicht-rationale Seite Ihres Wesens verstehen zu lernen.

Wenn Sie die Arbeit mit Ihren Träumen als Möglichkeit der Bewußtseinserweiterung gewählt haben, interessieren Sie sich vielleicht dafür, welchen Stellenwert Träume in anderen Gesellschaften haben. In den Kulturen der amerikanischen Indianer sind Träume oft Teil des religiösen Systems. Schamanen benützen ihre Träume z. B. beim Heilen oder Wahrsagen.[27] Absichtlich herbeigeführte Träume und Visionen werden bei Mannbarkeitsritualen über die Berufung eines Menschen befragt. Verschiedene Rituale können dabei Träume hervorrufen, besonders Fasten und Isolierung, aber sie führen alle zu derselben Quelle innerer Weisheit: zum Traum selbst als der zuverlässigsten Quelle von Orientierung im Leben.

Das Malayenvolk der Senoi, bekannt für die Friedfertigkeit und Kooperativität seiner Gesellschaft, benützt alltäglich die Träume als Anweisungen für persönliche und soziale Angelegenheiten. Man bringt den Kindern bei, beim Frühstück ihre Träume zu erzählen und ihre Träume durch luzides Träumen zu steuern. Eine der Grundregeln fordert, sich Gefahren oder bedrohlichen Gestalten im Traum immer zu stellen und sie zu besiegen, anstatt vor ihnen davonzulaufen. Träume sind ein integraler Bestandteil der täglichen Besprechung des Dorfrates, und die Aktivitäten des Stammes werden weitgehend durch Träume bestimmt. Benachbarte Stämme schreiben den Senoi Zauberkräfte zu; diese können so trotz der Nähe feindlicher Nachbarn ihre Friedfertigkeit bewahren.[28, 29]

Viele alte Kulturen nahmen Träume für göttliche Offenbarungen. In der Bibel ist häufig die Rede davon, daß Gott durch Träume zum Menschen spricht, im Alten wie im Neuen Testament. Die alten Ägypter glaubten, göttliche Mächte gäben sich durch Träume zu erkennen, und die Kunst, Träume herbeizuführen und sie zu deuten, wurde hoch geschätzt. Priester, die diese Gaben besaßen, wurden hoch in Ehren gehalten. Auch die alten Griechen betrachteten Träume als lehrreich und als Produkte der Eingebung. Etwa um 400 vor Christus schrieb Synesius von Kyrene:

Beim Weissagen durch Träume ist jeder von uns in sich selber sein eigenes Instrument: Was wir auch tun mögen, wir können uns nicht von unserem Orakel trennen; es bleibt bei uns, es folgt uns überallhin.[30]

Anspielungen auf Träume sind auch im Koran in Fülle vorhanden, und Mohammed erfuhr von seiner Mission zuerst durch einen Traum.[31] Die Upanishaden, ein Teil der altvedischen indischen Literatur, bezeichnen Träume als einen Zwischenzustand zwischen dieser Welt und einer anderen, in der man über den Tod hinweggeht. Es heißt, im Traum sei der Mensch »selbst-erleuchtet«.[32]

In den heutigen westlichen Gesellschaften mißt man Träumen in erster Linie in der Psychoanalyse und in der Tiefenpsychologie Bedeutung bei; hier wird ihr Wert für das psychische Wohlbefinden und die psychische Gesundheit anerkannt. Im alten Griechenland pflegte derjenige, der einen heilenden Traum haben wollte, zu dem entsprechenden Tempel zu gehen und zu warten, bis der Gott des Heilens ihm im Traum erschien. Heute ist die Heilkraft der Träume fast nur auf das Behandlungszimmer verwiesen, aber sie findet auch ihren Weg in die allgemeine Kultur. Jung sah in den Träumen eine wichtige Brücke zwischen bewußten und unbewußten Prozessen. Er schreibt:

Die allgemeine Funktion der Träume besteht in dem Versuch, uns das psychische Gleichgewicht wiederzugeben, indem sie Traummaterial produzieren, das auf subtile Weise die gesamte psychische Balance wiederherstellt.[33]

Träume tragen aber auch dazu bei, ein Gleichgewicht zwischen rationalen und intuitiven Funktionen herzustellen. Es ist nicht nötig, an einer formellen, ritualisierten Suche nach einer Vision teilzunehmen, um von den eigenen Träumen Lebenshilfe zu bekommen, obwohl man sich auch dafür entscheiden kann. Träume stehen jedermann jede Nacht zur Verfügung, und sie können eine reiche Quelle von Kreativität und Inspiration sein. Der deutsche Chemiker Kekulé entdeckte die Molekularstruktur des Benzols im Traum; der französische Mathematiker Poincaré löste im Traum mathematische Aufgaben. Der britische Autor Robert Louis Stevenson erfand im Traum Geschichten, zunächst zum Vergnügen, später um sie in seinem Schriftstellerberuf zu verarbeiten.[34] Musiker hören Musik, Maler sehen Gemälde, und Dichter machen im Traum Gedichte. Träume bringen die Geschenke mit, die man bereit ist zu empfangen. Indem Sie in Ihrem Leben für ein erweitertes Traumbewußtsein Platz machen, bereiten Sie den Weg für Ihre eigene einzigartige kreative Inspiration.

Die Beachtung von Träumen kann auch Bewußtseinsebenen eröffnen, die dem Leben neuen Sinn geben. Intuitiv wissen Sie vielleicht schon, welch tiefe Bedeutung sich in Ihren Träumen verbirgt. Wenn Sie Ihre Träume verstehen lernen, lernen Sie eine der Sprachen der Intuition. Wenn Sie das Licht des Bewußtseins in die Traumwelt hineintragen, wird die Intuition für gültig erklärt, bestätigt und erweitert.

6 Praktische Problemlösung

> Für den rationalen Denktypus scheinen die Ge-
> dankengänge des Intuitiven verkehrt zu laufen,
> weil seine Schlußfolgerungen aus dem Unbe-
> wußten stammen und nicht auf einer Prämisse
> beruhen.
>
> Frances Wickes
> *Analyse der Kinderseele*

In vielen Bereichen des menschlichen Bemühens spielt Intuition
beim Lösen von Problemen eine Rolle. Man kann sie als Intuition
bezeichnen, die auf der mentalen Ebene wirkt. Wir haben schon im
2. Kapitel erwähnt, daß nach einigen Untersuchungen zur Funktion der Intuition beim Lösen von Problemen die Intuition eine Art
des Folgerns, eng verwandt mit der unterschwelligen Wahrnehmung ist. Andere nehmen an, Intuition sei eine Art außersinnlicher
Wahrnehmung und nicht von sensorischem Input abhängig. In
einer Studie, bei der Kreativität und Komplexität der Aufgaben zu
den Unterschieden zwischen intuitiver und analytischer Problemlösung in Beziehung gesetzt wurden, kamen die Forscher zu dem
Schluß, die relative Effektivität jeder der beiden Arten sei abhängig sowohl von der Art des Problems als auch vom Erkenntnisstil
des Individuums. Eine ihrer Feststellungen war, daß die eher
kreativen Versuchspersonen bei komplexen Aufgaben die Intuition, bei einfachen Aufgaben die Analyse effektiver fanden.[1] Wie
man es auch erklären mag oder was man darüber denkt, die
Intuition wird weithin als wesentlich für Problemlösung wie Kreativität in vielen verschiedenen Formen anerkannt.

In den Naturwissenschaften, wo Logik und Beweisführung als
wesentliche Bestandteile der wissenschaftlichen Methodik betont
werden, spielt auch die Intuition eine entscheidende Rolle. Nach
einer extensiven Untersuchung der Dynamik der naturwissen-
schaftlichen Entdeckung bemerkt Michael Polanyi, Professor für
physikalische Chemie und Philosoph:

Und wir wissen, daß der Naturwissenschaftler Probleme sieht, Ahnungen hat, und, von diesen Erwartungen ermutigt, die Suche aufnimmt, die diese Erwartungen erfüllen soll. Diese Suche wird ständig von Gefühlen einer sich vertiefenden Kohärenz geleitet, und diese Gefühle haben eine gute Chance, sich als richtig zu erweisen. Wir können hier die Kräfte einer dynamischen Intuition erkennen. Der Mechanismus dieser Kraft läßt sich durch eine Analogie erhellen. In der Physik spricht man von potentieller Energie, die freigesetzt wird, wenn ein Gewicht eine Schräge hinuntergleitet. Unsere Suche nach tieferen Zusammenhängen wird von einem Potential gelenkt. Wir spüren das Gefälle in Richtung auf tieferen Einblick so, wie wir die Richtung spüren, in der ein schweres Gewicht einen steilen Abhang hinuntergezogen wird. Diese dynamische Intuition lenkt das Streben nach der Entdeckung.[2]

Die Intuition ist dem Verstand nicht entgegengesetzt, sondern arbeitet komplementär mit ihm zusammen. Im typischen Fall folgen auf den erschöpfenden Gebrauch von Logik und Verstand blitzartige intuitive Einsichten. Der Physiker Fritjof Capra sagt:

Die wissenschaftliche Forschung beruht zwar zum größten Teil auf rationalem Wissen und Verfahren, aber nicht ausschließlich. Die rein rationale Forschung wäre in der Tat nutzlos, wenn sie nicht durch die Intuition ergänzt würde. Sie gibt den Wissenschaftlern neue Einsichten und macht sie kreativ. Diese Einsichten neigen dazu, plötzlich zu kommen, und charakteristischerweise nicht dann, wenn man am Schreibtisch sitzt und die Gleichungen ausarbeitet, sondern in der Badewanne, beim Waldspaziergang, am Strand usw. Während dieser Periode der Entspannung nach konzentrierter intellektueller Aktivität scheint die intuitive Seite der Vernunft die Oberhand zu gewinnen und kann dann die schlagartige Erleuchtung herbeiführen, die das Vergnügen und die Freude der wissenschaftlichen Forschung ist.[3]

Polanyi bezieht sich ausdrücklich auf die Funktion der Intuition in der Mathematik:

Ich habe gezeigt, daß alle Beweise und Theoreme der Mathematik ursprünglich dadurch entdeckt worden sind, daß man auf ihre intuitive Vorwegnahme aufgebaut hat; daß die etablierten Ergebnisse solcher Entdeckungen in der Form ihrer intuitiv erfaßten Form angemessen gelehrt, verstanden und in Erinnerung behalten werden; daß diese Ergebnisse wirksam aufs neue angewandt und weiterentwickelt werden, indem man über ihren intuitiven Inhalt nachdenkt, und daß sie daher unsere legitime Zustimmung nur gemäß unserer intuitiven Billigung bekommen können.[4]

Auch Einstein bestätigt die Bedeutung der Intuition bei seiner eigenen Arbeit. Alexander Moszkowski zitiert Einstein:

Das Erfinden tritt hier als konstruierende Tätigkeit auf. Hierin also liegt nicht das, was die Originalität der Sache im wesentlichen ausmacht, sondern die Schaffung einer gedanklichen Methode, um zu einem logisch geschlossenen System zu gelangen ... das eigentlich Wertvolle ist im Grund die *Intuition*![5]

Moszkowski äußert die Ansicht, daß auch in der Kunst ein intuitiver Akt der Entdeckung eine Rolle spielt. Von Beethoven heißt es, er habe ein Grundthema »entdeckt« und es später ausgeführt. Es kommt nicht selten vor, daß Musiker und Künstler berichten, sie hätten ihre Werke als akustische Bilder gehört oder als optische Bilder gesehen, bevor sie sie ausführten oder ihnen die kohärenten Formen gaben, die sich auch anderen mitteilen.

Carson Jeffries, Physiker an der University of California, Berkeley, der zugleich ein relativ bekannter Bildhauer ist, hat über seinen eigenen Intuitionsprozeß bemerkt:

Alle guten Ideen (d. h. das plötzliche Verstehen eines Phänomens, das ich experimentell entdeckt habe, oder die theoretische Erfindung einer neuen Versuchsmethode), die ich in der Physik gehabt habe, sind mir folgendermaßen gekommen: Ich war von der Analyse eines Problems ganz in Anspruch genommen, dabei erregt von der Ahnung einer Lösung, konnte diese aber noch nicht wirklich sehen, nur die Erwartung. Zu irgendeiner anderen Zeit, oft, während ich am Einschlafen war oder aufwachte, kam mir eine wirklich gute Idee – so gut, daß ich aufstand und mir ein paar Notizen machte (manchmal in Form von Zeichen, Symbolen). Am nächsten Tag schrieb ich dann die Idee ausführlich in mein Ideentagebuch. Sogar fast im Schlaf wußte ich genau, daß es wirklich eine gute Idee war, weil sie mich erregte und glücklich machte.
Im Wachzustand, wenn ich etwas deutlich erkenne (etwas, das ich vergebens zu verstehen versucht habe), habe ich plötzlich ein wirklich gutes Gefühl – ein warmes, sinnliches, körperliches

Lustgefühl. Ich glaube, das fühle ich auch im Schlaf, und das weckt mich auf.

Genau den gleichen Vorgang erlebe ich auch bei der Bildhauerarbeit. Ein klares Vorstellungsbild von einer neuen Skulptur oder einem Konzept kommt auf dieselbe Weise wie eine Idee zu einem Physik-Problem, und auch hier schreibe ich es auf. Mein Ideentagebuch enthält Notizen über Physik und über Kunst aufs Geratewohl durcheinandergemischt.[6]

Intuition in der Kunst beschränkt sich nicht auf die schöpferische Vision oder auf Vorstellungsbilder, denen der Künstler später Form verleiht. Der schöpferische Vorgang selbst wird durch die Intuition des Künstlers gelenkt, die ihm sagt, ob er den »richtigen« Weg nimmt. Ein Maler weiß, wann eine Farbe oder Form in einem Gemälde »richtig« ist, weil er ein intuitives Gefühl des Erkennens hat. Anders als der Mathematiker braucht der Künstler seine intuitive Wahrnehmung dessen, was »richtig« ist, nicht rational zu rechtfertigen. Aber die Worte, die Polanyi gebraucht, um die lenkende Rolle der Intuition in den Naturwissenschaften zu beschreiben, lassen sich auch auf die Kunst anwenden: »Unsere Suche nach tieferen Zusammenhängen wird von einem Potential gelenkt . . . Diese dynamische Intuition lenkt das Streben nach der Entdeckung«[7], und, könnte man hinzufügen, die schöpferische Anstrengung auf jedem Gebiet.

Die Grenzlinien zwischen der kreativen Inspiration des Naturwissenschaftlers und des Künstlers verwischen sich, wenn wir die Rolle der Intuition im schöpferischen Prozeß betrachten. Auch hier scheint die Intuition wieder am besten zu funktionieren, wenn man nicht zu eifrig versucht, etwas herbeizuführen. Hadamard berichtet, daß die meisten Mathematiker, die auf ihrem Gebiet wichtige Entdeckungen gemacht haben, den Gebrauch von Wortvorstellungen, algebraischen oder anderen genau festgelegten Zeichen vermeiden und sich beim Erfindungsprozeß auf die Verwendung vager Bilder verlassen, und daß Einstein als wesentliches Merkmal des produktiven Denkens ein »Kombinationsspiel« von Bildern vorschlägt.[8] Das Thema »Spiel« taucht wieder auf, wenn Dr. Huston Smith, Professor für Philosophie und Religion an der Syracuse University, über symbolische Kunst schreibt:

Zwischen Denken (das indirekt durch Begriffe vor sich geht) und Intuition (die unmittelbare Identifizierung bedeutet) liegt ein mittlerer Bereich. Wir wissen ihn kaum zu benennen. Symbolismus? Kunst in ihrem heiligen Sektor? Sie benützt die Steine der Erde, um auf ihrem flachen Land Kirchtürme zu errichten, die zum Himmel weisen. Diese mittlere Verschmelzungsart spielt, während die Logik arbeitet.[9]

Für Assagioli ist ein Kennzeichen der Weisheit die Fähigkeit, mit Gegensätzen zu *spielen*.[10] Eine spielerische Haltung einzunehmen, mag zunächst für die Problemlösung unangemessen erscheinen, aber das intuitive Lösen von Problemen ist im Grunde ein kreativer Prozeß, der sich leichter in Gang setzen läßt, wenn das kritische Urteil ausgesetzt wird. Die Erweiterung des Bewußtseins in Richtung auf eine größere Spannweite der Möglichkeiten (d. h. eigentlich das Wecken der Intuition, damit sie diese Möglichkeiten wahrnimmt) läßt sich oft spielerisch erreichen, wie im 2. Kapitel angedeutet. Phantasievolles Spiel ist ein Schlüssel, der die Tür der Intuition öffnet, und sein praktischer Wert ist leicht zu erkennen.

Diese Bindung zwischen Intuition und Kreativität wird auch von Andrew Weil hervorgehoben, der schreibt:

Die Wissenschaftsgeschichte macht deutlich, daß die größten Fortschritte im menschlichen Verstehen des Universums durch intuitive Sprünge an die Grenzen des Wissens zustande kommen, nicht durch intellektuelle Spaziergänge auf ausgetretenen Pfaden.[11]

Immer wieder wird klar, daß zu großen menschlichen Leistungen intuitive Sprünge der Vorstellungskraft gehören. Es sind die intuitiven, ganzheitlichen, Strukturen aufnehmenden Fähigkeiten, die man der rechten Gehirnhälfte zuschreibt, welche bereits bestehende Formulierungen der Wahrheit durchbrechen und das Wissensgebäude erweitern. Die Stabilisierung intuitiver Einsichten und ihre Nützlichkeit für die Menschheit werden später durch die sorgfältige logische Überprüfung und Validierung bestimmt, aber die ursprüngliche Vision oder Einsicht ist intuitiv.

Das Geschäftsleben ist ein weiterer Bereich, in dem man die intuitive Problemlösung schätzt. Die Erfolge von Unternehmern und Managern, die häufig auf der Grundlage unvollständiger Informationen Entscheidungen fällen müssen, hängen weitgehend von ihrer Fähigkeit ab, sich auf ihre Intuition zu verlassen. Ihre Fähigkeit, zu *richtigen* Entscheidungen zu gelangen, bestimmt zusammen mit ihrer Risikobereitschaft die Erfolge ihrer Unternehmen.

In der Geschäftswelt nennt man den Gebrauch der Intuition gewöhnlich »sich auf sein Gefühl verlassen« oder »Entscheidungen aus dem Bauch treffen«. Die Entscheidungsfindung geht notwendigerweise über faktische Daten hinaus, ebenso wie Vorhersagen im wirtschaftlichen Bereich. Der Parapsychologe und Management-Berater Arthur Hastings behauptet, man könne außersinnliche Fähigkeiten einsetzen, auch träfen leitende Angestellte bessere Entscheidungen, wenn sie lernten, sich besser zu entspannen. In seinen Management-Trainings-Seminaren bildet er hochmotivierte, energische Manager in Entspannungstechniken aus. Er lehrt sie, zehn Minuten mit geschlossenen Augen stillzusitzen, tief zu atmen und ihre Muskeln zu entspannen. So könnten kreative Ideen wie Blasen aufsteigen, und Lösungen für Probleme, die schwer greifbar waren, klar zutage treten.

Jeder hat irgendwelche Probleme zu lösen. Man braucht kein großmächtiger Manager zu sein, um Entscheidungen auf der Grundlage begrenzter Informationen treffen zu müssen. Immer, wenn Sie Entscheidungen treffen, die den Verlauf Ihres Lebens beeinflussen (und jede Entscheidung tut dies in gewissem Maß), rufen Sie Ihre intuitiven Fähigkeiten zu Hilfe. Wenn Sie die Verantwortung für die Planung Ihres eigenen Lebens übernehmen, sind Sie ständig aufgerufen, sich zu entscheiden, ohne genau zu wissen, was dabei herauskommen wird. Große Entscheidungen im Leben sind selten rational, und Entscheidungen, die nur auf Vernunft beruhen, mögen nicht einmal wünschenswert sein. Die intuitive Wahl eines Ehepartners zum Beispiel kann zu einer erfolgreicheren Ehe führen als eine rationale Wahl, die unbewußte Faktoren außer acht läßt. Eine Frau in einem Intuitions-Workshop, die in dieser Hinsicht mit ihrer Intuition völlig zufrieden war, erzählte folgendes Erlebnis:

Das wichtigste intuitive Erlebnis meines Lebens hatte ich an dem Tag, als ich eine Stimme in meinem Inneren behaupten hörte, der Mann, der mir gegenübersitze, werde mein Ehemann werden. Zu dieser Zeit kannte ich Ralph noch nicht gut, wenn wir auch schon Bekanntschaft geschlossen hatten. Ich hatte keine Heiratspläne, schon gar nicht mit Ralph. Aber der Tag, an dem wir, nachdem wir uns zwei Jahre lang nicht gesehen hatten, miteinander zu Mittag aßen, war für mich schicksalhaft. Als er mir gegenübersaß und von seinen Erlebnissen mit einem Menschen in einem Flugzeug erzählte, hörte ich eine Stimme links hinter mir sagen: »Dieser Mann wird dein Ehemann werden.« Fast fing ich zu lachen an. Ralph unterbrach seine Geschichte und fragte nach dem Grund meiner Heiterkeit. Ich sagte ihm, in diesem Augenblick widerstrebe es mir noch, ihm einen Heiratsantrag zu machen. Wir verließen das Restaurant; auf einer gewissen Ebene waren wir schon zu einer Ehe bereit, die jetzt sechs Jahre alt ist.

Nicht jeder kann auf ein so deutliches Gefühl intuitiven Wissens verweisen, wenn er eine solche Entscheidung trifft. Aber viele Menschen erkennen, fordert man sie auf, über die Wendepunkte und wichtigen Entscheidungen in ihrem Leben nachzudenken, die intuitiven Faktoren, die bei Beschlüssen eine Rolle spielten, die den Lauf ihres Lebens geändert haben. Eine andere Frau, die in Wisconsin eine Lehrerstelle aufgegeben hatte, um mit ihrem Mann nach Kalifornien zu gehen, war sehr entmutigt, als sie in der Stadt, in der sie sich niedergelassen hatten, keine Anstellungsmöglichkeit fand. Während sie herumfuhren und nach einer Wohnung suchten, war sie enttäuscht und niedergeschlagen.

Ich war sehr unglücklich und enttäuscht, beschloß aber, diese Gefühle für mich zu behalten. Schließlich, als wir uns in einem Motel einmieteten, sagte ich im Scherz, ich hätte doch wenigstens nach einer Stelle fragen sollen, als wir in Riverside waren, wo wir am Tag vorher einen Freund besucht hatten. Dann ging ich zu einer Telefonzelle und beschloß, einfach aus Neugier dort anzurufen. Ich glaube, ich war so niedergeschlagen, daß ich das Gefühl hatte, alles sei einen Versuch wert. In Riverside gab es ein paar offene Stellen. Sie wollten am nächsten Morgen persönlich mit mir sprechen. Mein Körper war wieder lebendig. Ich wußte einfach, wenn ich zu dem Gespräch hinginge, würde ich die Stelle bekommen. Mein Mann war skeptisch, aber ich versicherte ihm, ich hätte positive Gefühle. Ich wußte, daß ich dem Job gerecht werden könnte. Wir packten und reisten innerhalb einer Stunde ab. Ich hatte mein Gespräch, und eine Woche später arbeitete ich als Lehrerin in Riverside. Ich habe anders als gewöhnlich gehandelt wegen meiner Intuition. Normalerweise wäre ich wahrscheinlich geblieben, wo wir waren, und hätte mir igendeine andere Arbeit gesucht, anstatt einen Ortswechsel vorzuschlagen. Aber ich wußte einfach, daß in Riverside eine Stelle für mich frei sein würde. Aus diesem Erlebnis habe ich gelernt, daß es besser ist, seiner Intuition zu folgen, als sie nicht zu beachten.

Ein Mann, der auch mit seiner Familie nach Kalifornien gezogen war, ohne zu wissen, wo er Arbeit finden würde, erkannte, daß seine Intuition bei der Entscheidung, sich in Santa Rosa niederzulassen, eine wichtige Rolle gespielt hatte. Über seine Erfahrung schreibt er:

Gleich nach der Ankunft in Kalifornien fingen wir an, uns umzusehen, nicht nur an Schulen (meine Frau und ich sind beide Lehrer), sondern auch in Gemeinden, denn unsere beiden Töchter gingen noch zur Schule. Mir wurden zwei Stellen angeboten, aber wir waren nicht mit der Gemeinde zufrieden, in der ich sie hätte haben können. Eines Tages, als wir uns der Stadt Santa Rosa näherten, überkam uns beide ein gutes Gefühl. Ich hätte es damals eine Vorahnung genannt, aber irgendwie sah dies wie ein Ort aus, an dem man sich zu Hause fühlen könnte. Wir statteten dem Büro des Schulbezirks einen Besuch ab. Am selben Nachmittag fanden Einstellungsgespräche statt, also ging ich hin, und man bot mir eine Stelle an. Seitdem haben sich die Verhältnisse in unserer Familie gut entwickelt. Was mir im Hinblick auf dieses Erlebnis in Erinnerung geblieben ist, ist die Tatsache, daß ich nach meiner Intuition gehandelt habe.

Manchmal kann die Intuition ganz spezifische Problemlösungen anbieten und dennoch so sein, daß man etwas weiß, ohne zu wissen, *woher*. Als eine meiner Unterrichtsgruppen einmal über eine Erfahrung mit der Intuition schreiben sollte, berichtete eine Studentin über ihr Erlebnis im Algebra-Unterricht an der High School:

Ich hatte relativ schlechte Noten. Im Unterricht war ich verwirrt und fühlte mich nicht wohl. Ich begriff nicht, was vor sich ging, und jeden Tag, wenn ich in die Klasse kam, war ich schrecklich verlegen. Eines Tages gaben sie uns dann einen objektiven Test, der in der ganzen Stadt durchgeführt wurde, und ich hatte das beste Ergebnis der Schule und das drittbeste der Stadt. Als ich den Test sah, war mir klar, daß ich die Aufgaben nicht lösen konnte, und ich fühlte mich geschlagen, bevor ich angefangen hatte. Ich fand mich mit der Niederlage ab und beschloß, die Antworten zu erraten. Als ich dabei war, wurde mir klar, daß ich einfach wußte, welche von den drei oder vier möglichen Antworten jeweils die richtige war. Nachdem ich mich mit dem Test befaßt hatte, fühlte ich mich wohl und entspannt, und ich beschloß, den Versuch, die Aufgaben zu lösen, aufzugeben. Ich war vorher äußerst angespannt und hatte stark geschwitzt. Jetzt entspannte ich mich, spürte, wie sich meine Magenmuskeln lockerten, und mir war fast schwindlig vor Lachen. Als die Testergebnisse bekanntgegeben wurden, war ich entsetzt, verlegen und zufrieden. Ich war verwirrt und erschrocken über das Ergebnis. Wie hatte ich das nur so gut erraten können? Was sollte ich nun machen, wenn der Lehrer von mir bessere Leistungen erwarten würde? Was hatte ich bloß getan, um so sichtbar zu werden und mich in eine so unmögliche Lage zu bringen? Ich hatte das Gefühl, das ganze sei ein großer Witz, und ich glaubte nicht an das, was mir passiert war. Ich merkte aber, daß ich, wenn ich bei schriftlichen Aufgaben die Lösung nicht wußte, einfach loslassen und mich entspannen konnte – dann riet ich oder schrieb einfach auf, was mir in den Kopf kam, und oft war es richtig. Mir wurde fast unbewußt klar, daß die Lösungen alle schon da sind, wenn ich nur irgendwie Zugang zu ihnen finden kann. Ich habe nie damit gerechnet, daß ich fähig sein könnte, praktisch-faktische Antworten zu finden, aber manchmal versuche ich wirklich, einfach loszulassen und die richtige Antwort auf die Frage, was ich tun oder beschließen soll, einfach kommen zu lassen. Wenn ich nicht auf die Antwort höre, die mir in den Sinn kommt, und mich anders entscheide, so vernünftig es auch scheinen mag, gerate ich oft in Schwierigkeiten.

Im Gegensatz zu dieser Form der Intuition, die spezifische Informationen liefert, gibt es eine andere, weniger gut definierte Form, in der Intuition zur Gestaltung des Lebens beiträgt. Das weniger spezifische intuitive Gewahrsein, das Natalie Rogers im folgenden Absatz beschreibt, kann tief- und weitreichende Wirkungen auf die Entwicklung und Weiterentwicklung des Menschen haben. Sie schreibt über ihr eigenes Erleben unter der Überschrift *Öffnung*:

Manchen Menschen mag es seltsam erscheinen, daß ich über die Polaritäten in mir schreibe oder über meine rechte und meine linke Seite. Andere werden sich an eigene Erfahrungen erinnert fühlen. Der fortwährende Dialog zwischen diesen beiden Aspekten meiner selbst macht einen Großteil meiner kreativen Kräfte aus. Wenn eine Seite von mir die anderen Aspekte völlig beherrschen würde – das wäre der Moment, wo ich mir über mich Sorgen machen würde. Wenn ich ganz logisch und linear denken würde, pragmatisch, moralistisch und streng würde, fände ich mich selber einseitig und langweilig. Wäre ich überwiegend intuitiv, aufnehmend, sinnlich und spirituell, würde ich mich haltlos, ausgeklinkt und seltsam fühlen. Tiefe Erregung im Inneren entsteht, wenn sich gelegentlich die beiden Anteile in mir unmittelbar gegenübertreten. Anstatt mich zu fragen: »Welche Seite werde ich sein?«, lerne ich, mich zu fragen: »Was werde ich sein, wenn ich nach beiden Seiten hin meine Grenzen erweitere?«

Bei diesem Öffnungsprozeß ist eines der wichtigsten Elemente, daß ich mir der Bedeutung der Intuition als einer Art des Wissens bewußt werde. Phantasiereisen und Träume werden in meinem Leben als eine gültige Möglichkeit des Verstehens und Lernens wichtig. Als ich beschloß, von der Ostküste in den Westen zu ziehen, spielten Intuition und Traumleben eine Rolle im Entscheidungsprozeß. Immer mehr vertraue ich dieser Intuition und achte auf diesen Teil meiner selbst.[12]

Bevor Sie weiterlesen, nehmen Sie sich Zeit, um über Ihre eigene kreative Inspiration und Ihre Art der Problemlösung nachzudenken. Grübeln Sie endlos über scheinbar unlösbare Probleme nach? Haben Sie in Ihrem Leben für das Notieren kreativer Ideen einen Platz geschaffen? Oder mißachten Sie Ihre eigenen blitzartigen Einsichten als zu unwichtig oder zu wenig anregend, als daß sie des Aufschreibens wert wären? Sie brauchen kein schöpferisches Genie zu sein, um Ihr eigenes kreatives Potential zu erschließen. Zu lernen, auf Ihre intuitiven Eingebungen zu hören, ist ein integraler Bestandteil der Fühlungnahme mit den Möglichkeiten, die Ihnen zur Verfügung stehen, ganz gleich, welchen Beruf Sie haben oder was Sie interessiert. Wenn Sie mit Ihrer eigenen intuitiven Fähigkeit, Probleme zu lösen, nicht zufrieden sind, ist der erste Schritt zu ihrer Veränderung oder Verbesserung, daß Sie sich bewußtmachen, was Sie tun. Wie schneiden Sie sich Möglichkeiten ab? Wie bringen Sie Ihre Intuition zum Schweigen und stellen sie ab? Handeln Sie impulsiv aufs Geratewohl, ohne Ihr Unterscheidungsvermögen zuvor zu Rate zu ziehen? Werden Sie fortwährend dadurch abgelenkt, daß Sie unrealistischen Möglichkeiten nachlaufen? Oder fürchten Sie sich vor dem Risiko und dem Ausprobieren neuer Lösungen? Denken Sie immer an die Gründe, warum aus Ihren Ideen nichts wird? Jeder Mensch hat seine Art und Weise, sich kreative Möglichkeiten zu verbauen, die potentiell verfügbar wären. Um den besten Gebrauch von den Übungen in diesem Kapitel zu machen und das meiste aus Ihren Versuchen herauszuholen, auf intuitive Weise Probleme zu lösen, nehmen Sie sich zunächst einmal Zeit, Ihren eigenen inneren Prozeß deutlicher wahrzunehmen. Sie wissen besser als jeder andere, wie Sie sich davon abhalten, den Gebrauch Ihrer Intuition auszudehnen. Machen Sie sich klar, was Sie tun, wenn Sie vor einem Problem stehen, das gelöst werden muß, oder vor einer Entscheidung, die getroffen werden muß. Wenn Sie sich Ihre Verhaltensmuster bewußtmachen, werden Sie frei, sie zu ändern. Ebenso erleichtert das Gewahrsein innerer Prozesse ihre Veränderung.

Denken Sie nun ein paar Minuten über Ihr Leben nach und erinnern Sie sich, wann Sie sich zum letzten Mal wirklich inspiriert gefühlt haben. Versuchen Sie, sich so deutlich Sie können die Umstände ins Gedächtnis zu rufen, die zu dem Augenblick führten, in dem Sie genau *wußten*, was Sie tun wollten. Hatten Sie die Inspiration in Form einer Vision? Die Inspiration kann sich auf ein Kunstwerk oder die Zubereitung einer Mahlzeit, auf die Lösung eines Problems oder den Entwurf eines neuen Projekts bezogen haben. Haben Sie Ihre Inspiration in die Tat umgesetzt? *Wie* man etwas machen kann, ist oft beim Auftauchen der Inspiration noch unklar. Hat sich das *Wie* als so schwierig erwiesen, daß Sie die ursprüngliche Idee aufgegeben haben? Oder haben Sie durchgehalten und bei ihrer Verwirklichung alle Hindernisse überwunden? Haben Sie Ihre ursprüngliche Vorstellung verändert, um sie irgendeiner äußeren Realität anzupassen? Diese Fragen sind vielleicht für Sie interessant, um über sie nachzudenken, und sie sind Teil des Sekundärprozesses, der wichtig ist für die tatsächliche Wirkung derartiger Inspirationserlebnisse auf Ihr Leben. Sie sind jedoch nicht unmittelbar relevant für das Erlebnis selbst. Tatsächlich kann die übermäßige Sorge um die praktische Durchführbarkeit einer Idee die Empfänglichkeit für den Fluß der Inspiration beeinträchtigen. Menschen, die das Gefühl haben, ihrem Leben fehle es an Inspiration, haben unter Umständen durchaus die Möglichkeit, ihre intuitiven Eingebungen zu verändern oder zu verwirklichen. Oft sind sie einfach von der schöpferischen Quelle in ihrem eigenen Inneren abgeschnitten, aus der sie ein Gefühl der inneren Zufriedenheit mit ihrem Leben bekommen könnten.

Betrachten Sie einen Moment lang die Wendepunkte, die den Lauf Ihres Lebens entscheidend verändert haben. Sie können anfangen, indem Sie sich die Frage stellen: Bin ich an dieser Stelle meines Lebens infolge eigener Bemühungen angelangt oder auf Grund göttlicher Gnade, von Karma oder von Umständen, die ich nicht in der Hand hatte? Sie werden wahrscheinlich Ausflüchte machen wollen, aber wenn Sie sich im Moment für die eine oder die andere Seite entscheiden würden, was erscheint Ihnen als wahr? Welches ist die vorherrschende Art, wie Sie Ihr Leben erleben? Dieses Erleben mag sich von Zeit zu Zeit ändern. Es kann Zeiten geben, in denen Sie meinen, Sie seien an diesem Punkt Ihres Lebens, weil Sie bestimmte Entscheidungen getroffen und schwer gearbeitet haben, und andere Zeiten, in denen Sie das Gefühl haben, Sie seien nur infolge von äußeren Umständen an dieser Stelle, und Sie hätten wenig oder gar nichts über die Art zu sagen gehabt, wie Sie bisher gelebt haben. Wie auch immer, was Sie auch glauben mögen – die Intuition hat eine Rolle gespielt. Als Funktion, die Sie ins Unbekannte führt, vermittelt die Intuition immer Ihre Beziehung zur Zukunft. Ob Sie Ihre Lebensreise als etwas Vorbestimmtes oder als etwas ansehen, das Sie einfach entdecken, oder ob Sie, vom entgegengesetzten Standpunkt aus, Ihr Leben als Ihre eigene Schöpfung von einem Augenblick zum nächsten betrachten – die Intuition bietet Ihnen Orientierung und erleichtert die Übergänge von einem Stadium des Lebens zum nächsten.

Eine Vorstellung von der Zukunft

Wenn Sie sich der Möglichkeit intuitiver Entscheidungen (wie im 2. Kapitel besprochen) bewußt sind, können Sie darangehen, sich deutlich vorzustellen, was Sie für sich in der Welt schaffen wollen. Das bedeutet natürlich nicht, daß Sie sofort alles bekommen werden, was Sie sich wünschen, aber wenn Sie wissen, was Sie wollen, bekommen Sie es mit viel größerer Wahrscheinlichkeit. Etwas zu bekommen, das Sie wollen, bedeutet oft, etwas aufzugeben, das Sie haben. Wenn Sie sich z. B. körperlich wohlfühlen wollen, müssen Sie möglicherweise Eß- und Trinkgewohnheiten aufgeben, damit eine Veränderung eintritt. Aber wenn Sie sich klar dafür entschieden haben, und wenn es wirklich das ist, was Sie wollen, wird es nicht so schwierig sein.

In einer Zen-Geschichte hören wir von einem gelehrten Professor, der zu einem Zen-Meister kam, weil er sich über Zen informieren wollte. Der Meister lud den Professor zum Tee ein. Als der Meister den Tee einschenkte, goß er immer weiter Tee in die Tasse des Professors, als sie schon längst voll war, so daß der Tee überlief und über den ganzen Tisch und auf den Fußboden floß. Der Zen-Meister goß immer weiter. Der Professor sagte: »Halt! Können Sie nicht sehen, was Sie tun? Die Tasse ist schon voll.« Der Zen-Meister erwiderte, der Geist des Professors sei wie die Teetasse. Er könne nicht hoffen, etwas Neues zu erfahren, wenn sein Geist schon voll sei.[13]

Wenn der Geist leer und frei von vorgefaßten Meinungen ist, hat die Intuition Platz, sich zu entfalten. Intuitiv weiß man, daß Veränderung und Weiterentwicklung nur möglich sind, wenn man das Bisherige aufgibt, aber es ist schwierig, die Bindung an das Vertraute zu lösen, gleichgültig, wie unbefriedigend es ist. Dies gehört zum normalen Widerstand gegen Veränderung. Man kann an dem hängen, was man als ungefährlich und vertraut empfindet, und das Loslassen widerstrebt einem oder macht einem Angst, weil man nicht weiß, was kommt. Vielleicht haben Sie erlebt, wie es ist, wenn man an einer unbefriedigenden persönlichen Beziehung aus Angst vor dem Alleinsein festhält oder einfach, weil man nicht weiß, was man ohne den anderen Menschen in seinem Leben anfangen soll. Man weiß nie gewiß, was passiert, wenn eine Beziehung zu Ende geht. Vielleicht ist man glücklicher oder unglücklicher oder beides. Aber Sie können intuitiv wissen, was für Ihre Entscheidung besser ist. Intuitiv wissen Sie vielleicht, was Sie tun müssen, aber Sie handeln nur ungern danach, bevor Sie es befriedigend rationalisiert haben. Häufig spürt man das Bedürfnis nach einer rationalen Rechtfertigung als Druck, man müsse es einem anderen Menschen erklären. »Was werden meine Eltern, Kinder, Freunde, Kollegen sagen, wenn ich mich unkonventionell verhalte?«

Um die Art und Weise des Vorgehens zu erwägen, nehmen Sie sich Zeit, sich zu entspannen und stellen Sie sich vor, wie Sie in fünf Jahren gern sein möchten. Welche Eigenschaften möchten Sie in den nächsten fünf Jahren bei sich entwickeln? Was würden Sie in fünf Jahren gern tun? Schreiben Sie alles auf, was Ihnen einfällt, um sich ein detailliertes Bild davon machen zu können. Wenn Sie an die Zukunft denken, werden Sie manchmal nicht sicher sein, was Sie eigentlich für sich wollen. Wenn dies der Fall ist, probieren Sie folgende symbolische Imagination aus:

Übung Nehmen Sie sich soviel Zeit, wie Sie brauchen, um sich ganz zu entspannen und Ihren Geist zu beruhigen. Achten Sie auf Ihre Atmung und lassen Sie alle Gedanken und Gefühle los, deren Sie gewahr werden. Spüren Sie, wie es sich in diesem Augenblick anfühlt, Sie selbst zu sein. Stellen Sie sich nun vor, Sie stünden an einer Wegkreuzung. Schauen Sie sich um, in was für einer Landschaft Sie sich befinden, und schauen Sie zurück auf den Weg, den Sie bis hierher zurückgelegt haben. An dieser Kreuzung ist ein Wegweiser, auf dem steht, wohin die verschiedenen Wege führen. Lesen Sie, was auf dem Wegweiser steht. Wählen Sie eine der Straßen aus und folgen Sie ihr, wohin sie auch führen mag. Wie sieht die Straßenoberfläche aus? Durch was für eine Landschaft führt Ihr Weg? Welche Art von Vegetation sehen Sie? Begegnet Ihnen jemand, während Sie der gewählten Straße folgen? Welche Art von Kleidung tragen Sie? Gibt es etwas, das Sie mitnehmen möchten? Nehmen Sie sich reichlich Zeit, unterwegs alles zu untersuchen und den Ort zu erleben, zu dem Sie dieser Weg führt.

Mit dieser Reise können Sie beginnen, bei Ihrer Vorstellung von Zukunft auch Phantasie mitschwingen zu lassen. Es ist nicht nötig, die Bilder, die in Ihnen entstehen, genau zu interpretieren. Die Bedeutung wird sich herausstellen, während Sie mit den Bildern leben, und Ihre Intuition wird Ihnen ein gewisses Verstehen Ihrer Bilderwelt ermöglichen. Denken Sie daran, daß innere Bilder psychische Wahrheit nicht verbergen, sondern offenbaren, und daß sie Ihnen sowohl zeigen können, was Sie brauchen, als auch, was Sie sich wünschen. Als ich selbst vor etwa zehn Jahren diese Imagination zum ersten Mal ausprobierte, hatte ich folgendes Erlebnis:

Ich trug bequeme Schuhe, Jeans, ein Baumwollhemd und eine schwere, warme Jacke. Ich wollte etwas Geld mitnehmen, aber ich begriff, daß ich dort, wo ich hingehen würde, kein Geld brauchen würde, obwohl ich noch nicht wußte, wohin ich gehen würde. Ich nahm einen mit Wasser gefüllten Weinschlauch mit und einen Baumwollhut mit breiter Krempe als Sonnenschutz. Als ich den Wegweiser an der Kreuzung las, sah ich, daß der eine Arm zur Stadt wies, der andere in die Wüste. Ich hatte das Gefühl, ich müßte in die Wüste gehen, obwohl es leichter zu sein schien, in die Stadt zu gehen. Ich spürte, daß ich in der Stadt weiterhin nur oberflächlich zu Menschen in Beziehung treten würde, auf dieselbe Art, wie sie anscheinend untereinander in Beziehung traten, und das hatte mich nicht befriedigt. Es erschien mir gefahrlos und bequem, aber auch hohl. Ich wußte, daß der in die Wüste führende Weg für mich der richtige war. Ich schlug diesen Weg ein, und nachdem ich eine Weile gegangen war, wurde mir viel zu heiß, also zog ich meine Jacke aus. Ich trug sie eine Zeitlang, aber ich wurde es müde, also beschloß ich, sie zurückzulassen. Es widerstrebte mir eigentlich, weil ich dachte, ich könnte sie später vielleicht brauchen. Ich legte sie sorgfältig zusammen und ließ sie neben einem Felsen liegen, ich sagte mir, ich könnte ja zurückkommen und sie holen; ich wußte aber, daß ich es nicht tun würde. Später zog ich die Schuhe und das Hemd aus, behielt sie aber bei mir. Als der Abend hereinbrach, hatte ich einen felsigen Ort erreicht, und legte mich unter einem Felsvorsprung schlafen. Ich fühlte mich einsam und sah mich hoffnungsvoll nach irgendeinem Zeichen von Leben um, aber es gab keins. Am nächsten Morgen machte ich mich wieder auf den Weg. Ich war müde und wußte nicht, wohin ich ging. Die Landschaft veränderte sich und war immer mehr von Gestrüpp bedeckt. Nach einiger Zeit kam ich an einen See. Das Wasser war klar und erfrischend, ich schwamm und legte mich ans Ufer. Es tat gut, eine Weile auszuruhen. Zu meinem Erstaunen sah ich am anderen Ufer des Sees ein Einhorn.

Als ich über meine Phantasie nachdachte, fiel mir ein, daß die bildliche Vorstellung von einer Wüste manchmal als ein Symbol der Entfremdung und des Mangels an Gefühl gedeutet wird; irgendwie paßte das nicht zu mir. Mir erschien die Wüste als ein Ort des Insichgehens und des Rückzugs. Die Entscheidung, die ich an der Weggabelung traf, war ein vorsätzlicher Rückzug von der sozialen Interaktion. Ich erinnerte mich an eine Beschreibung der Reise des Helden, bei der der erste Schritt ein Rückzug aus der äußeren Wüste in das innere Reich war, das die Keime des Lebenspotentials enthält. Diese Wendung zur Introversion erschien mir als etwas für mich Kreatives. Die Wüste versprach Einsamkeit und Rückzug. Die Müdigkeit und das Gefühl des Alleinseins, die ich am ersten Reisetag empfand, verschwanden am nächsten Tag. Das Zurücklassen der Jacke konnte das Loslassen eines Symbols der Sicherheit sein und wirkte auf mich wie ein bedeutsamer Schritt auf dem Weg. Das Ausziehen von Hemd und Schuhen zeigte eine Bereitschaft an, mich zu entblößen, wenn auch nicht völlig. Ich fühlte mich noch verletzlich und wollte meine Schutzhüllen festhalten. Der See war wohl nicht das Ende meiner Reise, sondern ein Ort des Ausruhens unterwegs, und das Schwimmen fühlte sich an wie eine symbolische Form der Säuberung oder Reinigung. Ein Gefühl der Erneuerung und Erfrischung stellte sich ein, und ich fühlte mich sehr friedlich. Dem Einhorn stand ich positiv gegenüber, da ich wußte, daß es ein Christussymbol sein kann. Es war mir klar, daß ich an der Weggabelung die richtige Wahl getroffen hatte, wohin mich meine Reise auch führen würde.

Ich konnte unschwer die Relevanz dieser Phantasie für meine unmittelbaren Bedürfnisse erkennen. Ich stand an einem Wendepunkt in meinem Leben, und nach diesem Erlebnis in der Phantasie fiel es mir leichter, mir Zeit zu nehmen, um mit meinem inneren Leben und meinen eigenen Quellen der Kreativität in Fühlung zu kommen. Erst mehrere Jahre später stand ich in der Realität vor der Wahl, entweder zu einer Meditations-Einkehr in die Wüste zu gehen oder zu einer Konferenz in einer großen Stadt. Ich entschied mich für die Einkehr, und es war tatsächlich eine wertvolle Erfahrung.

Das Ergebnis einer solchen Imagination ist nicht immer so klar, wie es in diesem Fall für mich war. Was auf dem Wegweiser steht, kann auch unverständlich sein und erst verstanden werden, nachdem man den gewählten Weg erforscht hat. Die Phantasiereise bietet auch die Möglichkeit, mehrere Alternativen auszuprobieren. Wenn Sie den Wegweiser an der Kreuzung als relevant für Ihr derzeitiges Leben akzeptieren, möchten Sie vielleicht mehr als einen Weg erforschen, der von dort ausgeht. Wenn Sie in Ihrer Imagination eine intuitive Wahl treffen und sich nach ihr richten, ist es jedoch eine gute Übung, Ihrer intuitiven Entscheidungsfähigkeit für Ihr äußeres Leben vertrauen zu lernen. Die Beschriftung des Wegweisers ist sehr unterschiedlich. Ein Teilnehmer meiner Workshops fand sich z. B. vor die Wahl zwischen Liebe und Produktivität gestellt, ein anderer zwischen Spinat und Speiseeis, ein dritter zwischen Österreich und Ungarn. Ein Teilnehmer nahm einen Korb voller Sachen mit, wußte aber nicht, was darin war. Ein anderer trug sein Klavier auf dem Rücken mit sich. All diese Vorstellungsbilder zeigten jedem der Beteiligten deutlich, was mit ihnen geschah und worauf sie achten mußten. Jung nimmt in seinen Lebenserinnerungen auf den Wert der inneren Bilder Bezug:

Die Jahre, in denen ich den inneren Bildern nachging, waren die wichtigste Zeit meines Lebens, in der sich alles Wesentliche entschied. Damals begann es, und die späteren Einzelheiten sind nur Ergänzungen und Verdeutlichungen. Meine gesamte spätere Tätigkeit bestand darin, das auszuarbeiten, was in jenen Jahren aus dem Unbewußten aufgebrochen war und mich zunächst überflutete. Es war der Urstoff für ein Lebenswerk.[14]

Wenn man sich bewußt ist, daß Intuition am Lösen von Problemen, an Entscheidungen und an der Gestaltung der Zukunft teilhat, kann man anfangen, die Verantwortung für die Schaffung der Zusammenhänge zu übernehmen, in denen man lebt. Vielleicht erkennen Sie deutlicher, was Sie gern für sich schaffen würden. Die Offenheit für die Möglichkeiten, die einem die Intuition zum

Bewußtsein bringen kann, bedeutet jedoch gewöhnlich, daß man spezifische Vorstellungen, wie das Leben zu sein habe, aufgeben muß. Um etwas Neues auftauchen zu lassen, müssen Sie vielleicht erst einige vorgefaßte Meinungen zurücknehmen. Sie sind möglicherweise durchaus fähig, Ihre Träume in Erfüllung gehen zu lassen und sich das, was Sie sich in der Welt wünschen, durch eigene Anstrengungen zu verschaffen, aber wenn die Intuition erst einmal geweckt ist, stellen Sie vielleicht fest, daß sich die Art Ihrer Wünsche verändert. Zum Beispiel werden eventuell bestimmte materielle Ziele relativ weniger attraktiv, und Sie sehen die aktuellen Ereignisse in der (Leidens-)Geschichte Ihres Lebens unter einem anderen Blickwinkel, wenn Sie allmählich erkennen, welche Strukturen Sie für sich selber geschaffen haben, aber auch die Möglichkeit, aus ihnen auszubrechen. Die Zukunft braucht keine Wiederholung der Vergangenheit zu sein. Oft lebt man mit einem Mangel an Phantasie und kann sich die Zukunft nur so vorstellen, daß man frühere Ereignisse und schon bekannte Erfahrungen neu anordnet. Beharrliche Versuche, das Unbekannte mit dem zu erklären, was man schon kennt, können zur blinden Wiederholung unbefriedigender Verhaltensmuster führen, die die Weiterentwicklung einschränken und die Möglichkeiten beschneiden. Sich die Zukunft vorstellen bedeutet nicht, sich an irgendeinen Gegenstand oder Umstand zu hängen, den man sich wünscht; es bedeutet, für das eigene Leben einen neuen Kontext zu schaffen. Es ist möglich, einen Kontext des Vertrauens zur eigenen Intuition zu schaffen, in dem alle Anteile der Persönlichkeit als Ganzes auf das Problem oder die Situation reagieren, dem oder der man sich konfrontiert sieht. Dieser Kontext kann die ausgeglichene Haltung sein, die sowohl Aufnahmebereitschaft als auch Aktivität schätzt. Bedenken Sie, daß die Kultivierung der rezeptiven Seite Ihres Wesens es ermöglicht, daß Ihnen Ihre Intuition vollständiger bewußt wird.

Das Vertrauen in den Prozeß

Wenn Sie mit bildhaften Vorstellungen arbeiten und sie auf spezifische Probleme in Ihrem Leben anwenden, vergessen Sie nicht, daß die Bilderwelt, die Sie bewußt erschaffen, nur einen Teil dessen widerspiegelt, was Sie wünschen. Manchmal vermitteln die spontan – wie im Traum – aufsteigenden Bilder Botschaften, die Ihnen sagen können, wie Sie Ihre Sichtweise ins Gleichgewicht bringen können. Wenn Sie ein eigensinniger Mensch sind, der weiß, wie er dem nachgehen muß, was er will, und wie er es auch bekommt, müssen Sie vielleicht mehr Aufnahmebereitschaft und Akzeptanz entwickeln. Wenn Sie andererseits dem Leben mehr passiv zugeschaut haben, weil Sie sich entschieden hatten, Ihren Eigenwillen nicht einzusetzen, und andere über Ihr Handeln haben entscheiden lassen, könnte es eine Weiterentwicklung für Sie sein, mehr Verantwortung für sich selbst zu übernehmen, durchsetzungsfähiger zu werden und sich die Art von Leben zu schaffen, die Sie wirklich wollen.

Nehmen Sie sich jetzt Zeit, über ein Problem nachzudenken, vor dem Sie gerade stehen. Es kann jede Art von Situation sein, jede ungelöste Frage Beziehungen, Arbeit, Selbstverwirklichung oder irgend etwas anderes betreffend, das Ihnen wichtig ist.

Der erste Schritt dieser Übung besteht darin, eine Frage zu formu- *Übung* lieren. Stellen Sie irgendeine Frage. Formulieren Sie sie so klar wie möglich. Auf welche Frage wollen Sie eine Antwort? Wenn Sie im Geist Ihre Frage deutlich formuliert haben, schreiben Sie sie auf oder halten sie irgendwie fest, so daß sie Ihnen klar vor Augen steht. Der nächste Schritt ist Ihre Entspannungsübung. Konzentrieren Sie sich auf Ihren Körper. Gehen Sie mit Ihrem Gewahrsein hinauf zum Scheitel und dann langsam hinunter über den ganzen Körper. Dabei dringen Sie tief in den Körper ein, gehen aber auch über die Hautoberfläche. Nehmen Sie sich soviel Zeit, wie Sie wollen. Wenn Ihr Gewahrsein konzentriert und Ihr Geist ganz ruhig geworden ist, erinnern Sie sich wieder an die Frage, die Sie gestellt haben. Sie brauchen mit der Frage nichts zu machen; halten Sie sie einfach nur in Ihrem Bewußtsein.

Stellen Sie sich nun vor, Sie seien am Ufer eines großen Gewässers. Sie besteigen ein kleines Boot und lassen sich mit einer Wolldecke bequem nieder. Das Boot treibt allmählich vom Ufer fort und wird von der Strömung immer weiter weggetragen. Hören Sie auf das Geräusch des Wassers, das an die Bordwände schlägt, und stellen Sie sich das Schaukeln auf der sanften Strömung vor, während Sie langsam immer weiter hinaustreiben. Sie brauchen sich nicht zu sorgen oder zu ängstigen, denn die Strömung trägt Sie dorthin, wohin Sie müssen. Nach einer Weile bemerken Sie, daß es dämmrig wird, und Sie sehen, daß Sie in einen unterirdischen Gang geraten sind. Es wird immer dunkler, aber die Bewegung des Wassers geht weiter, und Sie treiben mit einem ruhigen und friedlichen Gefühl dahin. Nach einiger Zeit sehen Sie in der Ferne ein Licht, und Sie merken, daß Ihr Boot auf das Licht zutreibt. Es wird immer heller, je näher Sie herankommen. Die Intensität ist fast unerträglich. Schließlich kommt Ihr Boot hinaus ins helle Sonnenlicht, und Sie befinden sich auf einem sanft dahinfließenden Fluß in einer schönen stillen Wiese. Das Boot kommt zum Halten, und Sie steigen aus ans Flußufer. An dieser Stelle wird Ihnen jemand oder etwas eine Botschaft überbringen. Die Botschaft mag nicht wie eine Antwort auf Ihre Frage aussehen, aber machen Sie sich deswegen keine Sorgen. Vertrauen Sie darauf, daß sie etwas enthält, das Sie zur Lösung Ihres Problems wissen müssen. Lassen Sie zu, daß Sie ruhig und still darauf warten, was für ein Bild oder was für eine Botschaft auf Sie zukommt. Wenn Sie dies gehört oder gesehen haben, steigen Sie wieder ins Boot und setzen Sie den Motor in Gang. Sehr schnell werden Sie wieder an dem Ufer sein, von dem Sie weggefahren sind. Sie können nun das Boot verlassen und mit Ihrem Bewußtsein in die Gegenwart, zu Ihrem Körper zurückkehren; dabei fühlen Sie sich behaglich und entspannt. Nehmen Sie sich nun Zeit aufzuschreiben, was auf der Wiese geschehen ist. Wenn Sie etwas gehört oder gesehen haben, schreiben Sie es auf. Es mag im Augenblick unverständlich sein, aber es kann etwas daraus hervorgehen, das für Sie von Wert ist.

Eine Frau, die diese Übung ausprobierte, schlug sich mit der Frage herum, ob sie schwanger werden und ein Kind bekommen sollte

Sie erlebte sich auf der Wiese als Mutter mit einem Säugling. Das Bild war so deutlich, und sie empfand eine so überwältigende Liebe, daß die Frage für sie kein Problem mehr war. Sie wußte in diesem Augenblick ganz sicher, daß es für sie die richtige Entscheidung war, ein Kind zu bekommen. Später wurde sie wirklich schwanger und bekam ein Kind, und sie war mit ihrer Entscheidung wirklich zufrieden. Das Imaginationserlebnis hatte es ihr ermöglicht, ihre Zweifel und Widerstände bezüglich der Entscheidung fahren zu lassen.

Wenn man vor einem Problem oder einer fälligen Entscheidung steht, fürchtet man oft, die falsche Entscheidung zu treffen. Manchmal ist die Erkenntis nützlich, daß es gewöhnlich keine richtige oder falsche Entscheidung gibt – es kommt einfach darauf an, ob man die Ergebnisse der einen Entscheidung denen der anderen vorzieht. Selten läßt sich das Ergebnis als richtig oder falsch, gut oder schlecht beurteilen. Es gibt eine bekannte Zen-Geschichte, die dies veranschaulicht:

Ein Bauer, der gerade einen Hengst erworben hatte, kam voll Kummer zum Zen-Meister und sagte: »Meister, das Pferd ist weg, das Pferd ist weg!«, denn der Hengst war weggelaufen. Der Zen-Meister erwiderte: »Wer weiß, ob das gut oder schlecht ist?« Der Bauer ging wieder an seine Arbeit; er fühlte sich elend und war traurig. Zwei Tage darauf kam der Hengst zurück und brachte zwei Stuten mit. Der Bauer war überglücklich, ging zum Zen-Meister und sagte: »Das Pferd ist wieder da und hat noch zwei mitgebracht.« Der Meister erwiderte: »Wer weiß, ob das gut oder schlecht ist?« Drei Tage später war der Bauer wieder da und weinte, weil sein einziger Sohn, sein einziger Helfer auf dem Bauernhof, von einem der Pferde abgeworfen worden war und sich das Rückgrat gebrochen hatte. Er lag nun in einem Gipsbett und konnte nicht arbeiten. Wieder antwortete der Zen-Meister: »Wer weiß, ob das gut oder schlecht ist?« Ein paar Tage später kam eine Gruppe von Soldaten auf den Bauernhof, die in der ganzen Gegend die jungen Männer aushoben, weil sie im Krieg kämpfen sollten. Da der Sohn des Bauern im Gipsbett lag, nahmen sie ihn nicht mit.[15]

Die Geschichte läßt sich endlos fortsetzen. Man weiß nie wirklich, ob Umstände oder Entscheidungen gut oder schlecht sind, weil man niemals alle Weiterungen überblicken kann. Aber natürlich können einem die Folgen mancher Entscheidungen gefallen und die anderer mißfallen. Folgt man bewußt seiner Intuition, ergeben sich häufig Entscheidungen, die rational nicht zu rechtfertigen sind. Zum Beispiel lehnt vielleicht jemand das Angebot einer vorzüglich bezahlten Arbeit ab, weil er intuitiv spürt, daß er mit ihr nicht glücklich werden würde. Ein Mensch kann sich im Einklang mit einem nicht-rationalen, intuitiven Gefühl für das, was für ihn am besten ist, für eine Handlungsweise, dafür, irgendwo hinzugehen oder nicht hinzugehen, entscheiden. Wenn Sie die Entscheidungen abwägen, die bezüglich Ihrer eigenen Weiterentwicklung zu treffen sind, achten Sie auf Ihr intuitives Gefühl für das, was zu einer bestimmten Zeit für Sie richtig ist, Ihre inneren Vorstellungsbilder können Ihnen ein ausgezeichneter Ratgeber sein. Traumbilder, Vorstellungsbilder, die Ihnen im Zustand tiefer Entspannung erscheinen, und die bildhaften Vorstellungen, die Ihnen in unerwarteten Augenblicken spontan vor Augen treten, können alle nützliche Informationen liefern. Niemand anders kann für Sie entscheiden, was Sie mit Ihrem Leben anfangen oder nicht anfangen sollten. Letztlich sind Sie für Ihr Leben verantwortlich. Sie können es leben, wie Sie wollen. Wenn Sie Ihre Intuition anerkennen und erkennen, wie sie für Sie arbeitet, wird es leichter, ihr zu vertrauen.

Oft steht man vor Entscheidungen, bei denen die Gründe für oder gegen ein bestimmtes Vorgehen sich die Waage halten. Manchmal fühlen Sie sich vielleicht auf zwei negative Möglichkeiten festgelegt und gezwungen, das geringere von zwei Übeln zu wählen. Ein andermal fühlen Sie sich vielleicht angesichts zweier gleich attraktiver Möglichkeiten hin- und hergerissen. Es kann sich um ganz banale Dinge handeln, z. B. um die Entscheidung, wo man ein Wochenende verbringen möchte, oder um ganz ernste wie die Frage, an welcher Universität man studieren will. Sie können unmöglich alle Weiterungen Ihrer Entscheidung kennen. Im letzteren Fall mag es für beide Universitäten gute Gründe geben. Ob Sie es bewußt wissen oder nicht, Ihre Intuition wird bei der Entscheidung eine Rolle spielen.

Wenn man sich mit derartigen Entscheidungen herumschlägt, tut man gut daran, sich tief zu entspannen und sich vorzustellen, wie man nach der Entscheidung für die eine der Möglichkeiten in zwei Jahren sein wird. Beachten Sie, was für spontane Bilder vor Ihnen auftauchen, wenn Sie sich z. B. entschlossen haben, die Universität A zu besuchen. Dann wiederholen Sie die Übung und stellen sich vor, wie Sie in zwei Jahren sein werden, wenn Sie beschlossen haben, an die Universität B zu gehen. Sie werden vielleicht feststellen, daß Sie auf Grund der Bilder, die in Ihnen aufsteigen, jeweils unterschiedliche Empfindungen haben. Das spricht vielleicht noch nicht für eine deutliche Vorliebe, da beide Vorstellungsbilder positive und negative Seiten haben können. Wenn Sie aber Ihrem Unbewußten erlauben, durch seine Bilderwelt an dem Entscheidungsprozeß teilzunehmen, werden Sie möglicherweise mit Zuversicht und Sicherheit eine klare Wahl treffen können und dabei das Gefühl haben, Sie wüßten, welche Entscheidung die richtige ist, gleichgültig, ob Sie diese rational rechtfertigen oder erklären können. Sie werden vielleicht erst später wissen, warum oder wie Sie zu einer bestimmten Entscheidung gekommen sind.

Ein andermal mag es so scheinen, als fielen Entscheidungen ganz von selbst. Das intuitive Gefühl, Sie wüßten, was zu tun sei, kann so stark sein, daß Sie gar nicht im Zweifel darüber sind. So geschah es vor kurzem Thomas Roberts, einem Pädagogik-Professor an der Northern Illinois University, der in seinem vorlesungsfreien Jahr nach Kalifornien kam. Er wußte nicht, wo er das Jahr über wohnen würde, hatte sich aber oft in der Phantasie ausgemalt, in Sausalito bei San Francisco auf einem Hausboot zu leben. Während er für Freunde das Haus hütete, hörte er zufällig von jemand, der weggehen und für acht Monate ein Hausboot in Sausalito vermieten wollte. Sein Entschluß, es zu mieten, war sofort gefaßt. Später versuchte er, diese Entscheidung vor sich selber zu rechtfertigen, da es relativ teuer war. Als er aber vor sich zugab und bekannte, daß er intuitiv gehandelt hatte, merkte er eine körperliche Anspannung von ihm abfallen, die er vorher gar nicht bemerkt hatte. Er schrieb die Anspannung der ungelösten Frage zu, wo er leben sollte. Kaum war dies geschehen, als sich auch andere Dinge wie von selbst ergaben. Die Ideen für ein Buch, das er schreiben wollte, kristallisierten sich plötzlich, und er sah deutlich, was er tun wollte und wie er es machen mußte. Er hatte das Gefühl, daß seine Bereitschaft, seine Intuition anzuerkennen und nach ihr zu handeln, eine ganze Reihe von intuitiven Wahrnehmungen von Mustern auslöste, die von unmittelbarem praktischem Wert für seine Arbeit waren. Diese Ereignisse sind als solche nichts Außerordentliches, aber subjektiv waren sie alle anscheinend mit einem wachsenden Gewahrsein der Intuition verknüpft.

Manchmal erlebt man diese Art des klaren intuitiven Orientierungssinns als mächtige Antriebskraft. In solchen Situationen muß auch der Verstand als Vermittler benützt werden. Das Gefühl, eine Mission oder Gewißheit zu haben, gewährleistet weder Unfehlbarkeit noch Sittlichkeit. Mächtig destruktive Persönlichkeiten können von Sendungsbewußtsein erfüllt sein – einem starken, intuitiven Gefühl der Bestimmung. Historische Beispiele für das negative Potential von Menschen, die intuitiv ihren Neigungen folgen, ohne gebührend die möglichen Konsequenzen zu berücksichtigen, rechtfertigen ein großes Mißtrauen gegen die Intuition. Intuition bewertet nicht. Sie zeigt Möglichkeiten auf und verschafft einem Einblick in das Wesen von Dingen. Sie ist niemals ein Ersatz für vernünftige Bewertung oder moralisches Abwägen.

Verschiedene metaphysische Systeme, die davon ausgehen, Geist und Materie könnten sich ineinander verwandeln, stellen sich das Universum als etwas vor, das ganz und gar aus Geist besteht, mit der Materie als der dichtesten Form, oder als ganz und gar stofflich, mit dem Geist als der verfeinertsten Form. In der Physik stellt sich diese Auffassung in der Einsteinschen Gleichung $E = mc^2$ dar. Zwar sagt man, alle Ebenen des Bewußtseins durchdringen einander gegenseitig, aber optische Bild-Vorstellungen stellen gewöhnlich die dichte physikalische Ebene darunter dar, und die verfeinerte spirituelle Ebene darüber. Bei dieser Art der Darstellung sieht das Kontinuum des Bewußtseins folgendermaßen aus: physikalische Ebene, emotionale Ebene, Verstandesebene, Intuitionsebene und spirituelle Ebene.[16] Auf der Intuitionsebene kann man sich auf den universellen Geist einstimmen und so Zugang zu jeglicher Information gewinnen, die im Universum vorhanden ist.

Itzhak Bentov, ein zeitgenössischer Autor, Naturwissenschaftler und Erfinder, der das Gehirn als Hologramm beschreibt[17], behauptet, alle schöpferische Aktivität finde auf der Intuitionsebene statt. Danach verlassen sich kreative Menschen stärker auf die Intuition als andere:

Intuition ist eine Art des Wissens, zu der man nicht auf lineare, rationale Weise kommt, wie sie normalerweise unser Funktionieren bestimmt. Im Grunde ist das, was wir tun, ein Schöpfen aus dem Wissensreservoir, das im Universalgeist enthalten ist. Es ist in Hologrammform schon vorhanden; wenn ein bestimmter Mensch also eine Lösung für ein Problem braucht, kann die sogenannte blitzartige intuitive Erkenntnis stattfinden. Dies ist eine Situation, in der Menschen nur sehr kurze Zeit in einen anderen Bewußtseinszustand geraten – eine Sekunde lang oder zwei. Sie steigen auf zur Intuitionsebene, wo die subjektive Zeit stark ausgedehnt ist. Sie können also in einigen Sekunden objektiver Zeit Lösungen für all ihre Probleme erkennen. Sie können sie ohne Zeitdruck verstehen und dann wieder in die objektive Realität zurückkommen, sozusagen zurückfallen.[18]

In der praktischen, objektiven Realität des Alltagslebens muß man bei Entscheidungen all seine Fähigkeiten einsetzen. Man ist letzten Endes für das verantwortlich, was man sich zu tun entscheidet, ganz gleich, wie man zu der Entscheidung kommt. Da die Intuition, die so oft mißachtet oder beargwöhnt wird, an Problemlösungen und Entscheidungsprozessen immer beteiligt ist, muß man sie bewußt anerkennen. Dies vergrößert den Spielraum zum freien Untersuchen von Alternativen und kann verhindern, daß man in Vorurteilen und vorgefaßten Meinungen befangen bleibt. Wenn man lernt, die Weisheit und Führung der Intuition im Leben zu akzeptieren, muß man sie fortwährend auf die Folgen seiner Handlungen hin beurteilen. Als integraler Bestandteil des kontinuierlichen Wandlungsvorgangs des Lebens ist die Intuition niemals statisch, und man kann sie niemals ganz außer acht lassen. Man kann sie verdrängen oder übersehen, aber sie ist immer da und kann wieder geweckt werden.

7 Die Weisheit der Intuition

Wir sind, was wir denken.
Alles, was wir sind, entsteht mit unseren Gedanken.
Mit unseren Gedanken erschaffen wir die Welt.

Buddha
The Dhammapada

In der spirituellen Tradition des Ostens wie des Westens wird das intuitive Wissen als höchste Form der Wahrheit anerkannt. Westliche Mystiker und östliche Gurus sind sich darin einig, daß der Verstand begrenzt ist, und daß nur die Intuition die letzte Wahrheit erfassen kann. Der Zustand, den man Erleuchtung nennt, ist ein intuitives Erlebnis, in dem man hinter den äußeren Anschein blickt und die Dinge so sieht, wie sie wirklich sind; man erkennt sie von innen her durch Identifizierung des Erkennenden mit dem Erkannten.

Sri Aurobindo hat diese Form des Erkennens beschrieben:

Man fängt an, durch eine andere Art der Erfahrung zum Wissen über die Dinge zu gelangen, durch eine unmittelbare Erfahrung, die nicht vom äußeren Geist und den Sinneswahrnehmungen abhängt. Das heißt nicht, daß die Möglichkeit des Irrtums verschwindet, denn das kann nicht sein, solange man auf den Geist in irgendeiner Art als Werkzeug für die Übertragung von Wissen angewiesen ist; aber es ist eine neue Weise, voller Weite und Tiefe, die Dinge zu erfahren, zu sehen, zu wissen und mit ihnen in Berührung zu kommen, und die Grenzen des Wissens können in beinahe unermeßlichem Grade zurückgedrängt werden.[1]

Das Erwecken der Intuition ist von der Entwicklung des Selbstgewahrseins nicht zu trennen. Selbsterkenntnis ist eine wesentliche Vorbedingung für jede Art der Realitätserkenntnis. Unbewußte Projektionen können die Realität so sehr verzerren, daß man sein Spiegelbild, wenn man es in der Welt sieht, verleugnet und nicht als sein eigenes anerkennt. Auf diese Weise trennt sich der einzelne von allen und allem und entfremdet sich der Welt immer mehr. Indem man jedoch Projektionen zurücknimmt und die Dinge sieht, wie sie sind, fängt man an, die eigene wahre Identität zu entdecken. Bei dieser Entdeckung findet man den Guru (buchstäblich aus dem Sanskrit übersetzt: Zerstreuer der Dunkelheit) im eigenen Inneren.

Die Bereitschaft, der Führung dieses inneren Lehrers zu folgen, ist dasselbe wie das Vertrauen zur Intuition. Hinter Furcht, Wut, Depression und Angst verbirgt sich die Fähigkeit zu Liebe, Wonne, Heiterkeit und Mitleid. Hinter allen Emotionen steht die Weisheit der Intuition, die einen zum vollen Erleben des zentralen Seinskerns führen kann. Je mehr Sie bereit sind, sich für das volle Gewahrsein zu öffnen, das Ihnen potentiell zu eigen ist, desto authentischer können Sie Ihr Leben leben.

Verschreibt man sich der Erweckung der Intuition, verschreibt man sich der Wahrheit. Dazu gehört die Bereitschaft, auf die zarte, kleine Stimme zu hören, in deren Rede Sie die Wahrheit erkennen können, auch wenn Ihnen das, was sie sagt, nicht gefällt. Es verlangt die Bereitschaft, sich so kennenzulernen, wie man ist, und Masken und Verkleidungen fallen zu lassen, gleichgültig, wieviel Beifall von anderen Ihnen dies einbringt. Wenn Sie sich dem intuitiven Gespür für das öffnen, was für Sie wichtig ist, tritt eine bedeutsame Verschiebung von äußeren zu inneren Kriterien ein.

Wenn Sie sich ernsthaft wünschen, das Potential der rechten und der linken Gehirnhälfte ganz zu erleben und einen Lebensstil zu finden, der Sie wirklich befriedigt, müssen Sie sich die Zeit und den Raum nehmen, die nötig sind, damit Ihre Intuition Ihnen bewußt werden kann. Denken Sie daran, daß Sie nichts tun können, um Intuition herbeizuführen, aber viel, um zuzulassen, daß sie sich manifestiert. Seien Sie sanft; Sie brauchen nichts zu erzwingen.

Regelmäßiges Meditieren ist das wirkungsvollste Mittel, die Intuition zu steigern. Ein guter erster Schritt sind die Übungen in diesem Buch, aber wenn Sie erst einmal beschlossen haben, eine klare Intuition sei in Ihrem Leben ein wertvolles Positivum, werden Sie Ihre Wahrnehmung der Intuition weiter schärfen und ausdehnen wollen. Der stillschweigende Geist, der in vielen Formen der Meditation kultiviert wird, ist die Matrix der Intuition. Wenn Sie mit dem Ruhepunkt im Zentrum Ihres Seins in Fühlung sind, brauchen Sie keine Vorstellungsbilder oder verbale Übungen, um die Intuition in Gang zu setzen. Sie fließt von selbst, unbehindert von Ängsten und Befürchtungen.

Die Weisheit der Intuition befolgt die Regeln der Logik nicht. Sie wird nie eine rationale, umsichtige Wahl für Sie treffen. Sie ist kein Ersatz für sorgfältige Nachforschungen oder das Sammeln von Daten. Sie ist ein Lieferant von Möglichkeiten, keine Berechnungsfähigkeit. Kritisches Urteilsvermögen kann die Intuition hemmen, aber die Intuition wird nie zum Ersatz für Urteilskraft. Differenzierte Urteile sind unerläßlich für Entscheidungen in der Welt, aber lassen Sie Ihren Geist vom Verstand lenken, nicht gefangen halten. Ihre Intuition kann Ihnen Alternativen zeigen; sie kann Ihnen ein Gefühl dafür geben, was Ihnen möglich ist. Sie sagt Ihnen nicht, was richtig oder falsch ist, aber sie ist ein zuverlässiger Gradmesser für das, was Sie zu einer bestimmten Zeit brauchen. Wie Sie zu Ihrer Intuition stehen, wie Sie ihr vertrauen, beeinflußt unweigerlich ihr Funktionieren. Wenn Sie sie schätzen und bestätigen, wird sie blühen und gedeihen. Was Sie von der Intuition halten, entscheidet darüber, wie Sie sie gebrauchen, ob Sie sie für egoistische Zwecke zurechtbiegen oder ihr folgen, wohin sie Sie führt. Reine Intuition bleibt unbeeinflußt von Gedanken und Gefühlen, und sie wird Sie immer über die Grenzen Ihres gegenwärtigen bewußten Wissens hinaustragen.

Die Intuition bringt Sie auch in jene Bereiche des Erlebens, die man mit Worten nicht beschreiben kann. Mystische Erfahrungen, die die grundlegende Einheit des Lebens bestätigen, und transpersonale Erfahrungen, die die Ichgrenzen auflösen und das Bewußtsein über die Grenzen des gewöhnlichen Wachzustands hinaus erweitern, sind im wesentlichen intuitiver Art. Solche intuitiven Erlebnisse können Ihnen eine neue Einschätzung des spirituellen Wesens der tiefsten Sehnsucht nach Liebe, Frieden und Ganzheit ermöglichen. Durch die Intuition erforscht der Geist Bereiche des Erlebens, die für die gewöhnlichen Erkenntnisweisen nicht zugänglich sind. Nach Sri Aurobindo erlangt man wahre Erkenntnis nicht durch Denken. Sie ist das, was man ist; sie ist, was man wird.[2]

In seiner Abhandlung über Sufismus und Psychiatrie erklärt Arthur Deikman, in der Sufi-Tradition heiße es,

der gewöhnliche Mensch leidet an Verwirrung oder »Schlaf«, weil er dazu neigt, seine *üblichen* Denk- und Wahrnehmungsmuster zu benützen, um den Sinn seines Lebens zu verstehen und Erfüllung zu finden. Infolgedessen ist seine Wirklichkeitserfahrung eingeengt, und zwar in gefährlichem Maß, weil er es meist nicht merkt. Die Sufis behaupten, das Wecken der latenten Wahrnehmungsfähigkeit des Menschen (der Intuition) sei nicht ausschlaggebend für sein Glück, sondern das Hauptziel seiner aktuellen Daseinsphase – es ist die Evolutionsaufgabe des Menschen.[3]

Dr. Deikman weist auch darauf hin, daß »die gewöhnliche Intuition von den Sufis jedoch als eine Imitation der höheren Form der Intuition auf niederer Ebene angesehen wird, mit der sich der Sufismus befaßt«.[4]

Lama Govinda zitiert aus einer buddhistischen Bibel und sagt, in der tibetischen buddhistischen Tradition »werden die Buddhas und Bodhisattvas nicht durch festgelegte Lehren erleuchtet, sondern durch einen *intuitiven* Vorgang, der spontan und natürlich ist«.[5] Er schreibt:

Der mittlere Weg ist weder ein theoretischer Kompromiß noch eine intellektuelle Ausflucht, sondern die Anerkennung *beider* Seiten unserer Existenz, von denen die eine der Vergangenheit angehört, die andere der Gegenwart. Mit unserem Intellekt, unserer Denktätigkeit (und selbst mit unseren körperlichen Funktionen) leben wir in der Vergangenheit; in unserer intuitiven Schauung und im unmittelbaren Erlebnis höherer Wirklichkeit leben wir in zeitloser Gegenwart.[6]

In der Verwirklichung des kosmischen Bewußtseins »löst sich das Problem des freien Willens in den Strahlen der Erkenntnis auf, denn Wille ist keine primäre Qualität, die als ein unabhängiges Element behandelt werden kann, sondern der ewig wechselnde Ausdruck unseres jeweiligen Grades an Einsicht«.[7]

Je subtiler der Vorgang ist, desto wahrscheinlicher ist es, daß Beobachtung ihn stört oder irgendwie beeinflußt. In der Psychotherapie stellen wir fest, daß man ohne jeden *Versuch* der Veränderung eine solche in der gewünschten Richtung erreicht, indem man dem Patienten Verhaltensmuster lediglich bewußt macht. Tatsächlich ist das *Versuchen* gewöhnlich ein Zeichen dafür, daß man nicht weiterkommt. Der Versuch, etwas geschehen zu machen, sorgt dafür, daß es nicht geschieht. Der Versuch, den Geist zu beobachten, ist nicht dasselbe wie eine Beobachtung des Geistes. Wenn Sie gelernt haben, Ihren eigenen Geist zu beobachten, werden Sie feststellen, daß Sie ihn steuern und vorhersagen können, was geschehen wird. Genauso, wie man durch kontrollierte Beobachtung lernt, Verhalten vorherzusagen, kann man lernen, innere Bewußtseinszustände durch kontrollierte Selbstbeobachtung zu regulieren und zu verändern.

Viel Energie wird gewöhnlich darauf verwendet, die äußere Umgebung und andere Menschen zu manipulieren und zu steuern. Ziehen Sie diese Energie von der Außenwelt ab und richten Sie sie nach innen auf die Selbstbeobachtung, so können Sie entdecken, wie man sein Erleben verwandelt, indem man nicht seine äußeren Umstände verändert, sondern seinen Bewußtseinszustand. Die Erkenntnis der Möglichkeit dieser Art von Steuerung bedeutet kein Werturteil. Es heißt nicht, daß Sie Ihre Aufmerksamkeit *lieber* nach innen anstatt nach außen lenken *sollten*, oder daß Sie lieber Ihren subjektiven Zustand ändern sollten, anstatt zu versuchen, die Welt zu verändern. Seien Sie sich jedoch dessen bewußt, daß die innere und die äußere Steuerung gleichermaßen möglich sind. Genauso, wie man lernt, die Umwelt durch die Anwendung von Wissen zu steuern, kann man lernen, innere Zustände durch die Anwendung dessen zu lenken, was schon bekannt ist. In den spirituellen Traditionen des Ostens hat man in Jahrtausenden bemerkenswert wirksame Methoden der Lenkung des Geistes entwickelt. Aus ihnen kann man viel lernen, aber es ist kein Ersatz für das, was man im Westen gelernt hat. Intuitiv wissen wir, daß es keine Frage von entweder-oder ist, sondern von sowohl-als auch. Man kann immer nach dem Prinzip des sowohl-als auch denken und alle Formen der Erkenntnis zusammenfügen und integrieren, um ein tieferes Verständnis des menschlichen Schicksals zu gewinnen. Menschen können sich die Art von Umgebung schaffen, in der sie gern leben möchten. Es ist möglich, Einstellungen zu verändern und physiologische Funktionen des Körpers zu steuern, von denen man glaubte, sie seien unwillkürlich. Sie können Ihr Leben so gestalten, daß der Streß auf ein Minimum beschränkt wird und ein Gefühl von Gleichgewicht und Harmonie aufrechterhalten bleibt. Das Wecken der Intuition ist nur der erste Schritt auf einem langen Weg des Lernens.

Selbstgewahrsein ist die Grundlage psychischer Gesundheit und psychischen Wohlbefindens. Sensibel dafür zu sein, wie Ihr Körper am besten funktioniert – und sich dessen bewußt zu sein, was Sie gesund erhält und Sie glücklich macht, ist der erste Schritt zur Übernahme von Verantwortung für Ihr Leben. Sie wissen besser als irgendjemand sonst auf der Welt, was Sie brauchen. Das Problem, die Antworten zu finden, die Sie benötigen, ist häufig kein Mangel an Informationen, sondern eine mangelnde Bereitschaft – oder auch Angst –, zuzugeben, was Sie schon wissen.

Chögyam Trungpa schreibt:

Niemand kann seine Persönlichkeit von Grund auf ändern, niemand sich von innen nach außen krempeln. Das vorhandene Material, das, was schon da ist, muß verwendet werden. Du mußt dich selbst bejahen, so wie du bist und nicht, wie du zu sein wünschst. Jeglicher Selbstbetrug muß aufhören, genau wie jedes Wunschdenken. Das Wesen deiner Persönlichkeit als Ganzes muß erkannt und akzeptiert werden – dann erst magst du Eingebungen spüren.[8]

Als Meditationslehrer fährt Trungpa fort:

Meditation ist nicht nur ein Bewußtsein der Übungen, denn wenn du nur Gewahrsein übst, entwickelst du nicht die intuitive Einsicht, die notwendig ist, um deine Übung zu erweitern. Wir sollten intuitive Einsicht walten lassen, die uns anfangs zwar nur einen vagen Blick in die Dunkelheit unserer Verwirrung erlaubt, aber mit wachsendem Verstehen den Schleier verschwinden läßt. Aber je aktiver und durchdringender diese Art der Intelligenz wird, desto mehr wird die Unklarheit beiseitegeschoben und löst sich auf.[9]

Intuition kann die Verwirrung durchbrechen und tut es auch, so daß Sie sehen können, was wahr ist, aber das erfordert die Bereitschaft Ihrerseits, Ihrer Selbsttäuschung entgegenzutreten.

Wie oft tun Sie so, als sei alles bestens, wenn Sie sich in Wirklichkeit abscheulich fühlen? Oder umgekehrt, wie oft beklagen Sie sich gewohnheitsmäßig über Dinge, wenn in Wirklichkeit alles in Ordnung ist? Wie oft versuchen Sie einfach nur, die Wahrnehmung von Schmerz zu vermeiden, sei er physisch oder psychisch, anstatt etwas dagegen zu tun? Die Intuition steht nicht notwendigerweise im Dienst des Ichs. Sie zeigt oft eine Richtung an, die nicht dem entspricht, was Sie sich kurzfristig zu wünschen meinen. Zum Beispiel wird sich jemand, der sich in einer Beziehung unglücklich fühlt, vielleicht bewußt wünschen, die Beziehung zu verändern und sie zu erhalten, möglicherweise aber erkennen intuitiv beide Partner, daß ihre Wege sich trennen müssen.

Die Intuition führt Sie nicht immer zu dem, was Sie für die beste oder gesellschaftlich akzeptable Methode halten. Wenn man den Umgang mit ihr geübt hat, kann sie einen jedoch durch Abwehr und Vorwände hindurch zu dem tiefsten Gespür für das führen, was für einen selbst authentisch ist. Wenn Sie bereit sind, sich den Ängsten zu stellen, die aufsteigen, wenn Sie irgendeine langgehegte Illusion aufgeben sollen, ermöglicht Ihnen die Intuition, die Dinge so zu erkennen, wie sie sind. Von diesem Zeitpunkt an, wenn Sie sich Ihrer eigenen inneren Wahrheit anheimgegeben haben, werden Sie immer bereitwilliger der Führung der Intuition folgen, anstatt sie in den Dienst der Erfüllung egoistischer Wünsche stellen zu wollen. Das beständige Streben nach Selbsterkenntnis führt schließlich dazu, daß man über sich hinauswächst und persönliche Bedürfnisse und Wünsche unter einem weiteren Blickwinkel sieht. Die intuitive Erkenntnis, Teil eines größeren Ganzen und untrennbar von der Umwelt, in der man lebt, zu sein, die Erkenntnis, daß das Sein in allen und allem im Grunde dasselbe ist, wenn auch in einer unendlichen Vielfalt der Formen und Strukturen, ermöglicht es einem, sich und das Universum als eine Einheit in wechselseitiger Abhängigkeit zu sehen.

Je mehr Sie erkennen, wie Sie mit sich selber umgehen, desto mehr wird Ihnen klar werden, daß Sie wahrscheinlich andere ebenso behandeln. Mit diesem Gewahrsein können Sie sich besser bewußt werden, wie Sie Ihre eigene Wirklichkeit erschaffen, und wie Ihre

Einstellungen und Überzeugungen Ihr Erleben formen. Glaubenssysteme werden zwar intuitiv gewählt, aber sie begrenzen unweigerlich Wahrnehmung und Erfahrung. John Lilly, ein Pionier unter den Bewußtseinsforschern des Westens, sagt:

Im Bereich des Geistes ist das wahr oder wird wahr, was man für wahr hält, und zwar innerhalb von Grenzen, die empirisch oder experimentell feststellbar sind. Diese Grenzen sind zukünftige Überzeugungen, die transzendiert werden müssen. Im Bereich des Geistes gibt es keine Grenzen.[10]

In dem Maß, in dem Sie sich dessen bewußt sind und die Verantwortung für die Überzeugungen übernehmen, die Sie sich ausgesucht haben, wird die Möglichkeit, über ein bestimmtes Überzeugungssystem hinauszugelangen oder Ihr Leben unter einem anderen Blickwinkel zu sehen, zur Realität. Das Leben kann wie eine Prophezeiung sein, die sich selbst erfüllt. Ihre Gedanken erschaffen fortwährend die Welt Ihres Erlebens. Nur wenn Sie bereit sind, gegenüber der Realität, die Sie selber sind, hellwach zu sein, sich Ihren Ängsten zu stellen und Ihr wahres Selbst zu sehen, können Sie wirklich offen sein für die vielen Ebenen intuitiven Erlebens.

Mit der Verantwortung für die Wahl Ihrer Überzeugungen geraten Sie nicht etwa in die Zwangslage, sich zwischen zwei Gegensätzen entscheiden zu müssen. Bei den Entscheidungen geht es nicht nur darum, ob man sich des inneren oder des äußeren Erlebens stärker bewußt sein soll, oder ob man eine Möglichkeit der anderen vorziehen soll. Jede Erfahrung bietet die Möglichkeit, zu lernen und Ihre Intuition und Ihre innere Weisheit zu erweitern. Intuition ist nicht dualistisch. Je weiter Sie in Ihrer Arbeit mit der Intuition gehen, desto mehr wird sich ihre Weisheit in einem Ausgleich und einer Synthese von Gegensätzen äußern, in der Harmonisierung von innerem und äußerem Erleben.

Innen und Außen, Psyche und Universum spiegeln sich immer gegenseitig wider. Wenn Sie sich verändern, wird Ihnen die Welt, in der Sie leben, verwandelt erscheinen. Wenn Sie die Welt um sich her verändern, werden Sie sich selber auf neue Weise erleben. Beides trifft zu. Innen und außen sind zwei Seiten desselben

Gewebes. Sie können die Verantwortung für Ihren eigenen Bewußtseinszustand und für die Art übernehmen, wie Sie Ihr Leben leben
wollen. Die Intuition entwickeln, heißt, hellwach bleiben und sich
seines Erlebens in jedem Augenblick voll bewußt sein, ob Sie nun
stillsitzen, aktiv arbeiten oder spielen. Chögyam Trungpa sagt:

Bei [Meditation] handelt es sich nicht darum, den ersten Schritt auf
einem Pfad zu tun, es ist vielmehr ein Sich-klar-Werden, daß du
dich bereits auf diesem Pfad befindest – ganz in der Gegenwart und
dem Augenblick hingegeben – jetzt, jetzt, jetzt. Du stehst nicht am
Anfang, denn du hattest diesen Pfad ja nie verlassen.[11]

Zu lernen, dem Strom Ihrer Gedanken und inneren Bilder zuzu-
schauen, Ihren inneren Zwiegesprächen zu lauschen und Gefühle
und Empfindungen wahrzunehmen – dies alles gehört zu dem
Prozeß, durch den Sie das Gewahrsein des Daseins in diesem
Augenblick erweitern können. Indem Sie sowohl äußere Objekte
als auch innere Phantasien loslassen, können Sie auch das Gewahrsein des stillen Raums erweitern, in dem alles Erleben stattfindet.
Sie können dies jederzeit tun, immer, wenn Sie sich dafür entscheiden, sich auf den Kontext und nicht auf den Inhalt Ihres Erlebens
zu konzentrieren.
Paradoxerweise kann man die Wahrnehmung des Kontexts steigern, indem man absichtlich auf den Inhalt achtet. Roger Walsh
schreibt:

Als der innere Strom des Bewußtseins zugänglicher wurde, wurde
er auch als Informationsquelle verfügbarer, an die ich mich jederzeit wenden konnte, um herauszubekommen, was ich fühlte,
wollte, hoffte, schätzte, fürchtete usw. Je mehr mein Glaube an
diese Quelle des Wissens zunahm, desto mehr wußte ich die
Aussage zu würdigen, »die Antworten sind im Inneren vorhanden«, ebenso die, daß das Wachstumserlebnis darin besteht,
wiederzuerkennen, was wir schon wissen. Dieses Gefühl des
Vorhandenseins innerer Weisheit war sehr schön und brachte ein
Gefühl größerer Selbständigkeit und Feld-Unabhängigkeit mit
sich.[12]

Wenn Sie Ihre eigenen Antworten intuitiv finden, bedeutet das
vielleicht, daß Sie alte Ansichten über das Wesen der Dinge und
langgehegte Vorstellungen über Ihr eigenes Wesen aufgeben.

Die Potentiale des Geistes sind furchterregend. Manchmal fühlt man sich beim Streben nach Selbsterkenntnis träge, ängstlich und unsicher. Manchmal erscheint es einem leichter, alte Spiele weiterzuspielen, alte Bilder aufrechtzuerhalten, so unbefriedigend sie auch sein mögen, anstatt zu riskieren, die Fassade abzustreifen und zu erkennen, wer man wirklich ist. Deswegen erfordert der Entschluß, die Intuition zu wecken, einen nimmermüden Mut und eine fortwährende Bereitschaft, sich dem Unbekannten zu stellen. Er verlangt das Annehmen der Möglichkeit, daß die Zukunft völlig neue Erfahrungen bringt, die über das Persönliche hinaus- und in Bereiche des Überpersönlichen hineingehen und sich ins Unendliche erstrecken. Die Grenzen des inneren Erleben sind diejenigen, die man sich selber auferlegt. Ahnungen unbegrenzter Möglichkeiten können jedoch manchmal so überwältigend sein, daß man sie lieber aus seinem Gewahrsein aussperrt. Darauf kommt es nicht an. Es genügt, auf das Erleben des Augenblicks zu achten, sich seines Körpers bewußt zu sein, seiner Gefühle, seiner Gedanken und seiner eigenen Seinsnatur.

In der Psychotherapie wendet man viel Arbeit für die Ich-Integration auf, für die Integration der Persönlichkeit, für die Integration von Leib und Seele und für die Integration des äußeren und des inneren Erlebens. Diese ganzheitliche Wahrnehmung des Menschenlebens findet zunächst intuitiv statt. Man ist ein Ganzes und Teil eines größeren Ganzen. Am Anfang der Selbstbeobachtung sieht man aber oft nur einzelne Stücke und Brocken, scheinbar fragmentiert und zerstreut. Oft ist es die notwendige Aufgabe, seine Wahrnehmung und sein Selbstbild zu verändern, anstatt spezifische Bewußtseinsinhalte oder Lebensumstände. Wenn man von der personalen zur transpersonalen Integrationsebene überwechselt, tritt das Selbst als Kontext in den Brennpunkt. Wenn man nicht mehr mit den Teilen identifiziert ist, kann man erkennen, daß eine Erweiterung des Kontexts, eine Veränderung des Bewußtseinszustands, das Erleben tatsächlich verändert. Wenn der Kontext erweitert wird, beeinflußt dies alles, was man tut.

Die Arbeit an sich selbst und die Entwicklung der eigenen Intuition sind keine Alternative zur Arbeit in der Welt. Sie sind auch kein Ersatz für rationale Fähigkeiten. Im Gegenteil, sie führen zu der

Erkenntnis, daß man sowohl intuitive *als auch* rationale Möglichkeiten des Wissens hat. Will man die Gesellschaft verändern, ohne das Bewußtsein zu verändern, ordnet man einfach nur die Erlebnisinhalte auf neue Art. Wenn man ausschließlich am Bewußtsein arbeitet und die soziale Verantwortung ablegt, trennt man sich von der Welt und gerät wieder in die Falle der Identifikation mit nur einem Teil an Stelle des Ganzen. Wie man Einatmung und Ausatmung braucht, so braucht man auch Aktivität und Rezeptivität. Die ausschließliche Betonung der einen oder der anderen Verhaltensweise führt ein Ungleichgewicht herbei. Das Wecken der Intuition hängt von Ihrer Bereitschaft ab, die Dinge zu sehen, wie sie wirklich sind, sich selber zu erkennen, wie Sie wirklich sind, und die Welt zu sehen, wie sie wirklich ist, mit aller Schönheit und mit allem Leiden. Intuition vertieft die Erfahrung des Lebens in all seinen Facetten.

Intuitives Gewahrsein entwickelt sich voll, wenn man mit einem stillschweigenden Geist erleben kann, wer man ist. Das Erlebnis der Erleuchtung im Buddhismus soll aus einem stillen Geist kommen, heißt es, als ein intuitives Verstehen der Wahrheit. Die Wahrheit dieser Realität geht über alles hinaus, was man über sie sagen kann. Alles, was gesagt werden kann, kann auch geleugnet werden. Jede Erkenntnis enthält den Keim ihres Gegenteils. Die Realität des Seins zu entdecken, heißt entdecken, daß sie *nichts* ist. Als *kein Ding* ist sie wie ein Kristallspiegel, der alles widerspiegelt. Die Enge der Wahrnehmung, die auf allen Seiten durch Ideen und Meinungen eingegrenzt ist und durch Angst aufrechterhalten wird, läßt selten die aus dem Erleben stammende Erkenntnis zu, daß man aus diesem Sein, das *nichts* ist, die Realität des Erlebens schafft.

Die Intuition liefert die Einsicht, die durch den Filter von Gedanken, Vorstellungsbildern und Gefühlen bis zum formlosen Kontext des Erlebens blickt. Wenn man erst einmal die Durchlässigkeit und Vergänglichkeit dieser filternden Schicht erkannt hat, kann man subjektiv Intuition von Vorstellung unterscheiden. Der Unterschied zwischen Intuition und Vorstellung ist genau dieser: Reine Intuition ist ein Wissen, das aus dem Erleben von Formlosigkeit und Stille stammt, während die Vorstellung dem Formlosen Form verleiht und begrifflicher Natur ist. Wenn man sich etwas vorstellt, erfaßt man es begrifflich, ganz gleich, wie abstrakt das geschieht. Vorstellungskraft ist also das Medium, durch das die Intuition im Leben zum Ausdruck kommt. Viele der Zwänge und Einschränkungen im Leben kann man dem Mangel an Vorstellungskraft zuschreiben. Man strebt nur nach den Dingen, von denen man sich vorstellt, sie seien gut oder wünschenswert; wenn man sich keine Alternativen vorstellt, kann dies zu Depression und Verzweiflung führen. Die Intuition benützt Vorstellungen, Träume, Phantasien und andere Formen der Bilderwelt, um ins bewußte Gewahrsein einzudringen, aber sie bleibt eindeutig unabhängig von all diesen Formen. Reine Intuition auf der spirituellen Ebene ist nicht-dualistisch und nicht-symbolisch. Sie ist ein Zustand des bildlosen Gewahrseins, in dem keine Dualität zwischen dem Wissenden und dem Gewußten, zwischen dem Bewußtsein und seinen Objekten besteht. Diese Realitätsebene läßt sich nicht mit Worten beschreiben, da Worte immer Dualität oder eine Trennung von dem postulieren, was beschrieben wird. Dieses intuitive Realitätserleben ist kein Argument, das sich beweisen läßt; es ist einfach eine Realität, die man erleben kann. Eine Realität, auf die Mystiker aller Zeiten und aller Richtungen hingewiesen haben, aber sie bleibt unnennbar. Alles, was man über sie sagt – so würde ein Zen-Buddhist sagen –, ist wie ein Finger, der auf den Mond zeigt. Man darf den Finger nicht mit dem Mond verwechseln. Ken Wilber spricht von drei Arten, auf diese Realität hinzuweisen. Die erste ist analogisch und beschreibt die Realität gemäß ihrem Aussehen. Die zweite ist negativ und beschreibt die Realität vermittels dessen, was sie nicht ist. Sie ist z. B. nicht-dual, nicht zeitgebunden, nicht begrenzt, nicht beschreibbar. Die dritte Art, die Art des Buddha, ist die der Gebote. Die Lehren Buddhas waren nach Wilber im wesentlichen Anweisungen zur Erlangung dieser nicht-dualen Erkenntnisweise.[13] Tarthang Tulku, Lehrer für tibetische buddhistische Meditation in Berkeley, Kalifornien, drückt es so aus:

Wir haben vielleicht eine Vorstellung, daß es einen Ort des letzten Verstehens gibt – aber der Himmel ist nicht notwendigerweise woanders. Er ist im Wesen unseres Geistes, und dies erreichen wir durch Meditation. Wir nehmen einfach jede Situation so an, wie sie kommt und folgen unserer inneren Führung – unserer Intuition, unserem eigenen Herzen.[14]

Intuition ist ein machtvolles, reinigendes Gewahrsein, das ins Wesen der Dinge Einblick hat, über jede Dualität hinaus, in die Leere, die Matrix aller Schöpfung. Mit der intuitiven Einsicht stellt sich Selbst-Annahme, Mitgefühl und Liebe ein. Wenn es keine Dualität gibt, gibt es nichts zu fürchten.

Wer bist du?

Wenn man sich der Bewußtseinsebene öffnet, die für die intuitive Art der Erkenntnis kennzeichnend ist, kann die eigene Identität stark beeinflußt werden. In diesem nicht-dualen Zustand sind Beobachter und Beobachtetes nicht mehr getrennt. Man identifiziert sich mit dem, was man gewöhnlich als anders wahrnimmt. Dies verändert unweigerlich das Gefühl vom eigenen Selbst als einer getrennten, unabhängigen Wesenheit. Eine Verschiebung in der Erkenntnisweise hat daher immer eine Verschiebung im Identitätsgefühl zur Folge.

Eine Möglichkeit, auf intuitive Weise mit Ihrem eigenen Identitätsgefühl in Kontakt zu kommen, besteht darin, daß Sie Ihren Geist von allen vorgefaßten Meinungen und Vorstellungen darüber befreien, wer Sie sind. Sie können dies mit Hilfe einer sehr einfachen Übung tun.

Übung Schreiben Sie auf eine leere Seite die Frage: »Wer bist du?« und schreiben Sie so viele Antworten auf, wie Sie sich ausdenken können. Sind die üblichen Antworten ausgeschöpft, stellen Sie sich die Frage weiterhin mehrmals und schreiben Sie alle freien Assoziationen auf, die Ihnen einfallen. Vielleicht wollen Sie auch über die Frage meditieren, ohne sie direkt zu beantworten, indem Sie sie einfach im Sinn behalten und abwarten, was aus der Stille aufsteigt.

Falls Sie lieber mit einem Partner arbeiten, setzen Sie sich ihm gegenüber und beschließen Sie, wer von Ihnen die Frage zuerst stellen soll. Der Fragende wiederholt einfach die Frage und läßt dem anderen Zeit, zu antworten, besser mit ein paar Worten als mit einer längeren Schilderung. Die Frage sollte mindestens fünf Minuten lang fortwährend wiederholt werden, besser noch zehn oder fünfzehn Minuten lang. Sie finden vielleicht noch mehr über sich heraus, wenn Sie noch länger weitermachen. Nach dieser vorgesehenen Zeit wechseln Sie die Rollen und stellen Sie weiter immer dieselbe Frage, wobei Sie dem anderen Gelegenheit geben, zu antworten. Wenn Ihr Partner »eine Niete zieht« und auf Ihre Frage hin nichts sagt, warten Sie einen Augenblick und wiederholen Sie dann einfach die Frage. Bleiben Sie auch mindestens fünf Minuten lang bei der Frage, auch länger, wenn Sie wollen, und beurteilen Sie dann die Antworten, die jeder von Ihnen gegeben hat.

Wie beantworten Sie diese Frage, wenn Sie Rollen und Verwandtschaftsgrade wie Schüler, Lehrer, Mutter, Vater, Geschäftsmann, Schauspielerin usw. ausgeschöpft haben? Wer sind Sie hinter all den sozialen Rollen, die Sie spielen? Intuitiv wissen Sie ja schon, daß *Sie* nicht wirklich dasselbe sind wie die Sachen, die Sie machen oder die Rollen, die Sie im Leben spielen. Der zentrale Kern in Ihnen, der Handelnde hinter der Maske, bleibt immer derselbe, gleichgültig, wofür Sie sich im Leben entscheiden.

Eine weitere Möglichkeit, mit diesem zentralen Selbst in Kontakt zu kommen, ist das Nachdenken über Ihr ganzes Leben.

Übung Nehmen Sie sich Zeit, Ihren Körper zu entspannen und Ihren Geist ruhigzustellen. Wenn Sie in ruhiger, stiller, behaglicher Verfassung sind, lassen Sie sich in der Phantasie zurückgehen bis zu der Zeit, als Sie ein kleiner Säugling waren. Wie hat es sich angefühlt, Sie zu sein, als Sie ein kleines Baby waren, völlig abhängig von anderen für die Befriedigung Ihrer Bedürfnisse? Wie war diese Erfahrung für Sie? Vielleicht erinnern Sie sich ganz deutlich daran. Wenn Sie meinen, Sie hätten es vergessen, benützen Sie Ihre Vorstellungskraft, um intuitiv in dieser Situation zu sein, wirklich identifiziert mit dem Gefühl, ein kleiner, hilfloser Säugling zu sein in der Umgebung, in der Sie zur Welt gekommen sind. Nach einiger Zeit, wenn Sie wirklich das Erlebnis in sich aufgenommen haben, sehr, sehr klein zu sein, gehen Sie in der Vorstellung weiter zu der Zeit, als Sie fünf Jahre alt waren. Wie hat es sich angefühlt, Sie zu sein, als Sie fünf Jahre alt waren? Wie haben Sie die Welt erlebt, als Sie fünf waren? Beachten Sie alle Bilder, bildhaften Vorstellungen oder Erinnerungen, die Ihnen in den Sinn kommen, während Sie sich daran erinnern, wie Sie fünf Jahre alt waren. Nach ein paar Minuten gehen Sie in der Vorstellung in die Zeit, in der Sie zwölf Jahre alt waren. Wie war es, zwölf Jahre alt zu sein? Erinnern Sie sich, worum Sie sich Sorgen gemacht haben, als Sie zwölf waren? Was war Ihnen wichtig, als Sie zwölf waren? Wie sah Ihre Welt aus, als Sie zwölf Jahre alt waren? Was haben Sie damals für sich selber empfunden? Stellen Sie sich nun weiter eine Zeit vor, in der Sie fünfundzwanzig Jahre alt sind. Wie ist es, als Sie selber auf der Welt zu sein, wenn Sie fünfundzwanzig sind? Fahren Sie nun fort und stellen Sie sich vor, Sie seien vierzig Jahre alt. Wie ist es, mit vierzig Sie zu sein? Was empfinden Sie mit vierzig in bezug auf sich selbst? Was empfinden Sie mit vierzig in bezug auf das Leben? Was ist mit vierzig am wichtigsten? Gehen Sie nun weiter bis zu einer Zeit, in der Sie fünfundsechzig Jahre alt sind. Wie ist es, fünfundsechzig zu sein? Tun Sie das, was Sie mit fünfundsechzig tun wollen? Was empfinden Sie mit fünfundsechzig in bezug auf sich selbst? Stellen Sie sich nun vor, Sie seien sehr, sehr alt. Stellen Sie sich vor, Sie schauen sich im Spiegel an. Schauen Sie sich genau an, was Sie sehen, und stellen Sie fest, was Sie für ein Gefühl sich selber gegenüber haben, wenn Sie sehr, sehr alt sind. Wer sind Sie, wenn Sie sehr, sehr alt sind? Was empfinden Sie in bezug auf das Leben, das Sie gelebt haben, wenn Sie sehr alt sind? Stellen Sie sich vor, Sie hielten Rückschau über Ihr ganzes Leben und denken Sie nach, was wirklich wichtig war. Gibt es etwas in Ihrem Leben, das Sie gern anders gemacht hätten? Sind Sie bereit zu sterben? Erlauben Sie sich nun, in der Vorstellung Ihren eigenen Tod zu erleben. Achten Sie darauf, was Ihnen in den Sinn kommt, wenn Sie versuchen, sich vorzustellen, wie es ist zu sterben. Erlauben Sie sich nun, in dem Raum jenseits des Todes zu ruhen, und nach einer Weile stellen Sie sich vor, Sie seien bereit, wiedergeboren zu werden. Sie können überall, zu jeder Zeit, als alles wiedergeboren werden, was Sie wollen. Was würden Sie sich aussuchen? Stellen Sie sich nun vor, Sie machten das Erlebnis der Geburt durch und kämen zum ersten Mal auf die Welt. Wenn Sie sich bereit fühlen, die Augen zu öffnen, nehmen Sie sich ein wenig Zeit, herumzuschauen und alles so zu sehen, als sähen Sie es zum ersten Mal.

Diese Übung ermöglicht es Ihnen, sowohl die Kontinuität als auch die Diskontinuität Ihres Selbstgefühls zu erleben. Wenn Sie Ihr ganzes Leben überblicken und erkennen, daß es ein Bewußtsein ist, das all der verschiedenen Lebensphasen gewahr ist, der vergangenen, der zukünftigen wie auch der gegenwärtigen, können Sie in Fühlung mit dem Selbst kommen, das kein bestimmtes Alter und keine bestimmten körperlichen Merkmale hat und das trotzdem Ihr Selbst ist. Das Baby, das es nicht mehr gibt, gehört ebensosehr zu Ihnen wie der alte Mensch, den es noch nicht gibt. Beide sind im Grunde identisch mit dem Menschen, der Sie in diesem Augenblick sind. Dieses Gewahrsein dessen, wer Sie sind, gibt Ihrem Leben Kontinuität und kann Ihr Gefühl erweitern, intuitiv zu wissen, wer Sie wirklich sind – hinter all den Rollen, Altersstufen und Umständen Ihres Lebens. Diese Übung kann Ihnen auch einen neuen Blick für die Vergänglichkeit des Lebens geben. Der junge Mensch, der Sie gewesen sind, und der alte Mensch, der Sie einmal sein werden, existieren heute nicht. Sie sind nur der oder die, der oder die Sie in diesem Moment sind. Alles, was man jemals hat, ist der gegenwärtige Augenblick. Aber Sie können sich durch Erinnerung in die Vergangenheit versetzen und durch Vorstellung in die Zukunft, und wenn Sie morgens aufwachen, erinnern Sie sich, wer Sie sind. Sie denken an sich als an denselben Menschen, der am Abend vorher eingeschlafen ist, und Sie machen Pläne für das, was Sie während des Tages tun wollen.

Douglas Wood schreibt:

Das sich verändernde Selbst *kann* in Augenblicken der Intuition Einheit erlangen, wenn die Zeit als eine sich ewig entwickelnde

Gegenwart wahrgenommen wird, die ihre eigene Vergangenheit enthält, oder in Momenten des Rückblicks, wenn ein Augenblick der Vergangenheit in der Gegenwart wieder lebendig wird.[15]

Ein anderer Wert dieser Übung liegt darin, daß sie sich zwar mit Vergangenheit und Zukunft befaßt, den Übenden aber tatsächlich befähigt, frühere Bindungen und zukünftige Projektionen loszulassen. Diese befreiende Erfahrung kann in jedem beliebigen Augenblick der Tendenz entgegenwirken, der Beschäftigung mit Vergangenheit und Zukunft zuviel Aufmerksamkeit zu schenken. In dem Maß, in dem man von Bedauern erfüllt ist, vergangene Freuden auskostet oder sich ängstlich Sorgen um die Zukunft macht, ist man abgelenkt und nicht ganz präsent. Wenn man lernt, in der Gegenwart zu leben, wird immer mehr Energie verfügbar für die Erweiterung der bewußten Wahrnehmung dessen, was eben jetzt geschieht. Nur wenn der Geist unbelastet ist, kann man wirklich jederzeit die Fülle der Wirklichkeit erleben.

Wenn Sie anfangen, sich selbst zu erkennen und zu verstehen, wie Ihr Geist funktioniert, werden Sie vielleicht entdecken, daß Sie nicht nur Ihr bester Freund, sondern auch Ihr schlimmster Gegner sind. Häufig gibt man anderen die Schuld für die Umstände des eigenen Lebens und weigert sich, die Verantwortung für sich selbst zu übernehmen. Aber wenn Sie bereit sind, Ihren eigenen Beitrag zu allem, was Ihnen widerfährt, zu erkennen, begegnen Sie einem anderen Aspekt Ihrer selbst. In den meisten Fällen ist man kein widerstrebendes Opfer. Oft entscheidet man sich dafür, eine Konfrontation zu vermeiden, und fühlt sich infolgedessen als Opfer von Menschen oder Umständen, die einem mißfallen. Wenn Sie den Gegner in sich selber erkennen, können Sie anfangen, selbst die Verantwortung für Veränderungen zu übernehmen. Die Intuition ermöglicht es Ihnen, aus dem inneren Gefängnis, das Sie für sich selber errichten, hinauszuschauen, erst dann können Sie bewußt entscheiden, was Sie tun wollen. Sie wissen vielleicht schon intuitiv, daß sie Ihr eigener Feind sind. Ihr Widerstand gegen Veränderung, Ihr Wunsch, am Vertrauten und Bekannten festzuhalten, kann Ihnen viel Schmerz bereiten, denn Veränderung ist unvermeidlich, und wenn Sie sich gegen sie sperren, fügen Sie sich selber Schmerz zu. Immer, wenn Sie in ein neues Entwicklungsstadium eintreten, müssen Sie das loslassen, wo und was Sie vorher waren. Wenn Sie vierzig sind und versuchen, sich am Fünfundzwanzigjährigsein festzuklammern, werden Sie wahrscheinlich Unlust erleben. *Loslassen ist für die Weiterentwicklung unerläßlich.* Sie erinnern sich vielleicht, wie es am Ende der Volksschulzeit war, wo Sie auf dem Schulhof zu den »Großen« gehörten und vielleicht ein gewisses Gefühl der Wichtigkeit hatten. Aber beim Übergang auf die höhere Schule mußten Sie diese Stellung aufgeben und in die nächste Phase der Schulbildung eintreten, wo Sie wieder auf der untersten Sprosse der Leiter anfingen und alle großen Schüler auf Ihnen herumhacken konnten. Diese vertraute Erfahrung des Heranwachsens wiederholt sich im Leben auf vielerlei Arten. Der Versuch, an Errungenschaften und Bindungen festzuhalten oder an dem, was man zu sein glaubt, steht der Weiterentwicklung im Weg. Intuitiv wissen Sie, daß Ihre Identität nicht von irgendwelchen äußeren Besitztümern, Rollen oder Beziehungen herstammt. Sie klammern sich aber vielleicht doch an diese Dinge, diese Tätigkeiten und Personen, von denen Sie glauben, Sie würden durch sie definiert.

Nicht nur den inneren Gegner erkennen Sie durch Intuition. Sie können ebenso des Beobachters oder des inneren Zeugen gewahr werden, auch des höheren Selbst, des Selbst, das intuitiv weiß, was für Sie am besten ist, und das zu jeder Zeit Ihr bester Lehrer, Freund und Führer sein kann. Wenn Sie sich von einem anderen Menschen angezogen fühlen, liegt es sehr oft an bestimmten Eigenschaften, die dieser Mensch entwickelt hat, und von denen Sie glauben, sie fehlten Ihnen. Wenn sich eine solche Beziehung entwickelt, entwickeln Sie möglicherweise mit der Zeit einige dieser Eigenschaften. Wenn Sie jedoch auf unabsehbare Zeit diese Qualitäten dem anderen überlassen und sie selber nicht entwikkeln, werden Sie wahrscheinlich das Gefühl bekommen, abhängig und ständig von Verlustangst bedroht zu sein. Denken Sie einmal an all die Menschen, von denen Sie sich in Ihrem Leben angezogen gefühlt haben, und versuchen Sie, bei sich selbst die entsprechende Eigenschaft zu finden, die sich vielleicht entfaltet hat. Es gibt gemeinsame Grundlagen, aus denen man Realität erschafft, und wenn man mehr darüber lernt, erfährt man, daß man erwünschte Eigenschaften in sich selber hervorrufen und entwickeln kann. Aufmerksam auf die Eigenschaften zu achten, die Sie an anderen Menschen anziehend finden, kann Ihnen Hinweise darauf liefern, was Sie gern bei sich selber entwickeln würden. So können Sie, indem Sie Ihre intuitive Wertschätzung anderer erweitern, sich des eigenen Potentials bewußter werden und ihm erlauben, sich zu entfalten.

Wenn Sie sich die verschiedenen Entwicklungsstadien Ihres Lebens ansehen, können Sie erkennen, wie die Intuition gewirkt und Sie mit jenem Gefühl des inneren Wissens gelenkt hat, das den unterschiedlichen Tätigkeiten in Ihrem Leben Kontinuität verliehen hat. Jeder hat Schmerz und Lust, Freude und Traurigkeit erlebt. Die Leute sagen oft, das Alter von zwölf Jahren sei in ihrem Leben eine besonders schmerzvolle Zeit gewesen. Die Welt erschien ihnen beängstigend, voll von Unbekanntem, und die Schule war darauf ausgerichtet, den Stoff mit wenig Bezug zum inneren Erleben zu lehren. Das innere intuitive Erleben wird in unserer Kultur gewöhnlich weder von der Gesellschaft noch von den Altersgenossen oder den Angehörigen bestätigt, infolgedessen ist der Übergang von der Kindheit zum Erwachsenenleben oft schmerzhaft. Intuition wird nicht gefördert, und jeder, der ungewöhnliche intuitive Fähigkeiten an den Tag legt, wird meist als »seltsam« abgestempelt. Viele Heranwachsende, die von erschreckenden Träumen oder von außersinnlichen Erfahrungen beunruhigt werden, die sie nicht verstehen, haben es schwer, einen verständnisvollen Zuhörer zu finden. Eltern, die Unterstützung geben könnten, werden durch solche Erfahrungen meist auch erschreckt und bieten wenig Trost oder gar Ermutigung für eine weitere Entwicklung an.

Wenn Sie über Ihr eigenes Leben und die Übergänge nachdenken, die Sie erlebt haben, werden Sie allmählich erkennen, daß das innere Erleben zeitlos ist. Es kommt nicht darauf an, wie alt Sie sind; wenn Sie sich in die innere Welt hineinwagen, stehen Sie immer dem Unbekannten gegenüber, und wenn man sich auf seine Intuition verlassen kann, ist dies eine wertvolle Errungenschaft. Man braucht die Erforschung der inneren Welt nicht aufzuschieben, bis man die zweite Lebenshälfte erreicht hat, auch wenn es in unserer Kultur oft so gemacht wird. Zu lernen, auf die innere Stimme der wachen Intuition zu hören, ist in jedem Alter angemessen. Jeder Mensch hat ein chronologisches Alter, und jeder ist zugleich zeitlos. Das wesentliche Wesen, das Sie als Baby schon waren und das Sie heute noch sind, bleibt immer dasselbe. Sie machen in Ihrem Leben unweigerlich viele Veränderungen durch. Ihr Körper ist in ständiger Umwandlung begriffen; tote Zellen werden durch neue ersetzt. Ebenso haben Sie die Möglichkeit, die ganze Spannweite menschlicher Emotionen zu erleben wie auch Ihren Geist in einer Unzahl intellektueller Bestrebungen einzusetzen. Sie werden zwischen Geburt und Tod zweifellos viele Übergänge erleben und zu verschiedenen Zeiten in Ihrem Leben verschieden sich selbst gegenüberstehen. Welche Gefühle steigen in Ihnen auf, wenn Sie an das Altern denken? In einer Kultur, die die Weisheit und Reife des Alters nicht schätzt, kann diese Vorstellung beängstigen. Aber wir wissen, daß das Altern ein natürlicher und unvermeidlicher Teil des Lebens ist, und es kann befreiend sein, die egoistischen Sorgen der Jugend abzuwerfen. Das Aufgeben der traumatischen Intensität romantischer Teenager-Liebesaffären gibt einem z. B. Gelegenheit, etwas über zutiefst beglückende Langzeit-Liebesbeziehungen zu erfahren. Sobald Sie sich nicht mehr anstrengen zu sein, was Sie meinten, sein zu sollen, haben Sie die Möglichkeit, zu sein, wer immer Sie sein möchten. Intuitiv wissen Sie, wer Sie hinter der Erscheinung sind, die Sie der Welt präsentieren. Die folgende Übung macht dieses Gewahrsein ganz deutlich:

Nehmen Sie sich Zeit, neun Wörter oder Sätze niederzuschreiben, *Übung* die Sie kennzeichnen. Schreiben Sie jedes Charakteristikum auf ein eigenes Blatt Papier und ordnen Sie die Zettel nach ihrer Bedeutung. Legen Sie den mit der Kennzeichnung, die Ihnen am besten zu definieren scheint, wer Sie sind, zuunterst, und diejenige, die Ihnen am unwichtigsten erscheint, zuoberst auf einen Stapel. Nehmen Sie sich genug Zeit für diese Übung. Sie können sie allein machen, ein Partner oder eine Gruppe, mit denen Sie Ihre Erfahrungen austauschen können, sind jedoch vielleicht hilfreich.

Nehmen Sie sich einen Moment Zeit, um Ihren Körper zu entspannen und Ihren Geist zu klären. Vielleicht wollen Sie in Meditationshaltung sitzen, mit gerade aufgerichtetem Rücken, damit Sie hellwach bleiben und sich gut konzentrieren können.

Schauen Sie sich die Wörter, die Sie kennzeichnen, auf dem ersten Zettel an. Erlauben Sie sich, intensiv zu erleben, was dies für Sie bedeutet, und wie es sich anfühlt, Sie selbst zu sein, wenn Sie so gekennzeichnet werden. Nehmen Sie es ein paar Minuten lang in sich auf, erleben Sie es, identifizieren Sie sich mit der Definition. Nehmen Sie sich genug Zeit, um alle Verzweigungen dieser Selbst-Kennzeichnung zur Kenntnis zu nehmen. Nun drehen Sie den Zettel um und stellen Sie sich vor, wie es sich anfühlen würde, ohne diese Eigenschaft Sie zu sein. Wer sind Sie ohne diese Kennzeichnung? Wie wäre es, sie aufzugeben? Lassen Sie sich so vollständig wie möglich auf die Erfahrung ein, diese Eigenschaft loszulassen. Wenn Sie das Gefühl haben, es sei so weit, schauen Sie sich den nächsten Zettel an und denken Sie darüber nach, was die zweite Kennzeichnung für Sie bedeutet. Machen Sie sich alle Empfindungen, Gefühle und Gedanken bewußt, die mit dieser Kennzeichnung verbunden sind und erleben Sie sie ganz intensiv, wie die erste. Wenn Sie überzeugt sind, daß Sie sie ganz ausgekostet haben, drehen Sie auch diesen Zettel um und lassen Sie die Kennzeichnung los. Wie wäre es, ohne diese Eigenschaft zu sein? Wer sind Sie ohne sie? Wiederholen Sie dieses Verfahren mit allen Zetteln; widmen Sie dabei jeder Charakterisierung genug Zeit, um sie vollständig zu erleben und dann abzulegen. Beachten Sie, wie schwierig es sein kann, etwas auch nur in der Vorstellung aufzugeben. Lassen Sie sich nicht entmutigen, wenn Sie in sich einen Widerstand gegen diesen Prozeß spüren. Nehmen Sie Ihren Widerstand einfach wahr und lassen Sie ihn zu.

Machen Sie die Übung nach den Anweisungen mit soviel Gefühlsintensität wie möglich. Niemand wird Ihre Leistung beurteilen. Es ist einfach eine Methode, etwas über sich selbst und darüber wer man ist, zu erfahren. Wenn Sie den Vorgang mit allen Zetteln vollzogen und den letzten mit der bedeutsamsten Kennzeichnung umgedreht und die Kennzeichnung losgelassen haben, nehmen Sie sich Zeit, um zu erleben, wie es sich anfühlt, Sie zu sein ohne all die Kennzeichnungen, die Sie sich selber gegeben haben. Wer sind Sie ohne diese Rollen oder Eigenschaften? Meditieren Sie weiter über die Frage »Wer bist du?«, ohne eine Antwort finden zu wollen. Lassen Sie das Erlebnis still, nonverbal sein.

Nach einer gewisssen Zeitspanne, die so lang sein kann, wie Sie wollen, wenden Sie Ihre Aufmerksamkeit wieder den Zetteln zu, drehen Sie den letzten, den Sie abgelegt haben, wieder um, und stellen Sie sich vor, Sie nähmen diese Kennzeichnung wieder an. Nehmen Sie diese Charakterisierung Ihrer selbst wieder auf und achten Sie dabei auf Ihre Gefühle. Was empfinden Sie dieser Identität gegenüber? Nehmen Sie sich reichlich Zeit, um jede Charakterisierung zu erleben, und nehmen Sie sie alle ganz langsam in umgekehrter Reihenfolge wieder an. Beachten Sie, wie sich Ihre Gefühle jedesmal verändern. Wenn Sie wieder alle angenommen haben, denken Sie über die Erfahrung nach, sie loszulassen und wieder zurückzunehmen. Wer waren Sie ohne all diese Eigenschaften? Worin unterschieden Sie sich von dem Menschen, der Sie mit all diesen Eigenschaften sind? Es gibt keine »richtige« Art, diese Übung zu erleben. Sie bietet Ihnen nur eine Gelegenheit, zu entdecken, wer Sie hinter all den Masken und Kennzeichnungen sind, die Sie für sich in der Welt schaffen.

Unter anderem ist diese Übung eine Methode, sich allmählich seinem eigenen Tod zu stellen. Am Ende muß jeder Mensch all seine Identitäten und Auffassungen von sich selbst aufgeben. Oft kann man erst, wenn man dem Tod, der Erkenntnis, daß der Mensch sterben muß, ins Auge sieht, wirklich anfangen, das Leben wirklich zu leben. Impulse zur spirituellen Weiterentwicklung tauchen häufig dann auf, wenn man die Realität des Todes anerkennt. Die spirituelle Suche ist für jeden Menschen eine durch Intuition gelenkte individuelle Reise. Die Wegweiser und die Lehren, die den Suchenden auf dem spirituellen Weg leiten sollen, sind auch für den Menschen relevant, der sein intuitives Gewahrsein und seine Selbsterkenntnis erweitern will.

Die oben beschriebene Übung kann als befreiend oder als verheerend oder als beides erlebt werden. Jedes transpersonale Erlebnis, das die Auflösung von Ichgrenzen und das Loslassen von Vorstellungen vom eigenen Selbst mit sich bringt, ist eine Art Tod des Ichs, der als Ekstase oder als Schrecken empfunden werden kann. Wenn man beabsichtigt, die üblichen Modelle aufzugeben, durch die die Realität jedes einzelnen gefiltert und definiert wird, und anfängt, das essentielle Nicht-Ding-Sein eines transpersonalen Selbst zu erleben, steht man den grenzenlosen Tiefen der Psyche gegenüber, in der sich die Ganzheit des Universums spiegelt. Wenn man nicht mehr als *etwas* gekennzeichnet ist und *nichts* wird, kann man zugleich mit allem eins werden. Die Wahrheit dieser Aussage begreift man intuitiv, und die Intuition trägt uns immer tiefer in die Mysterien der transpersonalen Bereiche hinter den Identitätsmasken, mit denen wir uns gegen das überwältigende Erlebnis des Unendlichen abschirmen.

Transpersonale Erlebnisse gehen immer mit einer Erweiterung des Bewußtseins über die gewöhnlichen Einschränkungen von Zeit, Raum und Ichgrenzen hinaus. Die Realität dieses Erlebens wird intuitiv erfaßt. Man kann versuchen, es verbal oder schriftlich zu beschreiben, aber das Erlebnis selbst bleibt unbeschreiblich. Es gibt keine Worte, mit denen man diesen direkten Kontakt mit der Realität beschreiben könnte, wo die übliche Abwehr bereitwillig aufgegeben wird.

Bei seiner Forschung auf dem Gebiet der LSD-Psychotherapie stellte Dr. Stanislav Grof fest, daß all seine Probanden über die ichzentrierte Psychodynamik hinaus und in transpersonale Bereiche hineingingen[16]. Jung hat die aktuellen Entwicklungen in der transpersonalen Psychologie vorausgeahnt, als er schrieb, die Hauptstoßrichtung seiner Arbeit sei nicht die Behandlung von Neurosen, sondern die Annäherung an die numinosen oder transpersonalen Dimensionen des Erlebens. Er schrieb: . . . tatsächlich ist die Annäherung an das Numinose die wahre Therapie, und insoweit man numinose Erfahrungen erlangt, ist man vom Fluch der Krankheit befreit.[17]

Heute wissen wir, daß viele Menschen transpersonale religiöse Erlebnisse gehabt haben, die ihr Leben verändert haben. Viele andere konnten solche Erlebnisse außerhalb religiöser Zusammenhänge erfahren, besonders seit in den sechziger Jahren psychedelische Erfahrungen populär wurden. Andere hatten spontan transpersonale Erlebnisse, wenn sie allein in der Natur waren oder infolge eines Durchbruchs in der Psychotherapie. Oft wird über solche Erlebnisse nicht offen gesprochen, aber sie bewirken trotzdem eine subjektive Wandlung.

Manchmal macht ein solches Erlebnis den Betroffenen ängstlich oder verlegen, und er versucht, es zu leugnen oder es abzutun. Außerdem kann es, wenn der Betroffene nicht darauf vorbereitet ist und wenn ihm der Zusammenhang fehlt, in den er es integrieren kann, eher aufwühlend als heilend oder befreiend sein. Bei einem solchen Erlebnis können Sie sich entscheiden, ob Sie es verdrängen oder in Ihre Anschauung von der Realität integrieren wollen. Wenn es nicht integriert und bestätigt wird, stützt es nicht notwendigerweise die psychische Stabilität. Im Gegenteil, es kann verwirrend und beunruhigend sein. Wenn es andererseits anerkannt und ins Bewußtsein *integriert* wird, kann es auf Ihr Leben eine verwandelnde Wirkung haben.

Haben Sie erst einmal mit der Freude und Gewißheit, die das intuitive Wissen einem gewährt, die transpersonalen Dimensionen Ihres eigenen Wesens erkannt, können Sie sich selbst allmählich beständiger als den *Kontext* Ihres Erlebens erfahren, anstatt sich mit den *Inhalten* zu identifizieren. Auf diese Weise sind Sie mit keinem einzelnen Aspekt Ihrer selbst mehr völlig identifiziert. In der Psychotherapie wird oft darauf geachtet, daß der Klient mit seinem Körper, seinen Gefühlen und seinen Denkmustern in Kontakt kommt. Es ist ein wesentlicher Teil psychischer Gesundheit, daß man sich die Verantwortung für sich selbst eingesteht und sie übernimmt. Aber während Sie lernen, Ihren Körper, Ihre Gefühle, Ihre Gedanken und Vorstellungsbilder anzunehmen und auf sie zu hören, können Sie gleichzeitig lernen, sich aus der Identifikation mit ihnen zu lösen. Sie haben Gedanken, aber Sie *sind* nicht Ihre Gedanken. Sie können tatsächlich lernen, Ihre Gedanken zu steuern, vielleicht sogar, sich so weit zu beruhigen, daß sie aufhören, die Stille zu unterbrechen. Sie haben Gefühle, aber Sie *sind* nicht Ihre Gefühle. Sie brauchen sich von Ihren Emotionen nicht beherrschen oder überwältigen zu lassen. Gefühle wie Freude, Liebe, Friede und Heiterkeit gehören Ihnen potentiell ebensosehr wie Gefühle der Wut, Frustration, Trauer,

Eifersucht und Angst. Jede denkbare Emotion, die zum menschlichen Erleben gehört, ist potentiell auch für Sie erlebbar, wenn Sie für sie offen sind. Oft schränkt man sein Erleben ein, weil man sich vor negativen Gefühlen fürchtet. Man hat Angst, der Intuition zu vertrauen, weil man lieber nicht wissen möchte; dabei stellt man sich vor, verschlossen zu bleiben, sei ungefährlich. Sich für die Intuition zu öffnen, bedeutet, sich für die Erfahrung des Lebens zu öffnen, wie sie auch sein mag. Diese Bereitschaft, zu erleben, was auch immer kommen mag, kann unterstützt werden durch das transpersonale Wissen, daß alles vorübergehend, nicht von Dauer und veränderlich ist. Der Ruhepunkt im Zentrum Ihres Seins, die leere Matrix Ihres intuitiven Erlebens, bleibt klar und unbewegt. In diesem Kern Ihres Daseins können Sie *wissen*, was für Sie wahr ist. Von diesem Standpunkt aus können Sie das komplizierte Gewebe, in das wir alle hineinverwoben sind, als ein »Muster« sehen. In diesem Muster ist nichts vom anderen getrennt, und alles ist mit allem verknüpft. Man kann also das nicht-dualistische Wesen des intuitiven Bewußtseins selbst unmittelbar erleben.

Es ist tatsächlich unmöglich, über irgend etwas nicht-dualistisch zu sprechen, da Wörter selbst Unterscheidungen sind, die automatisch das ausschließen, was sie nicht besagen. Aber zu diesem nonverbalen, ganzheitlichen, einenden Bewußtsein führt die Intuition. Nach den Worten Assagiolis »erfaßt [sie] die Gesamtheit direkt in ihrer lebendigen Existenz«.[18] Sie bringt einen zur Identifikation mit dem ganzen Universum. Trennungen und Unterscheidungen, die Inhalte des Erlebens und das Formulieren von Ideen bringen einen wieder zu den rationalen, linearen Kommunikationsweisen zurück, auf die man sich verläßt, wenn man für die Kommunikation Worte benützt. Der Versuch, über Intuition zu reden oder zu schreiben, ist ein Widerspruch in sich, aber beim Übersetzen aus den intuitiven in die rationalen Arten des Erkennens können wir zu neuen Synthesen gelangen, die unser bewußtes Gewahrsein von der Realität, wie sie ist, erweitern können. Das Leben bleibt ein Geheimnis, das uns fortwährend in sich hineinzieht. Die Intuition eröffnet neue Horizonte beim Lernen, Probleme zu lösen, beim bewußten Erkennen dessen, was wir schon wissen und beim Überschreiten der Grenzen von Zeit und Raum, wie wir sie gewöhnlich vor Augen haben. Schließlich führt die Intuition immer ins Unbekannte, ins Erleben einer Realität jenseits der Worte, des Sehens und des Wissens.

Anhang: Richtlinien für das Erwecken der Intuition

Viele dieser Richtlinien sind schon im Kontext dieses Buches besprochen worden. Andere bedürfen keiner Erklärung und werden hier nur noch einmal als Erinnerung an verfügbare Methoden zusammengestellt.

Intention – Das Erwecken der Intuition erfordert zumeist eine klare Absicht dazu. Intuition ist schon in Ihnen vorhanden, aber um sie zu wecken, müssen Sie sie schätzen und die *Absicht* haben, sie zu entwickeln.

Zeit – Ihre Bereitschaft, der Einstimmung auf Ihre Intuition Zeit zu widmen, und in Ihrem Leben Platz zu machen für ihre Entfaltung, ist Bestandteil der Wertschätzung und Entwicklung der Intuition.

Entspannung – Das Loslassen physischer und emotionaler Spannung gibt der Intuition Raum, in Ihr bewußtes Gewahrsein einzutreten.

Stille – Intuition gedeiht in der Stille. Zum Training für das Erwecken der Intuition gehört daher, daß Sie lernen, Ihren Geist zur Ruhe zu bringen. Verschiedene Meditationspraktiken sind nützlich, diese notwendige innere Stille zu bewahren.

Ehrlichkeit – Die Bereitschaft, sich seiner Selbsttäuschung zu stellen, und mit sich selbst und mit anderen ehrlich zu sein, ist unerläßlich. Irgendwelche Nebelschleier zu schaffen, stört die klare Sicht. Mit dem Aufgeben von Masken und Vorspiegelungen sind Sie einen großen Schritt auf dem Weg zum Erwachen der Intuition gegangen.

Aufnahmebereitschaft – Stillsein und Aufnahmebereitschaft muß man lernen, dann kann sich die Intuition entfalten. Zuviel Aktivität oder ein bewußtes Sich-Programmieren stehen dem intuitiven Gewahrsein im Weg; die Intuition taucht auf, wenn man die Aufnahmebereitschaft pflegt.

Sensibilität – Eine direkt auf innere und äußere Vorgänge reagierende Sensibilität liefert zusätzliche Informationen und erweitert das intuitive Wissen. Sensibilität für das Erspüren von Energie und für die Qualität des Erlebens ist besonders nützlich.

Nonverbales Spielen – Spielerisches Zeichnen, Musizieren, spielerische Bewegung, spielerisches Modellieren mit Ton und andere Arten des nonverbalen Ausdrucks, die nicht auf ein Ziel, eine Leistung ausgerichtet sind, bieten ausgezeichnete Möglichkeiten der Aktivierung intuitiver, der rechten Gehirnhälfte zugeordneter Funktionen.

Vertrauen – Vertrauen zum Prozeß, Vertrauen in sich selbst, Vertrauen zum eigenen Erleben sind die Schlüssel, zur eigenen Intuition Vertrauen zu gewinnen und sie zu entwickeln.

Offenheit – Wenn Sie Angst haben, gesehen zu werden, verschließen Sie sich vielleicht und können dann selber nichts sehen. Offenheit für alle Erfahrungen, innere und äußere, gibt der Intuition den Raum, den sie braucht, um sich ganz zu entwickeln.

Mut – Furcht steht dem unmittelbaren Erleben im Weg und erzeugt oft Täuschungen. Ihre Bereitschaft, Ihre Ängste zu erleben und sich ihnen zu stellen, erleichtert die Erweiterung der Intuition.

Annehmen – Vorurteilslosigkeit, das Annehmen der Dinge, wie sie sind, einschließlich der Selbst-Annahme, ermöglichen ein ungehindertes Funktionieren der Intuition.

Liebe – Wenn Sie Ihr Herz Gefühlen vorurteilsloser Liebe und vorurteilslosen Erbarmens öffnen, haben Sie die Möglichkeit, das Wesen der Dinge zu erkennen. Emotionale Einfühlung und intuitives Sich-Identifizieren werden durch Liebe und Mitgefühl erleichtert.

Freiheit von Wünschen und Ängsten – Die Bereitschaft, die Dinge so sein zu lassen, wie sie sind, ohne sie dahin zu verändern zu versuchen, wie sie nach Ihrer Meinung sein sollten, ermöglicht das Auftauchen der Intuition. Sie können die Dinge nur so sehen, wie sie sind, wenn Wünsche und Ängste nicht im Weg sind.

Tägliches Üben – Das intuitive Gewahrsein wächst mit der täglichen Beachtung. Wenn Sie es meistens bagatellisieren oder vernachlässigen und es nur gelegentlich einsetzen wollen, funktioniert es vielleicht nicht.

Aufzeichnungen – Das Festhalten, Aufschreiben usw. von intuitiven blitzartigen Erkenntnissen, Ahnungen, Einsichten und Vorstellungsbildern, die Ihnen in den Sinn kommen, sei es Tag oder Nacht, kann dazu beitragen, sie zu stabilisieren und ihnen Gültigkeit zu verleihen.

Gruppe von Gleichgesinnten – Einen, zwei oder mehr befreundete Menschen zu finden, mit denen Sie Ihr Interesse an der Entwicklung von Intuition teilen können – ebenso wie Ihre Erfolge, Mißerfolge, Hoffnungen und Befürchtungen – kann den Entwicklungsprozeß erleichtern und beschleunigen. Jemandem, der bereitwillig zuhört, ohne zu urteilen oder zu deuten, Ihre Erlebnisse mitzuteilen, ist sehr nützlich.

Freude – Seiner Intuition zu folgen, ist nicht immer angenehm. Manchmal mag es schwierig erscheinen und mit mühsamer Arbeit verbunden sein. Ein andermal ist es vielleicht mühelos. Die Freude an den schöpferischen Kräften der Intuition beruht auf der inneren Befriedigung, sein Bewußtsein zu erweitern, die Verantwortung für sein Leben zu übernehmen und sich seinem eigenen wahren Wesen zu überlassen.

Anmerkungen

1 Wie man sich auf die Intuition einstimmt

[1] Ken Wilber: *Das Spektrum des Bewußtseins*, Scherz (München) 1987, S. 76.

[2] Sengstan, dritter Zen-Patriarch: *Hsin Hsin Ming: Verses on the Faith Mind*, Alan Clements (Virginia Beach) 1976.

[3] Daniel Goleman: *The Varieties of Meditative Experience*, E. P. Dutton (New York) 1977, S. 118.

[4] Lester Fehmi: »Open Focus Training«, Abhandlung, vorgelegt bei der Council Grove Conference über Willentliche Beherrschung innerer Zustände. The Menninger Foundation (Council Grove, Kansas) 3. April 1975.
Diese gekürzte Version der Übung drucken wir mit Erlaubnis von Dr. Lester Fehmi ab. Um weitere Informationen über das Open Focus Training zu erhalten, wenden Sie sich an Dr. Lester Fehmi, The Medical Center, 905 Herrontown Road, Princeton, New Jersey 08540. Eine Serie von sechs Tonbändern *Open Focus Training* ist auf Bestellung erhältlich bei: Biofeedback Computer Inc. of Indianapolis, 6218 Brookline Drive, Indianapolis, Ind. 46220.

[5] Robert Ornstein: *Die Psychologie des Bewußtseins*, Kiepenheuer & Witsch (Köln) 1974, S. 163–164.

[6] Roberto Assagioli: *Handbuch der Psychosynthesis*, Aurum (Freiburg i. Br.) 1978, S. 165.

[7] Ebd., S. 61.

[8] Meher Baba: *Discourses I, II, III*, Sufism Reoriented (San Francisco) 1967, S. 191.

[9] Wilber, a. a. O., S. 332f.

[10] Joseph Goldstein: *Vipassana-Meditation*, Schickler (Berlin) 1978, S. 80.

2 Wählen Sie Ihren eigenen Weg

[1] Malcolm Westcott: *Toward a Contemporary Psychology of Intuition*, Holt, Rinehart & Winston (New York) 1968, S. 24.

[2] Eric Berne: »The Nature of Intuition«, *Psychiatric Quarterly* 23, 1949, S. 203–226.

[3] Westcott, a. a. O., S. 119–148.

[4] M. L. von Franz und J. Hillman: *Jung's Typology*, Spring Publications (New York) 1971.

[5] A. Weil: *The Natural Mind*, Houghton Mifflin (Boston) 1972, S. 150.

[6] Westcott, a. a. O., S. 11.

[7] Satprem: *Sri Aurobindo oder Das Abenteuer des Bewußtseins* O. W. Barth (Weilheim) 1970, S. 164.

[8] Lama Anagarika Govinda: *Grundlagen tibetischer Mystik.* O. W. Barth (München) 1975.

[9] Chögyam Trungpa: *Meditation in Action.* Shambala (Berkeley/ Ca.) 1970, S. 29.

[10] C. M. Owens: »Zen Buddhismus« in: *Transpersonale Psychologie*, Hrsg. C. Tart. Walter (Olten und Freiburg i. Br.) 1978.

[11] Robert Ornstein: *Die Psychologie des Bewußtseins.* Kiepenheuer & Witsch (Köln) 1974, Vorwort.

[12] Fritjof Capra: *Der kosmische Reigen.* O. W. Barth (München) 1980, S. 132.

[13] Lawrence LeShan: *The Medium, the Mystic and the Physicist.* Viking (New York) 1974, S. 100.

[14] Ebd., S. 61.

[15] Roger Sperry: »Bridging Science and Values: A Unifying View of Mind and Brain«, *American Psychologist 32*, April 1977, S. 237–245.

3 Verschiedene Arten intuitiven Erlebens

[1] Montague Ullman und Stanley Krippner: *Traumtelepathie.* Aurum (Freiburg i. Br.) 1977.

[2] Ebd.

[3] Charles Tart: »Das physikalische Universum, das spirituelle Universum und das Paranormale« in: *Transpersonale Psychologie*, Hrsg. C. Tart. Walter (Olten und Freiburg i. Br.) 1978.

[4] Frances Wickes: *Analyse der Kinderseele.* Rascher (Zürich/ Stgt.) 1969, 2. Aufl., S. 148.

[5] Roberto Assagioli: *Handbuch der Psychosynthesis.* Aurum (Freiburg i. Br.) 1978, S. 275.

6 Tarthang Tulku: *Raum, Zeit und Erkenntnis*. Scherz (München) 1983, S. 76.

7 Stanislav Grof: *Topographie des Unbewußten*. Klett-Cotta (Stuttgart) 3. Aufl. 1985, S. 177.

8 M. Bucke: *Die Erfahrung des kosmischen Bewußtseins*. Aurum (Freiburg i. Br.) 1975.

9 Swami Rama, R. Ballantine und Swami Ajaya: *Yoga and Psychotherapy*. Himalayan Institute (Glenview/Ill.) 1976, S. 265.

10 R. Gerard: Workshop-Aufzeichnungen. Professional Training in Psychosynthesis: Intuitive Awareness. Berkeley, Oktober 1972.

11 Ann Dreyfuss und D. Feinstein: »My Body Is Me: Body-based Approaches to Personal Enrichment« in: *Humanistic Perspectives: Current Trends in Psychology*, Hrsg. B. McWaters. Brooks Cole (Monterey/Ca.) 1977, S. 43.

12 Tart, a. a. O.

13 Judith Hall: »Female Intuition Measured at Last?«, *New Society*, London 1977.

14 Elizabeth Herron: unveröffentlichtes Manuskript, 1976.

15 Malcolm Westcott: *Toward a Contemporary Psychology of Intuition*. Holt, Rinehart and Winston (New York) 1968, S. 49–51.

16 Jacques Hadamard: *An Essay on the Psychology of Invention in the Mathematical Field*. Princeton 1945, S. 142, Anhang.

17 Gerald Holton: »Where is Reality? The Answers of Einstein«. In: *Science and Synthesis*. Springer (New York, Heidelberg, Berlin) 1971, S. 69.

18 P. Schilpp (Hrsg.): *Albert Einstein: Philosopher-Scientist*. The Library of Living Philosophers, Inc. (Evanston/Ill.) 1949, S. 131.

19 E. Laszlo und E. Sellon (Hrsg.), Siegfried Muller-Markus: »The Structure of Creativity in Physics« in: *Vistas in Physical Reality*. Sellon Press (New York) 1976, S. 154.

20 J. Mihalasky: »Extrasensory Perception in Management«, *Advanced Management Journal*, Juli 1976.

21 Henry Mintzberg: »Planning on the Left Side and Managing on the Right«, *Harvard Business Review*, Juli–August 1976, S. 49–58.

22 Daniel Goleman: »Split-brain Psychology: Fad of the Year«, *Psychology Today*, Oktober 1977, S. 89.

[23] Ostrander, Schroeder, Dean und Mihalasky: *Vorauswissen mit Psi* (Bern/München/Wien) 1975.

[24] Melvin Calvin: »Dialogue: Your Most Exciting Moment in Research?«. *LBL Newsmagazine*, Herbst 1976, S. 2.

[25] Elmer Green und Alyce Green: *Beyond Biofeedback*. Delacorte (New York) 1977.

[26] E. Green, A. Green und D. Walters: »Voluntary Control of Internal States: Psychological and Physiological«, *Journal of Transpersonal Psychology 1970*, S. 1–27.

[27] Assagioli, a. a. O., S. 220.

[28] James Bugenthal: *The Search for Existential Identity*. Josey Bass (San Francisco) 1976, S. 296.

[29] Abraham Maslow: *The Farther Reaches of Human Nature*. Viking (New York) 1971.

[30] Ken Wilber: *Das Spektrum des Bewußtseins*. Scherz (München) 1987, S. 50.

[31] Paramahansa Yogananda: *Autobiographie eines Yogi*. O. W. Barth (Weilheim) 1975.

[32] Satprem: *Sri Aurobindo oder Das Abenteuer des Bewußtseins*. O. W. Barth (Weilheim) 1970.

[33] Lawrence LeShan: *The Medium, the Mystic and the Physicist*. Viking (New York) 1974, S. 154.

4 Innere Bilderwelt und Intuition

[1] E. Green und A. Green: *Beyond Biofeedback*. Delacorte (New York) 1977, S. 33–41.

[2] Ebd., S. 33–34.

[3] E. Green, A. Green und D. Walters: »Voluntary Control of Internal States: Psychological and Physiological«, *Journal of Transpersonal Psychology 1970*, S. 5.

[4] Ebd., S. 14.

[5] Wilson van Dusen: *The Natural Depth in Man*. Harper & Row (New York) 1972, S. 89.

[6] Arthur Deikman: »Bimodal Consciousness« in: *The Nature of Human Consciousness*, Hrsg. R. Ornstein. Freeman (San Francisco) 1972, S. 68.

[7] Roger Walsh: »Reflections on Psychotherapy«, *Journal of Transpersonal Psychology 1976*, S. 100–101.

[8] H. E. Puthoff und R. Targ: »A Perceptual Channel for Informa-

tion Transfer over Kilometer Distances: Historical Perspective and Recent Research«, *Proceedings of Electrical and Electronics Engineers*, Inc., Bd. 64, Nr. 3, März 1976.

[9] Carl Gustav Jung et al.: *Der Mensch und seine Symbole*. Walter (Olten und Freiburg i. Br.) 1979.

[10] Abraham Maslow: *The Farther Reaches of Human Nature*. Viking (New York) 1971, S. 35.

5 Träume und Intuition

[1] Ann Faraday: *Deine Träume*. (Fischer) Ffm. 1978, S. 119.

[2] J. Jaynes: *The Original Consciousness in the Breakdown of the Bicameral Mind*. Houghton Mifflin (Boston) 1976.

[3] D. Goleman: »Split-brain Psychology: Fad of the Year«, *Psychology Today*, Okt. 1977, S. 89.

[4] Sigmund Freud: *Die Traumdeutung*. S. Fischer (Frankfurt/M.). 4. Aufl. 1968, G. W. Bd. II, S. 3.

[5] Ebd., S. 105.

[6] Ebd., S. 109.

[7] Carl Gustav Jung et al.: *Der Mensch und seine Symbole*. Walter (Olten und Freiburg i. Br.) 1979, S. 53.

[8] Max Zeller: *The Dream – the Vision of the Night*. The Analytical Psychology Club of Los Angeles and the C. G. Jung Institute of L. A. (Los Angeles) 1975, S. 168.

[9] Jung, a. a. O.

[10] A. Hastings: »Dreams of Future Events: Precognitions and Perspectives«, *Journal of the American Society of Psychosomatic Dentistry & Medicine*, 1977, S. 51–60.

[11] M. Ullman, S. Krippner und A. Vaughan: *Traumtelepathie*. Aurum (Freiburg i. Br.) 1977.

[12] Hastings, a. a. O., S. 51.

[13] Swami Rama, R. Ballantine und Swami Ajaya: *Yoga and Psychotherapy: The Evolution of Consciousness*. Himalayan Institute (Glenview/Ill.) 1976, S. 135.

[14] E. Green et al.: *Biofeedback for Mind-Body Self Regulation: Healing and Creativity*. The Menninger Foundation (Topeka/Ks.) 1971, S. 23.

[15] Patricia Garfield: *Kreativ träumen*, Ansata (Interlaken) 1980.

[16] W. Y. Evans-Wentz: *Das tibetanische Totenbuch*. Walter (Olten und Freiburg i. Br.) 15. Gesamtaufl., S. 223.

[17] Ann Faraday: *Die positive Kraft der Träume*. Scherz (Bern/München) 1973.

[18] Ernest Lawrence Rossi: *Dreams and the Growth of Personality*. Pergamon Press (New York) 1972, S. 142.

[19] Wilson van Dusen: *The Natural Depth in Man*. Harper & Row (New York), 1972, S. 110.

[20] Ebd., S. 104.

[21] Freud, a. a. O.

[22] J. Henderson: »Der moderne Mensch und die Mythen« in: C. G. Jung: *Der Mensch und seine Symbole*. Walter (Olten und Freiburg) 1979, S. 106–149.

[23] Hastings, a. a. O., S. 55–56.

[24] Ullman, Krippner und Vaughan, a. a. O.

[25] Jung et al.: *Der Mensch und seine Symbole*, a. a. O.

[26] R. Woods und H. Greenhouse (Hrsg.): *The New World of Dreams*. Macmillan (New York) 1974.

[27] Garfield, a. a. O.

[28] Ebd.

[29] K. Stewart: »Dream Theory in Malaya« in: *Altered States of Consciousness*, hrsg. von C. Tart, Doubleday (Garden City, N. Y.) 1972.

[30] Woods und Greenhouse, a. a. O., S. 160.

[31] Ebd., S. 132.

[32] Ebd., S. 126.

[33] Jung, a. a. O., S. 50.

[34] Garfield, a. a. O.

6 Praktische Problemlösung

[1] D. K. Simonton: »Creativity, Task Complexity, and Intuitive versus Analytical Problem Solving«, *Psychological Reports*, 1975, S. 351–354.

[2] M. Polanyi in M. Green (Hrsg.): *Toward a Unity of Knowledge*. Psychological Issues, Internat. Univ. Press, 1977, S. 60. Zitiert in A. Deikman: »Sufism and Psychiatry«, *Journal of Nervous and Mental Diseases*, 1977, S. 60.

[3] Fritjof Capra: *Der kosmische Reigen*, S. 28–29.

[4] Michael Polanyi: *Personal Knowledge: Toward a Post-Critical Philosophy*. Univ. of Chicago Press (Chicago) 1958, S. 188.

[5] Alexander Moszkowski: *Einstein. Einblicke in seine Gedankenwelt*. Hamburg 1921, S. 101.

⁶ Carson Jeffries, persönliche Mitteilung.
⁷ M. Polanyi in M. Green (Hrsg.), a. a. O., S. 60.
⁸ Jacques Hadamard: *An Essay on the Psychology of Invention in the Mathematical Field*. Princeton Univ. Press (Princeton) 1945, S. 142.
⁹ Huston Smith: *Forgotten Truth: The Primordial Tradition*. Harper & Row (New York) 1976, S. 89.
¹⁰ Roberto Assagioli: *Die Schulung des Willens*. Junfermann (Paderborn) 1982.
¹¹ Andrew Weil: *The Natural Mind*. Houghton Mifflin (Boston) 1973, S. 150.
¹² Unveröffentlichtes Manuskript.
¹³ Zen-Geschichte, aus dem Gedächtnis nacherzählt.
¹⁴ C. G. Jung: *Erinnerungen, Träume, Gedanken*. Rascher (Zürich) 1962, S. 203.
¹⁵ Zen-Geschichte, aus dem Gedächtnis nacherzählt.
¹⁶ E. Green und A. Green: »On the Meaning of Transpersonal: Some Metaphysical Perspectives«, *Journal of Transpersonal Psychology* 1971, S. 27–43.
¹⁷ Itzhak Bentov: *Stalking the Wild Pendulum: On the Mechanics of Consciousness*. Dutton (New York) 1977.
¹⁸ Itzhak Bentov: »Science Discovers Consciousness«, *New Age Journal* Sept. 1977, S. 21.

7 Die Weisheit der Intuition

¹ Satprem: *Sri Aurobindo oder Das Abenteuer des Bewußtseins*. O. W. Barth (Weilheim) 1970, S. 135.
² Ebd., S. 135.
³ Arthur Deikman: »Sufism and Psychiatry«, *Journal of Nervous and Mental Diseases* 1977, S. 17–18.
⁴ Ebd., S. 12.
⁵ Lama Anagarika Govinda: *Grundlagen tibetischer Mystik*. O. W. Barth (München) 1975, S. 199.
⁶ Ebd., S. 312.
⁷ Ebd., S. 313.
⁸ Chögyam Trungpa: *Spiritueller Materialismus*. Aurum (Freiburg i. Br.) 1975, S. 64.
⁹ Ebd., S. 179, 150.
¹⁰ John Lilly: The Center of the Cyclone, dt. *Das Zentrum des Zyklons*. Fischer (Ffm.) 1978, S. 15.

[11] Trungpa, a. a. O., S. 165.
[12] Roger Walsh: »Reflections on Psychotherapy«, *Journal of Transpersonal Psychology* 1976, S. 107–108.
[13] Ken Wilber: *Das Spektrum des Bewußtseins*. Scherz (München) 1987, S. 61.
[14] Tarthang Tulku: *Gesture of Balance*. Dharma Publishing (Emeryville/Ca.) 1977, S. 85.
[15] D. Wood: »Even Such is Time«, *Revision*, Winter 1978, S. 49.
[16] Stanislav Grof: *Topographie des Unbewußten*. Klett-Cotta (Stuttgart) 1978, S. 212.
[17] C. G. Jung: *Letters*. Hrsg. G. Adler, Princeton Univ. Press (Princeton) 1973, S. 377.
[18] Roberto Assagioli: *Handbuch der Psychosynthesis*. Aurum (Freiburg i. Br.) 1978, S. 271.

Register

KÖSEL

Frances E. Vaughan

Die Reise zur Ganzheit

Psychotherapie und spirituelle Suche
1990. 271 Seiten. Paperback

Dieses Buch stellt allgemeinverständ-
lich dar, wie Psychotherapie und
spirituelle Suche beim Streben nach indi-
vidueller Reife und Ganzwerdung zu-
sammenwirken. Es enthält Übungen, die
den Leser seinen zurückgelegten Weg
und die weiteren Stationen auf dieser
Reise konkret erleben lassen.

Gebundene Geschenkausgabe:
Intuitiver leben

Wie wir unser inneres Potential
entwickeln können
223 Seiten

Kösel-Verlag München